장애유아 통합교육의 이해와 적용

강미희 · 김순영 공저

21세기사

머리말

'장애인 등에 대한 특수교육법(2007. 5. 25. 제정)' 에는 통합교육이란 "특수교육 대상자가 일반학교에서 장애유형·장애정도에 따라 차별을 받지 아니하고 또래와 함께 개개인의 교육적 요구에 적합한 교육을 받는 것을 말한다" 라고 규정하고 있다. 장애유아 통합교육은 장애유아를 일반 유아들이 다니는 유치원이나 어린이집 등의 학급에 함께 배치하여 의미있는 상호작용이 일어날 수 있도록 알맞은 교육과정의 조정 및 운영을 통해 장애유아의 요구에 따른 정신건강지원, 신체건강지원, 환경지원 등 특수교육 관련 지원을 하는 것을 말한다.

우리나라의 장애유아교육은 1994년 개정된 특수교육 진흥법에 근거하여 장애유아 분리교육 중심체제에서 통합교육 중심체제로 전환되었다. 1998년부터 일반 유치원에 설치되기 시작한 장애유아 통합학급은 2004년 156개로 전체 유치원 학급의 0.9%를 차지하고 있다. 또한 보육시설의 경우 장애유아의 비율은 보육현원의 1.9%를 차지하고 있으며 보육시설 중 20.8%가 장애유아를 포함하고 있다. 현재 특수학교에서 유아특수 학급이 거의 없어져 가고 있는 현상은 장애유아 통합교육이 확산되고 있음을 보여주고 있다.

교육부는 2007년 12월 13일, 현재 비장애학생과 마찬가지로 초·중등학교만 의무교육 대상이었던 장애아에 대하여 2010년부터 만 5세 장애유아도 의무교육 대상에 포함시킬 뿐 아니라 장애유아 만 4세는 2011년부터, 만 3세는 2012

년부터 의무교육을 하겠다고 발표했다. 이대로 정책이 시행된다면 향후 3-5년 사이에 장애유아 통합교육은 유치원이나 보육시설에서 보편적인 현상으로 자리 잡을 것으로 예상된다. 즉 유치원 및 어린이집은 적어도 1학급 이상의 장애유아 통합학급을 갖게 될 뿐 아니라 한 학급에서 일반유아교사와 특수유아교사, 일반유아와 장애유아가 함께 교육활동이 이루어지는 통합교육과정을 구성해서 운영해야 하는 상황에 직면하는 것이다. 따라서 유아교육기관 및 보육시설은 곧 다가 올 장애유아 통합교육에 대비하여 언제든 장애유아를 수용하여 통합교육을 할 수 있는 여건을 마련하고 일반유아교사도 이에 필요한 능력을 준비시켜야만 한다.

장애유아 통합교육에서 일반유아교사는 특수유아에 대하여 유아특수교사만큼은 아니더라도 특수유아를 이해하는데 필요한 기초 지식을 습득해야 한다.

또한 통합학급에서 일반유아 뿐만 아니라 특수유아교사와 협력하여 장애유아도 함께 고려한 통합교육계획안을 구성하여 교육활동 실제에 적용할 수 있는 교수능력이 무엇보다도 요구된다. 사실상 장애유아 통합교육에서 유아특수교사가 배치된다 하더라도 하루 온종일 교육활동을 이끌어가는 핵심에 있고 큰 비중을 차지하는 것은 일반유아교사이다. 즉 장애유아 통합교육을 성공하는데 일반유아교사가 차지하는 비중이 결코 적지 않다는 것이다.

그런데 최근 몇 년 동안 발간된 장애유아 및 통합교육 관련 서적들은 대부분이 지나치게 유아특수교육에 대한 전문적인 이론이 주류를 이루거나 유아특수교육 및 유아특수교사의 입장에서 쓰여진 경향이 있다. 예를 들면 장애유아 개별화 교육프로그램(IEP)이라든가 장애유아 진단 및 평가. 다양한 장애유아에 따른 지도방법이라든가 하는 것은 사실상 유아특수교사가 직접적이고 중점적으로 다루어야 할 영역이지 일반유아교사의 권한 밖의 영역인 것이다. 물론 그에 대한 이해는 필요하다 할지라도 사실상 그 보다는 통합교육 및 통합학급에서 일반유아교사는 하루일과의 각 교육활동 시간마다 일반유아와 특수유아간의 차이를 어떻게 잘 접목시킬 것인지, 통합교육 효과를 높일 수 있는 교수기술 및 교육방법은 무엇인지 또는 장애유형에 따라 통합교육활동시 장애유아들에게 각각 어떤 배려를 해야 하는지, 통합교육활동에 어떠한 교육자료들을 활용할 수 있는지 등이 훨씬 궁금하고 유용한 내용인 것이다.

지금까지 일반유아교사의 입장을 고려한 장애유아통합교육 서적이 드문 것은 대부분의 저자가 유아특수교육을 전공한 분들이거나 특수유아교육 현장 경험은 있으나 일반유아교육 현장의 경험이 많지 않은데서 기인한 것으로 분석된다. 따라서 이를 보완하기 위해 유아교육을 전공하고 유치원 교사 경력을 가진 유아교육자와 특수교육을 전공하고 특수교사 경력을 가진 특수교육자 둘이가 만나서 장애유아 통합교육 이론과 통합교육을 담당할 일반유아교사의 입장에서 필요한 내용과 튜아특수요육 양측면을 접목한 '일반유아교사를 위한 장애유아 통합교육의 이해와 적용'이라는 책을 출간하게 되었다.

이 책은 모두 10장으로 구성되어 있다, 제1장 '장애유아 수용 현황 및 지원 정책'에는 국내 장애유아 및 통합교육 현황과 정부의 장애유아 지원정책의 흐름을 알 수 있는 정보를 실었고 제2장 '장애유아 통합교육이란 무엇인가?' 에서는 통합교육의 개념 및 목적, 필요성 등에 대해 기술하였다. 제3장 '장애유아 통합교육의 장애유아 지도'에서는 일반유아교사들도 장애유아에게 직접적인 도움을 줄 수 있는 활동을 중심으로 지도방법을 제시하였고 제4장 '장애유아 통합교육과정의 이해'에서는 특수유아교사가 통합교육에서 활용하는 다양한 통합교육과정의 구성 및 형태, 통합교육 프로그램들에 대해 소개하였다. 제5장 '통합교육과정의 적용'에서는 장애유아의 개별화교육 프로그램(IEP)과 교육계획안의 통합 및 적용에 대해 다루었으며 제6장 '장애유아 통합교육의 실제와 일반 유아교사의 교육계획안' 에서는 유아교육기관의 다양한 교육활동에 따른 일반 유아교사의 통합교육 교육계획안과 통합교육 실제 활동들을 제시하였다. 제7장 '장애유아 통합교육을 위한 환경구성'에서는 통합교육에 적합한 활동영역의 구성에 대해 다루었으며 제8장 '장애유아 통합교육을 위한 이해와 준비' 에서는 통합교육을 실시하려는 유아교육기관의 인적자원들이 통합교육을 위해 어떤 준비를 해야 하는지에 대해 기술하였다. 제9장 '장애유아 통합교육을 위한 그림책의 활용'에서는 통합교육에서 활용할 수 있는 그림책 및 점자그림책, 점자책을 소개하였으며 제10장 '장애유아 통합교육 실천상의 문제와 해결 방안' 에서는 현 시점에서의 장애유아 통합교육에서 드러난 문제점과 해결 방안 및 제언 등으로 이루어져 있다.

우리대학은 유아교육에서의 장애유아 통합교육의 필요성을 빨리 감지하고 유아교육 전공 교육과정에 2002년부터 '특수아의 이해와 지도'라는 교과목을 학생들에게 이수하도록 조치하였을 뿐 아니라 학과 차원에서 2001년도에는 '특수유아교육 학술세미나'라는 학술대회를 개최하는 등 남다른 관심을 보여왔다. 그리고 2002년도 겨울방학을 이용하여 광주・전남 지역의 유치원 교사를 대상으로 전라남도 교육청의 승인을 받아 '유아특수교육 직무연수'를 성공적으로 수행하였다. 또한 2005년, 2007년, 2008년 3회에 걸쳐 교육인적자원부의 지원을 받아 광주지역 유치원과 어린이집의 교사 및 원장을 대상으로 '유아특수교육 직무향상과정' 연수를 무료로 실시하였다. 그리고 2005년과 2008년 교육인적자원부의 주문식교육 사업의 일환으로 교재개발비를 지원 받은 것을 계기로 이 책을 출간하게 되었음에 보람을 느낀다.

이 책이 미흡하나마 장애유아 통합교육을 준비하는 일반유아교사에게 장애유아 통합교육에 관한 관심과 이해 및 긍정적인 인식과 태도를 정립하고 더 나아가서는 장애유아 통합교육 교수활동을 향상시키는데 조금이나마 보탬이 되었으면 한다. 그리고 이 책이 나올 수 있도록 기꺼이 출판을 맡아주신 이범만 21세기사 사장님을 비롯한 임직원 여러분께 감사를 드린다.

2009년 6월 15일

공저자 **강미희 · 김순영**

차 례

제3장 장애유아 통합교육의 장애유아지도

제4장 장애유아 통합교육 과정의 이해

제5장 장애유아 통합교육 과정의 적용

제6장 장애유아 통합교육 실제와 일반 유아 교육계획안

제7장 장애유아 통합교육을 위한 환경구성

제8장 장애유아 통합교육을 위한 이해와 준비

제9장 장애유아 통합교육을 위한 그림책의 활용

제1장

장애유아 수용 현황 및 지원 정책

1. 유아교육기관의 장애유아 수용 현황
2. 장애유아를 위한 교육 및 보육정책
3. 정부의 재정적 지원 및 행정

제1장 장애유아 수용 현황 및 지원 정책

장애유아 통합교육을 실시하고 있거나 앞으로 실시하고자하는 유아교육기관의 교사들은 기본적으로 현재 우리나라의 유아교육기관에서 이루어지는 통합교육의 실태 및 현황을 파악하는 것이 필요하다. 왜냐하면 장애유아 통합교육의 방향을 정립하고 유아교육 현장에서 이를 구체적으로 실현하는데 필요한 정보를 제공받을 수 있기 때문이다. 즉 장애유아 통합교육에 관심이 많거나 또는 전혀 경험이 없는 교사, 앞으로 실행할 준비를 하는 교사는 우리나라에서 장애유아 통합교육이 어느 정도 실행되어지고 있고, 재정적 지원 및 행정적 체계는 어떻게 갖추어져 있고 실행되응지 이해할 필요가 있다. 더구나 장애유아 통합교육 유아교육기관의 비율이 지금은 아주 미미한 정도를 차지하지만 미래사회로 갈수록 그 필요성이 커지고 더욱 가속화될 뿐 아니라 널리 일반화될 수 있는 가능성이 높으므로 최소한 이에 대한 정보를 이해하고 대처하는 능력을 가져야 할 것이다.

그런데 이에 대한 정보를 접할 수 있는 통로는 매우 협소하였을 뿐 아니라 특수교육 전문가 및 학자들에 의한 장애유아 통합교육의 원리 및 방법 등에 대한 이론서적 및 정보에만 너무 치우친 경향이 없지 않다. 사실 이러한 현상은 장애유아 통합교육을 특수교육 전담자의 입장에서만 주로 생각하다보니 진작 장애유아 통합교육의 성공여부에 더 큰 영향을 미치는 일반유아교사들의 입장과 필요에 대해서는 진지한 접근을 간과되기 쉽다. 따라서 이 장에서는 장애유아 통합교육을 준비하고 실천하고자 하는 교사들을 위한 입문서로써의 기능을 중요시하여 일반 유아교사들이 장애유아 통합교육에 대해 기초적으로 필요로 하는 정보들을 제공하는 장으로 할애하고자 한다.

이 장의 기술은 장애유아 통합교육을 실천하는 유아교육기관 및 장애유아의 수와 비율, 추진중인 장애유아에 대한 정부의 지원정책 및 행정 현황 등에 대해 기술하고자 한다. 이에 사용된 자료는 여성부에서 2005년 7월에 보고된 2004년도 전국 보육·교육 실태조사 제5권으로 제목은 '보육·교육 실태조사 총괄보고'로 이는 가장 최근의 자료로 전국적인 광범위한 조사를 통해 이루어진 자료임을 밝힌다. 이 외에 교육인적자원부 및 여성가족부 및 교수학습지원센터, 각 시·도 교육청 사이트에 올려진 공문 문건 등의 자료에 기초하여 구성하였다.

1 유아교육기관의 장애유아 수용 현황

1) 보육시설의 장애유아 수와 비율

장애유아는 보육 현원의 1.9%를 차지하는 정도로 수용하고 있으며 보육시설의 20.8%가 장애유아를 보육하고 있는 것으로 나타났다. 그리고 전체 보육시설 가운데 장애유아 통합시설 비율은 4.4%이며 장애아 전담 시설은 0.6%이다(<표 1-1> 참조).

〈표 1-1〉 보육유형 현황(2005년) (단위: %, 개소)

구 분	일반보육 시설	영아전담	장애아 전담	장애아 통합	방과후 전담	방과후 통합	계(수)
계	79.1	8.4	0.6	4.4	0.8	6.6	100.0 (13,277)

자료: 여성부, 2004년도 전국 보육·교육 실태조사 총괄보고, 2005.

2) 유치원의 장애유아 수와 비율

유치원에 취원하고 있는 장애유아는 전체 원아의 0.4% 수준인 1,622명이다. 연령별로는 3세 216명, 4세 449명, 5세 957명이다(<표 1-2> 참조).

〈표 1-2〉 연령별 장애유아 비율 (단위: 명, %)

구 분	현원아수	장애유아수	비 율
전체	416,766	1,622	0.4
3세 유아	60,899	216	0.4
4세 유아	129,138	449	0.3
5세 유아	226,729	957	0.4

자료: 여성부, 2004년도 전국 보육·교육 실태조사 총괄보고, 2005.

유치원에 다니는 장애유아는 공립 유치원 482명, 사립 유치원 1,140명이다. 장애아가 있는 유치원은 전체 유치원의 14%이며 공립유치원 6%, 사립유치원 25%로 사립유치원이 더 높다(<표 1-3> 참조). 이 외에 유치원에 재직하고 있는 장애유아 담당교사를 살펴보면 별도의 장애유아 담당 교사는 198명으로 적으나, 59%는 공립유치원에, 41%는 사립유치원에 재직하고 있으며 대도시 지역 유치원에 52%의 교사가 재직하고 있다.

〈표 1-3〉 설립 유형 및 지역별 장애유아 비율 (단위: 개소, 명, %)

구 분	기 관			유 아			통계치 (t/F)	P
	전체 기관수	장애유아가 있는 기관수	비 율	현원아수	장애유아수	비 율		
전 체	6819	952	14.0	416,766	1,622	0.4		
공 립	4,037	247	6.1	113,369	482	0.4	-13.72	.000
사 립	2,782	705	25.3	303,397	1,140	0.4		
대도시	1,917	440	23.0	179,616	794	0.5	191.52	.000
중소도시	1,911	198	10.4	150,988	560	0.4		
읍·면	2,991	314	10.5	86,162	268	0.3		

자료: 여성부, 2004년도 전국 보육·교육 실태조사 총괄보고, 2005.

<표 1-1>과 <표 1-3>을 비교해서 살펴보면 보육시설은 유치원에 비해 일반유아

외에 특수한 요구가 있는 장애유아에게 서비스를 더 많이 제공하고 있다. 양 시설 모두 특수아에 대한 교육과 보육에 있어서 매우 미흡한 상태이지만 굳이 비교한다면 보육시설이 특수유아에게 더 개방되어 있다고 볼 수 있다. 보육시설의 장애유아가 2%인데 비해 유치원은 0.4% 수준이다. 특수한 요구가 있는 장애유아에 대한 보육과 교육을 양 시설에만 전적으로 맡기는 서비스에 기대하는 정책은 한계가 있음을 알 수 있다. 따라서 장애유아의 보육과 교육에 대한 정부의 특단의 다양한 지원과 정책이 마련되어야 할 것이다.

2 장애유아를 위한 교육 및 보육정책

우리나라에서 장애영유아를 위한 특수교육과 보육사업은 1990년대에 들어서야 관심을 받기 시작했다. 조기 특수교육은 1994년 개정된 특수교육진흥법에서 유치원 과정을 무상으로 하는 조항을 삽입함으로써 조기교육 관련 법조항이 처음으로 규정되었다. 특수교육진흥법의 적용을 받아 교육부가 무상으로 지원하고 있는 조기교육 과정은 특수학교 유치부, 유치원 과정만을 운영하는 특수학교(유아 특수학교), 일반 유치원의 특수학급이 있다. 한편, 우리나라는 1991년 영유아보육법을 제정·공포한 후 보육사업이 활성화되기 시작하였지만, 장애아동 보육사업은 1995년 장애아동 보육에 대한 지침이 결정되고, 1997년 장애아동 전담보육시설에 관한 지정과 운영기준이 마련되면서 본격적으로 시작되었다. 현재 영유아보육법에 의해 국·공립, 민간, 직장 및 가정보육시설이 보건복지부가 주관하는 장애아 무상보육 사업의 지원을 받고 있다.

이처럼 장애영유아의 교육과 보육은 이원화된 법과 정부 부처의 지원을 받아 기관 중심으로 발전되어 왔다. 그러나 기관중심의 분리된 서비스 제공은 일반유아에 비해 다각적인 측면에서의 지원을 필요로 하는 장애유아와 가족의 특수한 욕구를 충족시키는데 한계가 있다. 장애유아가 필요로 하는 교육과 보육서비스가 통합적으로 제공되기 위해서는 장애유아 중심의 패러다임으로의 전환이 요구된다.

1) 장애유아 교육정책

유아 특수교육은 특별한 욕구를 지닌 장애유아 및 장애 위험이 높은 유아의 발달을 위해 전문적인 교육적 서비스를 제공하는 것이다. 우리나라의 유아특수교육은 1994년 개정된 특수교육진흥법에 기원을 두고 있기 때문에 그 역사가 매우 짧다고 할 수 있다. 특수교육을 진흥하고자 하는 목적으로 1977년에 제정되어 1979년부터 시행된 특수교육진흥법은 공립 특수교육기관의 초·중등 과정과 사립 특수교육기관의 초등과정 교육을 무상으로 제공한다는 내용을 포함하고 있었다. 이 때의 특수교육진흥법은 경제적 부담이 크고 특수한 교육적 욕구를 가진 장애아동들에게 무상교육을 제공하기 시작했다는 점에서 의의가 크다.

그러나 일반 초등학교 교육이 의무교육이었던 것에 비해 장애아의 교육을 무상교육으로 하고 취학전 조기 아동의 교육에 대한 지원은 포함하지 않고 있었다. 1994년 개정 특수교육진흥법에 이르러서야 "특수교육대상자에 대한 국민학교 및 중학교 과정의 교육은 이를 의무교육으로 하고, 유치원 및 고등학교 과정의 교육은 이를 무상으로 한다(제5조 1항)"라는 조항을 삽입함으로써 조기교육 관련 법조항을 처음으로 규정하였다. 1997년에는 유아특수교육기관 설립을 위한 시설·설비 기준령이 발표되어, 조기교육 기관을 설립하기 위한 기준을 명시하였다. 특수교육진흥법의 적용을 받아 교육부가 무상으로 지원하고 있는 조기교육 과정은 특수학교 유치부, 유아특수학교, 일반 유치원의 특수학급이 있다. 만3세부터 만5세까지의 장애유아 및 장애 위험이 높은 유아를 대상으로 하고 있다. 2003년 교육인적자원부의 자료에 따르면, 특수교육대상자로서 무상교육을 받고 있는 아동수는 총 1,932명으로 나타났다.

〈표 1-4〉 2003년 무상교육 현황

구 분	특수학교	특수학급	통합학급	합계
학교수	121	72	101	294
학급수	275	84	122	481
학생수	1,450	339	143	1,932

자료: 교육인적자원부, 2003년도 특수교육실태조사서, 2003.

위의 표에서 제시된 바와 같이 특수교육대상자로서 무상교육을 받고 있는 아동수는 총 1,932명에 불과하여, 특정 기관의 장애아동들만 제한적으로 무상교육의 혜택을 받고 있다고 볼 수 있다. 무상교육을 받지 않는 대다수의 장애아들은 사교육비에 의한 교육을 받거나 교육을 받지 못하고 있는 것으로 추정할 수 있다. 특수교육은 아동들의 개별적인 특수한 욕구에 따른 적절한 교육적 서비스를 제공하는 것이어야 하는데도 불구하고, 부모가 치료와 교육의 목적으로 사교육기관을 이용하는 것은 특수교육기관이 아동에게 필요한 다양한 양질의 조기교육 프로그램을 제공하고 있지 못하다는 것을 보여주는 것이라 할 수 있다. 정부가 조기 교육의 기회 확대를 위해 다양한 교육대책을 마련하고 있으나, 아직까지 양적으로도 충분한 시설을 갖추지 못하고 있지 못하며, 의무교육이 아닌 무상교육으로 규정되어 있는 등 장애아동을 전면적으로 특수교육으로 끌어들일 행정적·제도적 장치가 마련되어 있지 못하다는 점도 지적할 수 있다.

특수교육진흥법에 따른 유아 특수교육의 또 다른 문제점은 위에서 언급한 바와 같이 3세~5세까지의 유아를 위한 유치원 과정은 포함하였으나, 0세~2세의 장애신생아 및 영아들은 교육대상자에서 배제하였다는 점이다. 미국의 IDEA를 재위임한 PL105~17(1997)에서는 장애 신생아와 영아를 위한 조기 교육프로그램의 필요성을 다음과 같이 명시하고 있다. 첫째, 장애 신생아와 영아의 발달을 촉진하고 발달지체의 가능성을 최소화하며, 둘째는 학령기가 되었을 때 특수교육과 관련 서비스의 필요성을 감소하여 사회가 부담해야할 교육비를 절감하고, 셋째는 장애인의 시설 수용 가능성을 최소화하고 사회에서의 독립적인 삶의 가능성을 최대화하며, 마지막으로 장애 신생아와 영아들의 특별한 필요를 충족시킬 수 있도록 가족의 능력을 강화한다는 것이다.

따라서 장애 신생아 및 영아들을 위한 서비스는 매우 중요하며, 장애유아를 위한 서비스와는 그 내용이나 구성이 달라질 수 있으므로 가장 적절한 프로그램이 제공될 수 있도록 프로그램에 대한 연구도 함께 이루어져야 한다. 예를 들어 미국의 경우, 학령전기의 어린 아동을 대상으로 하는 특수아 조기교육에서 장애 표찰로 인한 낙인은 바람직하지 않다는 견해가 받아들여지고 있으며, 이에 따라 발달에 있어서 일탈적 특성이나 지체를 보이는 것을 의미하는 발달지체의 개념을 도입하여 학령기 아동이나 유아와 구분되는 별도의 적격성 판정 기준을 제시하고 있다(이소현, 2000). 특히 우리나라에서 장애유아가 무상특수교육의 혜택을 받지 못하는 이유로 부모가 자녀의 장애진단에 따른 낙인화를 우려한다는 점도 들 수 있기 때문에 발달지체의 개념을 도입하는 것은 조기교육의 활성화에 기여하고 장애를 예방하는데 기여할 것으로 보인다.

2) 장애유아 보육정책

장애아동의 보육은 0세에서 12세까지 해당되는 연령대의 장애아동에게 제공되어지는 보육서비스를 말한다. 장애아동 보육은 장애아동의 장애예방, 조기재활, 발달의 정상화를 위해서 뿐 아니라, 장애아동을 양육하는 사람이 겪는 경제적, 교육적, 사회적, 정서적, 신체적 부담감 등 다양한 부담감을 해소하기 위해 요구되어 왔다(이계윤, 2003 재인용). 우리나라는 91년 영유아보육법을 제정・공포한 후 보육사업이 활성화되기 시작하여, 장애아동 보육에 관련해서는 95년 장애아동 보육에 대한 지침을 결정하면서 지원제도를 마련해 왔다. 96년에 영유아보육법 시행규칙을 개정하여 장애아동 보육에 관한 규정을 신설하였으며, 1997년 장애아동 전담보육시설에 관한 지정과 운영기준이 마련되어 장애아동 보육사업이 본격적으로 시작되었다.

그러나 높은 보육료와 보육시설의 부족으로 서비스 이용의 어려움이 계속 문제 제기되어 왔다. 이에 장애아동무상보육은 99년부터 계속 요구되어 오다가, 2002년에는 0세부터 만 5세에 해당되는 장애인등록증을 소지한 아동에게 무상보육이 확대되었고 민간장애아전담시설 종사자 인건비도 전원에게 지원하게 되었다. 2003년 3월부터는 만 7세까지의 취학전 장애아동에게 무상보육이 전국적으로 확대 실시되면서 약 6,500명으로 추산되는 무상보육대상아동들이 혜택을 받을 것으로 예상되고 있다. 2002년 12월 보건복지부 자료에 따르면, 장애아전담보육시설은 전국 69개소, 현원은 2,625명이며, 장애아통합시설은 119개소, 통합시설에서 보육을 받고 있는 장애아동은 총 971명인 것으로 나타났다.

장애아 보육사업의 제도적 측면에서는 시설확충과 전문인력의 확보가 시급한 과제로 지적되고 있다. 장애아전담시설은 현재 전국에 69개에 불과하며 지역적으로

〈표 1-5〉 2002년 무상보육 현황

구 분	장애아전담	장애아통합	합 계
시설수	69	119	188
장애아동 현원	2,625	971	3,596

자료: 보건복지부, 전국특수보육시설현황, 2002.

편중되어 있어 접근성의 문제가 제기되고 있다. 보건복지부는 정부지원시설로서 장애아 전담보육시설을 매년 10개씩 증가시키고 통합을 장려하고 무상보육 수혜율을 높이기 위해 장애아통합시설을 지원하고 있으나, 시설의 확충과 지역별 접근권이 확보되는 것이 시급한 과제이다(김승권 외, 2000). 또한, 특수학교에 비해 보육시설은 특수교사 인건비가 낮고 근무시간이 길기 때문에 특히 특수교사를 확보하는데 큰 어려움을 안고 있다. 인력의 전문성의 측면에서도 직업재활교사, 특수교사, 물리치료사는 정부 자격증이 있으나 보육사와 치료사는 민간 자격증으로 운영되고 있어, 종사자의 질을 표준화하기 위해서는 국가가 주관하는 체계적인 자격증 취득 과정이 요구된다.

이러한 제도적 측면 외에, 현 장애아 보육사업의 문제점으로 서비스 내용과 목적에 있어서 특수교육 서비스와 차별성이 없다는 점을 들 수 있다. 보육사업은 아동의 욕구보다 부모의 욕구와 사회적 필요성이 직접적인 동기로 시작되었으므로, 부모의 욕구를 충족시켜 주고 가정의 기능을 향상하는 사회복지서비스가 포함되어야 한다. 그러나 사회복지기관인 보육시설이 유아교육기관인 유치원과 차별화가 되지 않고, 적절한 보육프로그램이 부재한 상황에서 보육시설들이 유치원의 유아교육프로그램을 차용하여 주로 교육적 측면에 치우쳐 왔다(김진이, 2000). 현재 장애영유아를 위한 보육시설과 특수유치원에 있어서도 운영시간과(보육시설이 종일제인 반면 특수유치원은 4시간) 대상연령에(보육시설은 0세에서 만 7세까지, 특수유치원은 만 3세에서 만 5세까지) 차이가 있을 뿐, 서비스의 내용에 있어서는 유사하다. 일반아에 비해 장애아동은 매우 다양한 욕구를 가지고 있어 포괄적인 서비스의 지원이 필요하며, 장애로 인한 가정의 해체를 막고 부모와 다른 형제의 부담과 스트레스를 줄이기 위해서 장애가족에 대한 지원은 필수적이다. 교육서비스는 보육시설에서 제공해야 하는 다양한 보육서비스 중 일부이며, 장애아동보육은 아동의 조기재활서비스와 장애아동가족지원 서비스의 성격을 모두 가지고 있다는 점에서 특수교육 서비스와 차별성이 있어야 할 것이다.

3) 외국의 동향

미국에서 장애 영・유아의 교육과 치료에 대한 인식과 관심은 1970년대에 들어와서 본격적으로 시작되었다. 장애 영・유아에 대한 관심은 특히 장애아동이 될 위험성을 있는 아동들이 가능한 빠른 시기에 적절한 조기치료를 받아야 함을 강조해 왔다. 1975년에는 장애아 교육권을 위한 공법(Public Law:PL) 94-142인 장애아 교육법(the Education of All Handicapped Children Act)에 제정되었는데, 이 법에서는 6세부터 21세까지의 장애아동은 누구든지 무료로 공교육을 받을 수 있도록 보장하고 있다. 1986년 PL99-457(the Education of the Handicapped Act Amendment of 1986)에서는 3세에서 21세까지 무료 공교육을 확대하였다. 1990년에는 장애아 교육법을 IDEA(Individuals with Disabilities Education Act: PL 101-476)으로 바꾸었고, 1997년 IDEA의 개정인 PL 105-17(IDEA 97)에서는 0세부터 2세까지의 영아에게도 조기 치료를 위한 적절한 프로그램을 개발, 실시토록 규정하고 있다. 영아를 위한 조기 교육 및 치료는 가족중심의 서비스 체제에 초점을 두고 개별 가족서비스 계획(Individualized Family Service Plan: IFSP)에 따라 센터, 가정이나 복합형태로 제공되고 있다. 학령전 아동의 교육에서는 장애를 가진 아동을 발견하여 장애아 교육기관에 의뢰하는 제도가 마련되어 있으며, 조기 특수교육 대상으로 판정되면 개별 교육계획(Individualized Education Plan: IEP)에 따라 교육이나 치료를 제공하고 있다(김요섭, 2003). 미국 교육부의 2001년 연간보고서에 따르면, 1999~2000년도의 경우 영아 205,769명과 유아 588,300명이 조기 특수교육의 혜택을 받았다(김요섭, 2003 재인용).

일본의 장애아동에 대한 교육 및 복지체제는 문부과학성이 관장하는 교육과 후생노동성이 관장하는 보육으로 구분할 수 있다. 문부과학성 산하 교육기관은 통합교육 형태의 일반유치원과 분리교육형의 특수학교 부설 유치부가 있다. 일본은 일반유치원에서의 조기통합교육을 적극적으로 추진하고 있어, 통합교육을 실시하는 일반 유치원에 지방자치단체에서 보조금을 지급하고, 일반 유치원 교사에게 장애유아에 관한 연수와 유치원 시설의 비장벽화를 규정하는 등 노력을 기울이고 있다. 분리교육형 유치부는 농·맹·양호학교 부설 유치부로, 지역의 특수교육 센터로서의 기능을 가지고 있다는 점이 특징이다. 이들은 장애 영·유아의 조기 교육에 관한 상담 업무를 수행하고 있다.

후생노동성에서 주관하는 보육소는 크게 통합교육형의 보육소와 분리형의 통원시설로 구분된다. 장애아동을 위한 통원시설은 지적장애, 지체부자유, 난청아동을 위한 통원시설의 3가지 유형이 있다. 통합교육형태의 보육소는 교육적 역할을 수행하고 있다는 점에서 일반 유치원과 비슷하나, 방학이 없고 보육시간이 2배로(1일 8시간) 길다는 점에서 차이가 있다. 일본은 장애유아를 위한 통합보육을 장려하기 위해 '장애아보육대책사업'을 실시하고 있다. 이에 따라 장애유아를 수용하는 보육소에 보육사를 추가 배치하고, 필요한 시설정비 및 직원 연수·연구 경비를 위한 조성금 등을 지원하고 있다(박재국, 2003).

3 정부의 재정적 지원 및 행정

1) 2004년 장애유아 무상교육비 지원

(출처: 교육인적자원부 특수교육보건과 홈페이지 http: www.moe.go.kr).

- 지원대상: 일반 유치원에 취원한 만 3~5세 특수교육 대상 장애유아
- 지원내용: 유치원 학비 1인당 월 20만원(연 240만원)
- 예산액: 300,000천원(국고 150,000천원, 지방비 150,000천원)

① 목 적

- 만 3~5세 특수교육 대상 유아의 유치원 학비 지원으로 유치원 과정 특수교육의 실질적 무상교육 실현
- 특수교육 대상 유아의 무상교육 보장으로 장애유아 가정의 생활안정 및 교육복지 증진

② 기본 방침

- 유아특수교육기관과 일반유치원에 취원하는 만3~5세 장애유아를 대상으로 지원. 이에 해당된 유아특수교육기관은 특수학교 유치부, 유치원과정 특수학교, 초등학교 병설유치원 특수학급, 단설 공립유치원 특수학급 및 사립유치원 특수학급
- 지원이 꼭 필요한 장애유아가 누락되거나 지원하지 않아도 되는 일반 유아에게 지원하는 사례가 없도록 지원대상자 엄선
- 장애유아 무상교육 보장을 위해 원활한 지원시스템 구축 및 홍보 강화
  - 지역교육청 특수교육운영위원회 운영강화 및 홈페이지 등을 통한 홍보실시

③ 지원대상자 선정 및 지원 방법

A. 지원대상자 선정

- 추진방향: 만3~5세 장애유아를 지원 대상으로 선정하되, 동연령 기간에 무상교육 지원실적이 없는 만6세 장애유아의 경우 1년에 한해 지원 대상으로 선정
- 선정기준: 특수교육진흥법 제9조 제2항 관련 별표 특수교육대상자의 진단평가 심사 및 선정의 기준에 의하되, 장애위험이 있는 유아도 선정 가능
- 장애위험이 있는 유아: 동년배보다 신체적·정신적 발달이 지체된 유아, 간질·발작 등의 질병을 가진 유아, 학습준비 기능이 지체된 유아 등

B. 선정절차

- 장애유아 보호자 또는 유치원장: 유치원 또는 시·군 특수교육운영위원회에 특수교육 대상자 선정·배치 신청서 제출
- 장애인 증명서, 장애인 등록증 사본, 진단서 또는 학교장(의견서) 중에서 1종 제출(특수교육진흥법시행규칙 제3조 제2항 제1호)
- 시·군·구 특수교육운영위원회: 특수교육 대상 유아 심사 및 배치
- 특수교육 대상 유아를 배치받는 유치원장: 시·군 교육청에 특수교육 대상자 학비 지원신청서(별첨 서식 1) 제출
- 각 지역의 시·군 교육청: 해당된 각 시·도교육청으로부터 장애유아 무상교육

비 지원대상아 현황 및 소요액 지원 요구 자료(별첨 서식 2) 제출

- 현황제출일: 2/4분기(3.25), 4/4 분기(7.10)
- 변동 사항 발생시 수시 보고
- 학비를 지원받는 특수교육 대상 유아는 질병 등 특별한 사유가 없는 한 유치원 교육과정 운영일 수 의 2/3이상을 출석해야 함.
- 각 시 · 군 교육청: 특수교육 대상유아를 배치한 유치원에 학비 지원.

C. 선정시기

유치원 재학생은 학년말이나 학년초, 신입생은 학영초에 선정하여 업무의 효율성을 도모하고 긴급지원이 필요한 유아는 수시 선정 · 지원하는 등 탄력적으로 운영

D. 학비지원 방법

- 1인당 월 20만원씩 연 240만원 지원 가능
- 특수교육진흥법 제12조 및 동법시행령 제5조에 의거하여 입학금, 수업료, 교과용 도서대(교재대)외에 특수학급에서 지원하는 급식비, 통학비 등 포함 지원
- 특수교육 대상 유아를 배치받은 유치원장이 시 · 군 교육청 학비지원 신청서를 제출하고 시 · 군 교육청은 해당 유치원에 지원
- 시 · 군 교육장은 교육감에게 장애유아 무상교육비지원 대상 유아현황 보고
- 교육감은 각 지역 시 · 군 교육장에게 학비 지원

E. 매년 지원 계획

- 지원 목적: 만 3세~5세 장애유아의 무상교육 보장 및 조기 통합교육 촉진
- 지원근거: 교육기본법 제18조(특수교육), 초중등교육법 제59조(통합교육), 특수교육진흥법 제5조(의무교육 등).
- 특수교육 대상 장애유아
- 교육비 지원배분 방식: 2회 분할 지원. 상반기(3월~8월), 하반기(9월~2월)

F. 시 · 군 교육청 추진사항

- 장애유아 무상교육비 지원사업의 효율적 추진
- 지원 대상 유아가 노출되어 자존심을 상하게 하거나 급우들로부터 따돌림을 당하는 사례가 없도록 상담 등 지도 철저
- 장애유아 무상교육비 지원제도 상담창구 운영 및 홍보 강화
  - 기존 지원대상자 외에 추가지원이 필요한 경우 유아를 위하여 시 · 군 특수교육운영위원회에 '상담창구' 운영
  - 언론, 교육청 홈페이지 등을 통하여 '장애유아 무상교육비 지원제도' 홍보

G. 장애유아 무상교육비 지원 대상 엄선 및 선정절차 준수

- 특수교육운영위원회 개최 곤란 등을 이유로 대상자 선정을 기피하거나 교육활동에 불이익을 주는 등의 사례가 없도록 유의
- 지원이 필요한 장애유아가 대상 선정과정에서 누락되지 않도록 유의 및 홍보 강화

H. 기 타

- 특수교육대상 유아는 일반 유치원에 학생의 정원과 관계없이 배치 가능. 특수교육진흥법시행령 제10조 제3항)하며, 유아 1인당 학비가 월 20만원을 초과하는 경우 개인에게 추가 징수하지 않도록 조치

※ 장애유아 무상교육비 지원 사업관련 질의에 관한 회신 알림
(교육인적자원부특수교육보건과-576(2004. 2.26)

① 관련: 특수교육보건과-463(2004. 2. 14)

② 위 호로 시행한 '04년도 장애유아 무상교육비 지원 사업계획' 내용 중 자주 하는 질의가 있어 이에 대한 일괄 답변을 하오니, 업무에 참고하시기 바라며,

③ 각 교육청에서는 사업이 원활히 이루어 질 수 있도록 조속히 지역교육청별로 유치원장을 소집하여 사업에 대한 홍보 및 안내를 철저히 하여 지역내 장애유아가 무상교육에서 제외되지 않도록 조치하여 주시기 바랍니다.

④ 자주 하는 질문 및 답변

- 유치원 학비 1인당 월 20만원씩 지원이라 함은 모든 학생에게 균일하게 20만원을 지원하는 것인가?

〈답변〉 1인당 월 학비가 20만원을 초과하는 경우는 20만원으로, 20만원 미만인 경우에는 해당 소요액 만큼 지원함

- 국 · 공립유치원에 취원하는 장애유아의 경우 무상교육비 지원이 가능한가?

〈답변〉 가능함. 국 · 공립유치원에 취원하는 장애유아가 무상교육 혜택을 받지 못하고 있다면 입학금, 수업료, 교재대, 급식비, 통학비 등 무상교육을 받을 수 있도록 조치할 것

- 병설유치원 특수학급에 취원하는 장애유아가 입학금, 수업료 지원은 받고 있으나, 급식비 및 통학비 등 지원을 받지 못하는 경우 이에 대한 지원이 가능한가?

〈답변〉 가능함. 병설유치원 특수학급에 취원하는 장애유아의 경우 입학금, 수업료는 물론, 교재대, 급식비, 통학비에 대한 지원을 하도록 조치할 것. 특히 특수교육진흥법 제28조(벌칙)에 '제11조 제4항의 규정에 위반하여 교육감 또는 교육장의 특수교육대상자 배치를 받고도 정당한 사유없이 이에 응하지 아니한 각급학교의 장은 500만원 이하의 벌금에 처한다'고 규정되어 있는 바, 장애유아의 유치원 취원과 관련하여 민원이 발생하지 않도록 조치하여 주시기 바랍니다.

2) 2005년 보육시설의 장애유아 무상교육 4천명에서 9천명으로 확대 실시(여성부)

- 대상: 보육시설을 이용하는 장애유아 보육료 전액 무상(만 0세~12세 취학전 장애유아)
- 지원단가 일원화(중증기준): 2,99천원
- 장애유아 통합보육시설: 보육교사 인건비 100% 지원(3인 이상 보육시)
- 장애유아 전담시설: 원정, 보육교사 인건비 100% 지원. 반편성외 장애유형에 따라 아동 10명당 치료사 1명 지원(5명 한도), 취사부 1명 100% 인건비 지급

① 장애유아 전담 보육시설 지원

A. 지원대상

상시 장애아 18명 이상을 보육하는 국공립장애유아 통합교육 형태, 비영리법인,

민간(개인, 가정) 보육시설(※ 민간 보육시설의 경우: 시 도별로 배정된 수량 범위내에서 전담시설로 지정받은 경우에 해당).

B. 반편성 기준

- 장애아 전담 보육시설은 장애의 종류에 및 정도에 따라 반을 편성 운영하고, 12세까지 입소할 수 있다.
- 장애아 전담 보육시설은 통합보육을 위하여 정원 범위 내에서 장애유아의 20%에서 비장애유아를 보육할 수 있다.

C. 보육교사 등 배치

- 장애유아 5인당 1인, 5인을 초과할 때마다 1인씩 증원한다(장애유아 10인당 특수교사 자격을 가진자 1인 포함).

· 신규시설 및 아래 기준으로 운영하는 기존시설

 - 장애아 3인당 1인, 3인을 초과할 때마다 1인씩 증원한다(장애유아 9인당 특수교사 자격을 가진자 1인).
 - 장애유아 전담보육시설은 보육교사, 특수교사 배치 기준외에 장애인 복지법이 정하는 장애인 재활시설의 시설별 종사자 기준을 갖추어야 한다.
 - 다만 물리치료사, 작업차료사, 언어치료사 등 장애유형에 따라 필요한 종사자를 두는 경우에는 보육교사 정원의 1/4 범위안에서 물리치료사 등에 해당하는 보육교사를 따로 두지 아니할 수 있다.

D. 지원기준

- 원장 월 지급액의 80%를 지원한다.
- 현원 18명 이상이고 4개반(신규는 6개반) 이상 편성된 경우
 (18명 미만으로 감소하는 날이 속하는 달은 지원)
- 보육교사 또는 특수교사 소요현원(정원이내)에 대하여 월 지급액의 80%를 지원한다.
 - 아동 5명을 기준으로 3명까지 지원한다.
 - 현원이 2명으로 감소되는 경우에도 감소되는 달을 포함하여 2개월에 한하여

지원할 수 있다.

- 특수교사(심리,언어, 물리, 음악, 놀이, 작업, 행동치료사 포함) 자격을 가진 자에게는 수당을 지원할 수 있다(100천원/월 · 인)

• 치료사 추가 지원

- 장애아동 10명당 1명의 치료사에 대하여 월 지급액의 100%를 지원한다(정규인력으로 채용되었을 경우에 한한다).

※ 신규시설: 장애아동 9명당 1명

- 특수교사(심리, 언어, 물리, 음악, 놀이, 작업, 행동치료사 포함)에 포함되지 않는 치료사 중 특수교사에 준하는 역할을 하고 있다고 판단되는 경우 특수교사 수당을 지원할 수 있다(100,천원/월 · 인)

※ 치료사는 다음의 요건을 갖춘자여야 한다.

- 국가에서 인정하는 공인자격증 소지자(예: 물리치료사, 작업치료사 등)
- 4년제 대학 또는 대학원 과정에 관련학과가 개설되어 있고 해당과에서 설립한 전국 규모의 학회에서 인정하는 자격증 소지자(예: 언어재활학과의 언어치료사, 재활심리학과의 미술치료사 등).
- 현원이 80% 미만으로 감소되는 달을 포함한 익월까지 인건비를 지원할 수 있다.

• 방과후 보육은 초등학생들을 대상으로 하는 것으로 엄격한 보육시설로써의 역할보다는 맞벌이 부부 등 보육을 할 수 없는 가정을 우선적으로 하여 정원의 20%를 초과할 수 없다.

• 단, 장애유아 방과후 보육은 월 지급액의 80%를 지원한다.

• 장애유아 방과후 보육은 월 지급액의 80%를 지원한다.

- 반편성은 아동 5명을 기준으로 한다.
- 보육교사는 금년말까지 보육교사교육원에서 실시하는 방과후 또는 장애유아 보육 보수교육과정(40시간 이상)을 이수하여야 한다.

• 방과후 보육서비스 제공은 원칙적으로 4시간 이상으로 한다.

② 장애유아 통합보육 지원

A. 시설정의

장애유아를 비장애유아와 함께 보육

B. 지원대상

- 장애유아반을 별도로 편성하지 않은 채, 장애유아를 3명 이상 통합 보육하고 있는 시설로써 국공립·법인시설(사회복지법인 모유시설, 학교·종교부설 설치비 지원 보육시설 포함)에 한한다.

C. 인건비 지원

- 장애유아 3명 이상을 통합보육하는 경우 보육교사 1인에 대하여 월 지급액의 80%를 지원한다.
  - 1인을 초과하는 경우에는 지방자치제 부담으로 지원할 수 있다.
- 장애유아 통합을 위한 보육교사 또는 특수교사를 별도로 채용하는 경우에만 인건비를 지원한다.
- 보육교사는 장애유아 보육 보수교육과정을 이수하여야 한다.
- 특수교사 자격을 가진 교사에 대하여 특수교사 수당 월 10만원을 별도 지급한다.
- 보육 장애아동 감소시 인건비 지급
  - 최초 보육교사 인건비 지원은 장애유아 3명 이상을 보육하고 있을 경우에 지원을 시작하고, 통합보육 중에 장애아 수가 감소되어 장애유아 2명이 되었을 경우에도 지원할 수 있다.
  - 통합보육 장애아 수가 1명으로 감소되었을 경우 인건비 지원을 중단한다.
- 다만, 신규 채용된 보육교사의 계속 근무와 장애아동의 추가 모집기간 등을 고려하여 1명으로 감소된 날이 속한 달의 익월 1개월에 한하여 인건비를 80% 지원할 수 있다(2개월 유예 기간).

D. 시·군·구청장은 사업신청을 접수받아 사업계획서 내용을 검토(시설현지 검토의견서)하고 장애아 통합시설을 지정한다.

E. 시설지정시 고려 사항

- 시・도지사는 영유아보육시행규칙 별표 1에 의한 시설 설비를 갖춘 시설과 특수교사가 확보된 시설을 지정하여야 한다.

F. 행정사항

- 장애유아 통합시설로 지정받고자하는 자는 <표 VII-2>의 지정신청서를 작성하여 시・군・구청장에게 제출하여야 한다.
- 시・군・구청장은 제출된 서류를 검토하여 지정하고 <VII-3>의 지정서를 교부받아야 한다.

3) 2005년 특수교육기관 종일반 및 방과후 학교 운영지원

(교육인적자원부 특수교육보건과)

- 지원대상: 특수학교, 특수학급의 종일반 및 방과후 운영지원 담당자
- 지원내용: 유아특수교육기관 종일반, 방과 후 학교 운영
- 예산액: 4,000백만원(국고 2,000백만원, 지방비 2000백만원)

① 목 적

- 특수교육 대상학생의 전일제 교육과 보호에 의한 장애학생의 전인적 발달 도모 및 부모의 사회활동 참여 증대.

② 기본방침

- 유아 특수교육기관의 교육과 보육의 연계체제 구축으로 장애유아 부모의 활동 참여가 확대될 수 있는 시간으로 편성
- 초・중등 특수교육의 종일반 및 방과후 학교 운영으로 장애학생 부모의 사회 참여가 확대될 수 있는 시간으로 편성
- 특수교육기관의 종일반 및 방과후 학교 운영은 재학생중 희망자에 한해 가정형편이 어려운 학생, 취업부모를 우선하여 그 대상으로 한다.

- 2005년도의 방과후 학교 운영 초등부, 중등부, 고등부 순으로 희망자에 한해 저학년을 우선 대상으로 함.
- 운영일수는 교내 수업일수와 동일하게 설정하여 운영함.

③ 지원 근거

- 특수교육 진흥법, 제3조(국가 및 지방자치단체의 임무), 제16조(개별화 교육)

④ 지원조건

- 국고 50%, 지방비 50%(대응투자 확보)

⑤ 지원 대상 선정

- 선정기준: 유아특수교육기관 및 초・중등특수교육기관 재학생 중 희망자에 한해 저소득층 및 가정 형편이 어려운 장애학생(유아), 맞벌이 가정 우성 선정
- 선정절차
  - 학교: 종일반 및 방과후 학교 운영 학부모에 공지
  - 교사: 부모의 동의를 얻어 종일반 및 방과 후 학교 운영 학부모에 공지
  - 학교: 담임교사가 제출한 신청서에 대해 직원협의를 통해 선정하고 학교장이 결정
- 선정시기: 학기초에 선정하고 필요시 수시 선정하며 단위학교 및 학생의 실정에 맞게 탄력적으로 운영

⑥ 종일반・방과후 학교 운영 담당자 채용 및 관리 업무

- 신분: 계약직
- 자격기준
  - 유치원 교사, 특수교육 교사, 치료교육 교사 자격소지자
  - 대학(전문대학 이상)을 졸업하고 보육교사 자격소지자
  - 추가 기준은 시・도교육감이 정함.

- 채용절차
  - 시・도교육청: 지원 대상학교에 선정 통보
  - 학교장: 담당자 채용 공고(반드시 학교 홈페이지 등을 통해 공고 내용 홍보하고 시・도 교육청에서는 선발학교 및 일정을 공고함) 및 접수
  - 특수교육기관 종일반 및 방과후 학교 보육담당 강사 희망자가 해당학교에서 서류 접수
- 임용 및 관리
  - 임용기간: 1년 단위
  - 복무: 공무원복무규정, 단위학교 교원 복무규정, 근로기준법 및 관련규정 등 주요한 사항은 계약서에 명기
- 채용 계약서 작성: 학교장과 채용 강사가 직접 작성하고 계약서에는 근무시간, 인건비, 복무사항, 해임에 관한 사항 등을 반드시 명기하여 향후 분쟁의 소지 사전 방지 철저
- 관리: 교직원 복무규정 및 자체규정 마련
- 종일반 및 방과후 학교 운영의 담당교사 업무
- 방과 이전: 수업보조, 급식보조, 수업준비 지원을 통해 장애유아의 보육과 교육이 통합 지원될 수 있도록 교육활동 참여 등 학교 실정에 따라 실시(예시: 교육-보육 통합교육활동 수업지도 계획), 담임교사와 협의하여 개별지도 및 그룹지도를 실시)
- 방과 이후: 학교별 방과 이후 보호 중심 보육활동 프로그램을 편성하되 담임교사와 협력하여 학생의 발달과 학습을 도울 수 있도록 통합 편성하여 실시(예시: 보육-교육 통합활동 프로그램 편성).
- 일과 운영: 평일: 08:00～18:00(단, 토요일은 14:00)
- 08:00～16:00: 특수교육보조원 담당(조기 퇴근)
- 10:00～18:00: 보육담당 교사
- 세부 일과 운영은 학교, 학급 및 지역별, 장애영역별 특성을 고려하여 시・도별 자체계획 수립추진
- 프로그램 운영: 유아 교육 및 보육, 초・중등 교육 및 보호, 특기적성 교육, 치

료교육 등을 주내용으로 하여 일간, 주간, 월간 계획 프로그램 수립후 운영

⑦ 2005년도 지원 규모

- 유아특수교육기관 및 특수학급 종일반 운영: 74학급
- 초・중등특수교육기관 방과후 학교 운영: 176학급
- 지원기간: 2005. 3～2006. 2
- 지원단가: 16,000천원
- 1인 인건비: 14,400천원
- 국민연금, 산재보험, 고용보험, 건강보험 포함하여 관련규정에 따라 징수, 퇴직금은 근로기준법 적용
- 소득세 제145조 등 관계규정에 따라 소득세와 주민세 원천 징수
- 종일반 및 방과후 학교운영 교실 환경 개선비 및 연수비: 1,600천원

4) 2006년 장애아 특수학급 설치 의무화

2006년까지 장애학생을 위한 일반학교 특수학급이 유치원과 초・중・고 과정별로 지역교육청당 1개 이상 설치된다. 또 특수학교에만 있는 치료교육교사를 특수학급에도 배치하고, 심장・신장・간 장애 등 만성질환자도 특수교육 대상에 포함된다. 교육인적자원부는 장애학생에게 교육기회를 넓혀주기 위해 이런 내용을 골자로 한 '특수교육 발전 종합계획'을 발표했다. 계획에 따르면 유치원 및 초・중・고교 과정별 특수학급을 2006년까지 전국 182개 지역교육청별로 1학급 이상 설치하고 이후에는 기초자치단체별로 특수학급을 설치하기로 했다. 현재 특수학급이 없는 지역교육청(기초자치 단체)은 ▲유치원 126곳(154곳) ▲중학교 9곳(10곳) ▲고교 86곳(115곳)이다. 이에 따라 특수학급은 2007년까지 1,064개가 더 설치돼 학급당 학생수도 유치원 4명, 초・중학교 각 6명, 고교 7명으로 낮아진다. 또 하루 통학시간이 4시간 이상인 특수학교 재학생(685명)의 통학거리 단축을 위해 농어촌지역에 9개 특수학교가 신설된다.

특수학교에만 배치되는 치료교육교사를 특수학급에도 배치, 현재 평균 55만원에

달하는 학부모의 치료비 부담을 덜어주기로 했다. 이를 위해 현행 6학급 이하에 1명, 6학급 초과시 12학급마다 1명 추가하는 배치기준이 6개 학급 이하에 1명, 6학급 초과시 6학급마다 1명 추가로 바뀌게 된다.

5) 2007년 5월 25일 '장애인 등에 대한 특수교육법' 제정

2007년 4월 30일, 특수교육진흥법 개정안이 국회에서 통과되고 5월 25일 '장애인 등에 대한 특수교육법'이 제정되어 2008년 5월 26일부터 시행되기에 이르렀다. 이 법안은 장애인 교육을 지원하는 법안으로 국가 및 지방단체가 장애인 및 특별한 교육적 요구가 있는 사람에게 통합된 교육환경을 제공하고 생애주기에 따라 장애유형·장애정도의 특성을 고려한 교육을 실시하여 이들이 자아실현과 사회통합을 하는데 기여함을 목적으로 한다. 따라서 이 법안에 의하여 특수교육대상자는 유치원부터 고등학교까지 의무교육을 받게 되고 만3세 미만의 장애영유아교육은 무상으로 받게 된다. 또한 각급학교의 장 또는 대학의 장은 특수교육대상자가 그 학교에 입학하고자 하는 경우에는 그가 지닌 장애를 이유로 입학의 지원을 거부하거나 입학전형 합격자의 입학을 거부하는 등 교육기회에 있어서 차별을 하지 못하게 되었다. 또한 특수교육대상자는 필요한 '특수교육 관련 서비스'를 제공받게 되는데 이는 인적, 물적 자원을 제공하는 서비스로 상담지원·가족지원·치료지원·보조인력지원·보조공학기기지원·학습보조기기지원·통학지원 및 정보접근 지원 등을 말한다. 또한 국가 및 지방자치단체는 특수교육대상자에게 적절한 교육을 제공하기 위해 '장애인에 대한 특수교육종합계획의 수립'에 관한 업무를 수행하는데 경비를 예산의 범위 안에서 우선적으로 지급하도록 하고 있다. 이는 선진국 수준에 준하는 특수교육대상자에 대한 지원이라고 할 수 있는 획기적인 것이다.

지금까지 2004년, 2005년, 2006년, 2007년에 걸쳐 발표한 장애유아에 대한 정부정책을 살펴보면 장애유아 무상교육을 실현을 장기적인 목표로 지향하고 있음을 알 수 있고 이를 위해 장애유아에 대한 통합교육, 무상교육, 의무교육을 강화하고 지원하는 방안들을 점진적으로 계속 추진하려는 움직임을 감지할 수 있다. 따라서 1999년까지만 해도 전국의 유아특수교육기관에 재학하고 있는 유아의 63.9%(국립특수교육원, 1999)가 통합교육을 받고 있었다면 앞으로 유치원이나 보육시설인 어린이집에서 장애유아통합교육은 더욱 활성화되고 일반화 될 것으로 전망된다. 또한 장애유아 통합교육을 실시하는 유치원 및 어린이집은 장애유아 통합교육을 위한 장애유아 통합 시설비 및 장애유아 교재 교구비, 장애유아전담교사 인건비 등 체계적인 지원을 위한 제도적인 장치가 마련 되었으므로 이제는 일반유아교육기관의 교사와 원장은 이러한 흐름을 받아들이기 위한 준비 및 작업에 착수하는 적극성이 그 어느 때보다도 절실히 요구된다.

제2장

장애유아 통합교육이란 무엇인가?

제2장 장애유아 통합교육이란 무엇인가?

1 장애유아 통합교육의 개념

장애유아 통합교육이란 '장애유아를 일반 유아의 집단 속에서 그들이 갖는 특별한 요구에 대한 원조를 주면서 함께 생활하고 교육받도록 하는 것'을 말한다. 일반적으로 장애유아 교육은 특수 유치원, 일반 유치원 내 특수 학급, 장애아 전담 어린이집, 장애인 복지관 등의 정부 지원에 의한 교육·보육시설이나 민간 주도의 병원 치료실, 시설 치료실 등에서 행해지는 분리 교육·보육을 의미한다고 해도 과언이 아니며, 오히려 이러한 분리 교육이 장애유아를 위해 바람직한 교육 방법으로 생각되어져 왔다.

그러나 최근 정상화(normalization), 주류화(mainstreaming), 통합교육(integration) 완전 통합 교육(inclusion)에 관한 원리 또는 운동과 함께 장애유아에 대한 통합 교육의 필요성이 강조되면서, 일반 유치원이나 일반 어린이집 등에서 가능한 한 같은 또래들과 함께 정상적인 생활을 경험하도록 하려는 움직임이 강하게 일어나고 있다.

통합교육의 실시를 강조한 것은 1960년 이후로 비교적 최근의 일이다. 이러한 통합교육운동이 일어난 배경은 정상화(normalization), 주류화(mainstreaming) 최소제한환경(least restrictive environment)의 3가지로 설명할 수 있으며, 통합의 개념은 정상화, 주류화, 최소 제한환경이라는 세 가지 개념을 포함하면서 의미를 보다 확장

시킨 것이라고 할 수 있다(김광웅, 1990).

정상화란 모든 장애인이 가능한 한 정상의 교육환경과 생활환경을 가져야 한다는 견해로 교육에만 해당하는 것이 아니라 일상적인 모든 환경에서 정상화를 의미한다(최진희 외, 1997). 즉 특수유아도 정상적인 사회 환경 속에서 그 구성원으로 성장하고 적절히 행동하며, 상황에 적응하도록 일반인과 같은 환경에서 가르쳐야 한다는 것이다.

주류화란 특수유아를 일반유아의 프로그램에 배치하는 것을 말하는 것으로(Odom & McEvoy, 1988) 단순히 일반 프로그램에 배치하는 것이 아니라 특수유아의 장애 정도에 따라, 일반유아와의 사회적 접촉이나 학습활동을 같이 하는 것들을 말한다.

최소제한환경이란 특수유아를 정상적인 환경으로부터 제외시키지 않으면서 특수유아의 요구에 적합한 교육을 시키자는 개념으로, 단순히 특수유아를 정상 환경에 물리적으로 배치하는 것이 아니라 특수유아의 필요에 따른 서비스를 제공하면서 일반유아와 같은 환경에서 활동하도록 하는 것이다.

통합교육에 대한 정의는 많은 연구자들에 의해 다양하게 소개되어 왔으며, 대부분의 일반적인 의미는 특수유아를 일반유아의 교육과정에 포함시키는 것을 의미하고 있다. 우리나라의 특수교육진흥법(1994)에서는 "통합교육이라 함을 특수교육 대상자의 정상적인 사회적 능력의 발달을 위하여 일반학교에서 특수교육 대상자를 교육하거나, 특수교육기관의 재학생을 일반학교의 교육과정에 일시적으로 참여시켜 교육하는 것"이라고 정의한다.

Kaufman 등(1975)에 의하면 통합은 장애유아를 일반학급에 물리적으로 통합(시간적 통합)하는 것 외에도 학문적(교수 활동적 통합)·사회적(사회적 통합)으로도 통합하는 것을 의미한다. 시간적 통합(temporal integration)이란 일정 시간 동안 일반 또래들과 동일한 교육환경에 배치하는 것을 의미하여, 교수 활동적 통합(instructional integration)이란 일반학급의 학업활동에 의미 있게 참여하는 것을 의미한다. 사회적 통합(social integration)이란 통합되는 학급의 교사와 또래들로부터 학급의 구성원으로 수용되는 것을 의미한다(이소현, 1998).

진정한 의미에서의 통합이 이루어지기 위해서는 이 세 가지 형태의 통합이 모두 이루어짐으로써 특수유아가 일반교육환경에 배치되어 모든 교수활동에 동등하게 참여하고 교사나 또래로부터 학급의 구성원으로 인정받을 수 있어야 한다(박은혜, 2001).

위에서 살펴본 바와 같이 통합교육은 많은 전문가들에 의해서 여러 가지 다른 내용으로 정의되어 왔으나 대부분의 정의들은 모두 일반교육 과정에 특수유아를 포함시키는 것을 공통적인 핵심내용으로 포함하고 있다. 장애아 통합교육은 장애인도 지역사회의 다른 구성원과 같거나 유사한 생활권리는 가진다는 정상화 주의에 따라 장애인이 가능한 일반인과 같이 정상적인 생활을 할 수 있게 하는 정상화 원리와 같은 철학적 믿음, 탈수용 시설화와 같은 사회적 움직임, 최소제한환경의 의무화 같은 법률 제정 등에 의해서 그 속도가 가속화되었는데, 특히 최근에는 주류화(mainstreaming)나 합친다(integration)는 개념으로서 통합보다는 포함(inclusion)의 개념으로서의 통합교육이 강조되고 있다. 장애유아와 일반 유아라는 두 개의 분리된 집단이 하나로 합쳐지는 과정으로서의 인식에서 벗어나 처음부터 서로 포함되어 있는 하나의 집단으로 인식하고 함께 교육한다는 개념으로 변화해 가는 것이라고 할 수 있다. 따라서 현재 논의되고 있는 포함의 개념으로서의 통합교육은 장애유아들의 교육 선택권 및 구성원 자격에 대한 동등한 권리를 인정하고 모든 교육환경에서 동등한 소속감을 지닐 수 있어야 한다는 가치를 인정하는 개념이라고 할 수 있다.

그러므로 장애아 통합교육은 다양한 교육적 필요와 능력을 지닌 유아들이 함께 교육받는 프로그램으로서 장애를 지닌 유아들이 장애를 지니지 않은 또래들과 함께 유치원이나 어린이집 등의 기관에서 자기 또래의 일반 유아와 같이 같은 장소에서, 같은 시간에, 같은 과정의 교육을 받으며 배울 수 있도록 그들을 일반 교육기관이나 학급에 배치하고 그 안에서 의미 있는 상호작용이 일어날 수 있도록 그들에게 알맞게 교육과정을 조정·운영하며, 정신건강지원, 신체건강지원, 환경지원 등 그들의 요구에 따른 특수교육 관련 지원을 하는 것을 의미 한다.

2 유아기 장애유아 통합교육의 중요성

특수유아들은 특별한 장소에서 보호와 교육을 받는 것이 지금까지의 특수교육에 대한 인식이었으며, 아직도 많은 학교와 특수시설들이 일반유아와 분리된 형태로 운영되고 있다. 결과적으로 이러한 분리된 교육은 특수유아에 대한 사회적 편견을 초래하였다.

최근에는 특수유아도 일반유아와 같이 정상적인 환경에서 교육받고, 생활하는 것이 인간으로서의 권리를 가지는 것임을 강조한다. 이를 정상화라고 하는데, 특수유아를 교육하는 데 있어 주요 목표가 그들이 정상적인 사회환경에서 적절한 행동을 하며 다양한 상황에 적응하도록 돕는 것임을 감안할 때 일반유아와의 통합교육은 이를 실천할 수 있는 가장 좋은 방법이 된다. 통합은 우리의 가정과 학교 그리고 이웃에서 일어나는 일이므로 아주 자연스러운 것이다.

현실적으로 통합교육에 대한 논의 및 효과와 그 중요성에 대한 인식과 관심이 높아졌고 통합교육을 받고자 하는 특수유아의 수도 증가하고 있으나, 실제적으로 통합교육이 활발히 이루어지고 있는 실정은 아니다. 우리나라에서는 1996년에 발표된 '장애아 보육의 활성화 방안'은 마련되어 있지만 아직까지도 통합교육을 하는 유치원이나 보육시설이 극소수에 불과한 실정이며, 앞으로의 과제라 하겠다. 우리나라에서 통합교육에 대한 관심은 1994년 특수교육진흥법의 개정으로 일부 제도화되었으나 아직도 제도적·행정적 지원과 사회적 관심은 미비하다. 특히 유아통합교육 환경의 제공은 미흡하며, 이에 우리 사회의 부정적인 장애인관과 태도, 교육 현장, 일반부모의 특수유아에 대한 선입견과 관심의 부족, 회피 등이 이를 더욱 어렵게 한다.

통합교육에 대한 대부분의 문헌들은 보통 법적·사회-윤리적·경제적·발달적 측면에서 그 중요성을 강조하고 있다(이소현, 1997 ; Bricker, 1978 ; Odom & McEvoy, 1990). 우선 법적인 측면에서 살펴보면, 미국의 경우 1975년 공법 94-142의 명시로 장애아동은 최소제한 환경(The Seats Restrictive Environment)에서 교육받아야 한다는 통합교육의 법적인 지지를 받게 되었고, 1986년 공법 99-457로 개정되면서 3~5세 장애아동들에게도 법적 요구가 적용되기 시작하였다. 우리나라에서도 특수교육진흥법(1994)이 개정되면서 통합교육을 규정하고 있다.

사회-윤리적인 측면에서 생각해 볼 때 통합교육을 통해서 특수유아에 대한 사회적 태도를 긍정적으로 변화시킬 수 있고, 분리교육으로 인하여 일어나는 특수유아에 대한 부정적 영향을 감소시킬 수 있으며, 특수유아들도 권리를 인정받고 사회에서 적절히 통합되어 살아가도록 최대한의 도움을 받아야 한다. 또한 일반유아도 더불어 사는 사회에서 바람직한 사회 구성원으로 성장하는 데 특수유아에 대한 긍정적 태도를 가질 수 있는 기회일 것이다.

경제적 측면에서 통합교육을 생각할 때 기존의 유치원이나 보육시설에 특수유아를 통합하는 것이 특수유아를 위한 시설을 새로 만드는 것보다 더 경제적이다. 1999년도에는 전국에 있는 유아특수교육기관에서 교육을 받고 있는 특수유아의 수는 약 8,000명으로 이 중 98개 특수학교 유치부, 5개 유아특수학교, 44개 유치원 45개 특수학급 등에 재학중인 1,646명만이 특수교육진흥법에 규정된 무상교육을 받았으며, 이는 의무 교육 대상이 초등학교 특수학급 학생 21,016명과 특수학교 초등부 학생 10,306명의 약 5.3%에 불과한 수치이다. 이 외에 복지단체 부설 및 사설 유아 특수교육기관 등 약 350개 기관에서 교육받고 있는 것으로 추정되는 나머지 약 6,400명의 장애아동은 대부분 무상교육의 혜택을 누리지 못하고 있는 실정이다. 이와 같이 많은 수의 특수유아가 교육적인 혜택을 받지 못하고 있는 실정임을 고려할 때 특수유아가 살고 있는 지역사회의 일반유아 프로그램에서 특수유아를 통합하는 것이 더욱 경제적일 것이다.

발달적 측면에서 통합교육의 중요성을 살펴보면, 유아기의 놀이 행동은 발달의 모든 영역, 즉 인지, 사회성, 언어. 그리고 정서적 발달을 촉진한다. 놀이를 통해 유아는 의사 교환, 사회화, 주변 세계의 숙달, 자신과 타인에 대한 이해를 갖게 되며, 생활에 필요한 기술을 연습하는 데 중요한 역할을 한다. 또한 또래와의 놀이는 아동이 다른 여러 상황에 접할 기회를 주며, 다른 아동과 상호작용을 하는 방법을 배우게 한다. 유아기의 통합된 환경에서 특수유아도 마찬가지로 또래유아의 놀이와 상호작용을 통해 많은 발달을 가질 수 있다.

특히, 유아기는 일반유아와 마찬가지로 특수유아에게도 가능성과 잠재력을 키워주는 중요한 시기이므로 이 시기에 통합교육을 통하여 특수유아들은 정상적인 발달을 도울 수 있는 사회적인 기술을 습득하고 자신감을 기를 수 있으며, 일반유아에게는 특수유아에 대한 긍정적인 태도를 길러 줄 수 있다. 특수유아의 유아기 통합교육이 중요한 이유로 첫째, 유아들은 인간집단에 대한 인상이나 편견이 아직 형성되지 않았으므로 괴로움을 주거나 거부할 수 있는 가능성이 적다. 둘째, 장애를 가진 사람과의 초기 상호작용은 나중에 정상적으로 성장한 또래들이 또래 장애인을 수용할 가능성을 높여 준다. 셋째, '실제' 상황에 조기 배치하는 것은 전문가와 부모에게 '통합은 모든 유아를 위한 규범이여, 장애아도 어느 환경에서나 성공할 수 있도록 적절히 준비시킬 수 있다'는 기대를 갖게 하기 때문이라고 한다.

또한 유아기의 교육은 학습의 결과보다 과정에 더 초점을 두며, 구체적인 경험과 놀이 중심으로 교육과정이 구성되어 있고, 다양한 교구를 탐색하고, 조작하고, 능동적으로 참여하는 활동방법으로 일반유아와 특수유아 모두의 발달과 상호작용을 쉽게 강화할 수 있다.

김광웅(1990)에 의하면, 유아기의 통합은 학령기 아동들보다 장애아에 대해서 편견이 적고 덜 거부적이기 때문에 장애유아가 보다 잘 수용될 수 있다고 하였다. 따라서 특수유아를 학령 전부터 일반유치원이나 어린이집에 통합시켜 함께 교육하는 것이 보다 효율적일 것이다.

3 장애유아 통합교육의 필요성 및 목적

시대가 점점 더 발달해 가고 개방적으로 변화하면서 통합교육의 필요성은 더 커져만 가고 있다. 그렇다면 왜 이렇게 장애아동들을 위해 통합교육이 필요한 것일까? 그 주된 이유를 알아보면 다음과 같다.

첫째, 발달기는 아동이 발달을 위해 활동하는 시기이며 교육은 아동이 사회의 기대에 알맞게 발달하도록 하기 위해서는 일반 또래와 같은 활동을 할 수 있는 환경에서 교육을 받게 해야 하기 때문이다. 둘째, 일반아동과 특수아동이 같이 활동하는 가운데 특수아동 뿐만 아니라 일반아동도 이득을 볼 수 있기 때문이다. 즉, 사회적 관심(공동체 의식)을 계발하고 특수아동에 대한 동료 교수를 하게 된다면 학문적 이득도 보기 때문이다. 셋째, 적은 교육비로 모든 특수아동에게 교육을 받을 수 있는 기회를 제공하게 된다. 특수아동은 학령인구 중에 약 7%있을 것으로 추정되나 이들 중에 일반학급에 통합하여 교육할 수 있는 아동은 73%에 달한다. 만약 통합교육이 실시되어 특수학교를 건설할 자금으로 특수 학급을 늘린다면 교육적으로나

자본적으로 이득을 얻게 되는 것이다. 장애아통합교육의 목적을 간단하게 도표로 제시하면 그림 1과 같다. 그림 1에 제시된 내용을 좀 더 구체적으로 설명해보면 다음과 같다.

- 보다 우수한 교수(better instruction)를 제공한다.

일반학급에서 교육을 받고 있는 장애아동에게 보다 적절하고 효과적인 지도를 제공하기 위한 목적으로 통합교육을 실시한다.

- 학습 시간의 낭비를 줄인다(more time on task)

장애아동들에게 주어지는 이동 프로그램(pull-out program)은 한 환경에서 다른 환경으로의 이동과 적응 때문에 불필요한 시간을 낭비하게 하지만, 통합교육은 그러한 이동과 적응 시간을 줄이는데 효과적이다.

- 서비스 전달에 방해를 최소화한다(fewer interruptions)

통합교육이 일반학급의 내용과 맥락 속에서 전달됨으로써 서비스 전달에 방해가 최소화되고 유연하게 전달되도록 한다.

- 보다 밀착된 점검을 한다(closer monitoring)

정확하게 파악하고, 특수아동의 IEP(개별화교육프로그램) 목적에 대한 진전을 보다 잘 사정할 수 있다.

- 일반학급에서 공동으로 활동하는 특수교사는 다른 학생들의 수행 수준과 특성을 보다 높은 자긍심을 갖도록 한다(higher self-esteem).

장애 학생들이 일반학급에 배치되어 교육을 받는 것은 장애아동뿐만 아니라 일반아동들에게도 긍정적으로 작용하여 각자 높은 자긍심을 갖도록 한다.

- 소속감을 가지게 한다(sense of belonging)

원적 학급에서 하루 종일 생활하는 것이 원적 학급에 대한 소속감을 갖도록 하는데 훨씬 유리하며, 일반 학생들의 입장에서도 장애 학생을 급우로 생각하도록 하는데 도움이 된다.

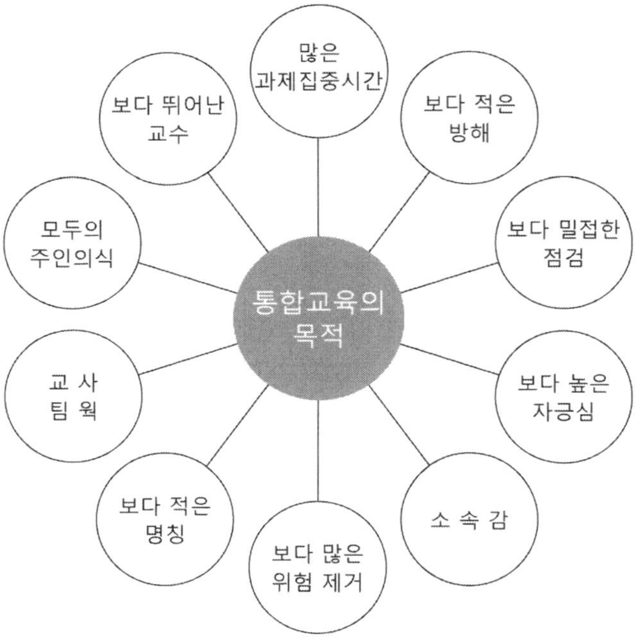

〈그림 1〉 장애유아 통합교육의 목적

• 보다 많은 위험을 제거한다(more risk taking)

높은 자긍심과 소속감과 함께 학생들은 위험을 당할 가능성이 감소되고, 보다 어려운 과제를 시도하게 되면서 일반학급의 활동에 참여하는 것이 증가하게 된다. 또한 이것은 일반교사와 특수교사들에게도 자신의 활동이 도움이 되었다는 긍정적인 영향을 준다.

• 명칭 붙임의 부정적인 영향이 보다 적어진다(fewer labels)

통합교육이 이루어지는 학급에서는 이제 더 이상이 명칭이 문제가 되지 않는다. 대신에 강조되는 것은 다양한 수준에 있는 학생들이 다양한 방법으로 학습하도록 하는 것이다.

• 교사의 팀웍을 강화한다(teacher teamwork)

통합교육은 상호보완적으로 진행되는 현직 연수 분위기에서 함께 가르치는 교사들 사이의 효과적인 협력을 요구한다.

• '우리'라는 공동체적 주인의식을 갖게 한다(ownership by all)

'당신의 학생', '나의 학생'이라는 감정보다 '우리의 학생'이 되어야 한다는 것이다.

4 장애유아 통합교육의 효과

1) 장애유아 통합교육의 장점과 단점

통합 교육의 필요성은 장애유아의 발달적 측면에서 계속 강조되고 있으며, 다음과 같은 필요성에서도 더욱 확대·실시되어질 것으로 보인다. 장애유아는 '장애아'라고 판정되는 순간부터 일반유아와 별개의 생활을 지내는 경우가 많다. 능력 저하 그 자체가 생활 경험의 부족을 가져오게 함과 동시에 치료나 훈련 등에 많은 시간을 소비함으로 해서 생활경험이 부족하기 쉽게 되며, 일반유아와의 접촉 기회를 가질 시간적 여유를 가지지 못한다.

유아 발달에 있어서 가르쳐 배우는 것보다 보고 배우는 것이 더 많다는 주장이 있고, 위와 같이 그러한 경험이 적은 장애유아들이 일반 유아와 상호 작용하고 정상적인 발달을 보고 배우는 기회를 제공할 수 있는 통합 교육의 필요성은 아무리 강조하여도 지나치지 않을 것이다. 사회에 일반 유아와 장애유아가 있고 양자가 서로 도우면서 살아가는 것이 바람직하다고 한다면 이러한 전체 조건으로서 조기 통합교육은 더욱 적극적으로 제공되어야 할 것이다. 장애유아와 일반 유아와의 이러한 접촉은 장애유아의 발달을 촉진하는 기회가 될 것이다. 또래 일반 유아들의 행동은 매우 흥미로운 것이며 장애유아에 대한 매우 중요한 학습적 자극일 것이다. 이와 같이 행동 모델을 제공하고 학습 의욕을 높이는 장으로서도 장애유아에 대한 통합 교육은 귀중할 것이다.

<표 2-1>은 장애유아의 통합 교육에 의한 장점과 단점을 정리한 것이며, 통합교육의 선택과 실천에 있어서 고려되어져야 할 기준으로서 참고가 되었으면 한다.

〈표 2-1〉 장애유아 통합교육의 장점과 단점

장 점	단 점
사회적 · 정서적인 성장 가능	체계적인 개별화 지도의 곤란
장애유아와 일반유아의 상호접근기회확대	일반 유아의 어느 정도의 희생이 필요
분리교육과 통합교육의 장점을 살리고 단점을 피하는 것이 가능함	특별한 치료와 검사를 받을 기회 부족
대상유아의 자유선택을 존중	집중적인 특수 지원의 곤란
사회성발달	학대나 경멸의 대상
풍부한 자발적 경험	주의집중의 곤란
가정 및 주위의 사람들의 지원과 이해확대	가족의 고뇌와 경제적인 부담 증대
장애유아 · 인에 대한 차별 편견 해제	일반교사의 적응대상을 위한 재교육 부담
올바른 자기 개념의 형성	부정적인 자기 개념
장애유아 · 인관이나 장애아 교육관에 계몽의 역할	일반 사회의 시설 · 설비의 확충 또는 개선을 위한 경비의 증가

이와 같이 통합교육을 실시하려는 데에는 많은 장점과 단점이 따른다. 통합교육의 장점과 단점을 보다 구체적으로 살펴보면 다음과 같다.

① 장 점

- 장애 유무에 관계없이 여러 가지 능력 · 개성을 가진 아동 또래가 교육이나 생활에서 영향을 주고 받으면서 생활경험을 넓혀가는 동시에 일반아동에 의해 배우는 것이 많다.
- 장애아에 있어서는 일반아동한테 여러 가지 자극을 받아 모방함으로 언어나 사회성 · 흥미 관심 등 한사람 한사람이 가지고 있는 제 능력 발달을 촉진해 갈 수 있다.
- 일반아동과 사이좋게 놀게 되고 친구관계가 넓어진다.
- 일반아동의 행동을 본받아 생활습관이 촉진되고 규칙 바른 행동을 취하게 된다.
- 일반아동에 있어서는 함께 배우고 함께 생활해 가는 중에 장애를 가진 친구를 알며 생각하고 자신의 태도 원조하는 방법 등을 몸에 익힐 수 있다.

- 지도자 자신이 통합교육을 통해서 장애아를 바르게 이해할 수 있고 장애아에 대한 지식을 넓히며 지도 기술을 향상시켜 갈 수 있다.
- 어려움을 이겨가며 성장하는 힘이랑 도움을 주는 어린이들의 모습에 감동하며 교육의 본질을 느낀다.

② 단 점

- 집단 구성원이 너무 많기 때문에 개개인의 능력 특성에 따라 교육하기 힘들다.
- 나이가 들수록 일반아동과 장애아와의 능력 차가 커지고 그 차이를 극복할 수 없게 된다.
- 장애아를 위한 시설 미비 및 교육적 배려가 불충분하기 때문에 소극적으로 된다든지 정서불안을 일으킨다든지 적응장애를 일으킨다든지 하는 수 있다.
- 장애아에게 개별지도 시간이 늘어나는 만큼 일반아동에게 충분한 지도가 되지 못하고 불만이 생긴다든지 차별의식이 오히려 강하게 나타난다.
- 일반아동의 지나친 도움을 받아 자립심이 약해지고 의뢰심이 강하게 되는 등 장애아 자신의 발달이 저해된다.
- 친구들이 장애아를 조롱한다든지 흉내를 낸다든지 약한 자를 괴롭히는 일이 있다.
- 지도자가 장애아 지도를 위해 주의와 노력이 들어 일반아동 지도를 충분히 할 수 없다.
- 교사・지도자가 장애아에 대한 전문적 지식・지도기술이 부족하기 때문에 장애아를 적절히 지도하기 어렵다.
- 일반아동과 장애아 쌍방이 적절한 지도가 되지 않기 때문에 일반아동 부모들의 불만이 높고 오히려 장애아에 대한 차별의식이 강하게 생기며 또한 마찬가지로 장애아 부모의 불만・불신감을 더해 갈 수 있다.

2) 장애유아 통합교육의 효과

발달학적으로 보아 유아의 사고는 가장 융통성이 있기 때문에 장애유아의 특이한 행동에도 그렇게 민감하거나 배제하려고 하지 않는다고 한다. 또한 이 시기의 발달

차 또는 능력차도 그렇게 크지 않으므로 공동 활동이나 공동 프로그램의 적용도 학령기 이후보다는 적다. 유치원이나 어린이집의 활동은 놀이가 중시된다. 거기에는 '~을 할 수 있다', '~가 되지 않는다'라고 하는 결과보다 '어떻게 하는가' 라는 과정이 중요하며, 일정 시간 동안 어떤 내용을 소화시키지 않으면 안 된다는 시간의 제약도 없다.

이와 같은 이유들에서 최근 장애유아가 일반 유아 집단 속에서 확실히 발달이 촉진되고 있다는 실천 사례나, 그들 장애유아들과 같이 생활한 일반유아들에 있어서 남을 이해하는 마음이나 태도 등에 관한 실천사례가 각지에서 보고 되고 있다. 통합교육과 분리 교육의 상황을 비교한 연구들은 장애유아에 대한 효과로서 '일반 유아와의 사회적 상호 작용이 증가했다', '운동이나 생활 습관에서 발달이 촉진되었다', '자폐증 유아에 있어서 언어 발달이 촉진되었다'라는 결과를 제시하고 있다. 통합교육에 따른 효과는 장애아동이 가진 장애의 범주나 정도, 그 장애아동의 연령에 따라 서로 다른 경과를 나타내고 있지만 일반학교에서 일반아동들이 장애아동에게 적절하게 반응해 줌으로써 장애아동들의 사회적 상호작용을 증가시켜 주며 모방과 학습의 기회를 제공해 줄뿐만 아니라 장애아동들의 사회성 발달과 언어 발달 및 의사전달 등 인지능력 발달을 증진시켜 준다.

인지적인 측면에서 보면, 특수학급, 자료실, 자문 및 일반학급 등 각각의 배치 모델에서 나타나는 학생의 수행을 비교한 연구들을 검토해 보면 일반학급에 배치된 경도 정신지체 학생이 특수 학급에 배치된 학생에 비해 학업적으로 모두 우세한 능력을 보였으며 특히, 일반학급에 배치된 학생들이 읽기 점수에서 더 높은 수행을 보였다. 사회정서적인 측면에서도 유치원 장애유아가 일반 또래와 유치원에 통합되어 있을 때에 보다 적절한 사회적 행동을 습득할 수 있게 되고 일반 또래의 긍정적인 행동을 모방하게 된다. 또한 사회적 친숙 효과로 장애유아와 일반유아의 상호간의 태도가 보다 호의적으로 변하게 된다. 언어적인 면은 특수학급에 배치된 아동과 일반학급에 통합된 아동의 사회적 행동을 각각의 교실 환경에서 관찰해 보면 일반학급에 배치된 아동들에 비해 특수학급의 아동들이 부산스런 행동과 부정적 언어사용이 빈번하게 나타남을 알 수 있다.

한편, 비장애유아에 대한 효과로는 장애유아에 대한 이해와 협력적 태도가 증가했고, 그러한 마음은 몇 년 후에도 계속 유지된다는 등의 긍정적 지적이 있다. 그러나 다른 한편으로는 비장애유아 부모들의 강력한 반대나 교사들의 장애유아에 대한 편견이나 발달에 대한 부정적 태도 등도 지적되고 있고 장애유아를 가진 부모들의 교육조치에 대한 태도에 적지 않은 영향을 미치고 있는 것이 현실이다. 이를 좀 더 구체적으로 살펴보면 다음과 같다.

① 장애유아에게 미치는 영향

- 또래들을 통해 새로운 적응 기술을 배우고 그러한 기술을 전제로 어떻게 사용할 수 있는지를 모방
- 상호작용을 할 수 있는 또래들을 통해 새로운 사회적 기술과 의사소통 기술을 학습
- 사회적 상호작용 증가로 언어 교류가 빈번하게 일어나고 관찰과 모방을 통한 언어발달의 효과적 증진
- 실제적인 생활 경험을 통해서 지역사회에서의 삶을 준비
- 전형적인 발달을 보이는 또래들과 우정을 형성할 기회

② 일반유아에게 미치는 영향

- 일반유아들은 통합되지 않은 비교집단에 비해서 그 발달적 성취가 수개월 앞서거나, 성숙 효과로 예상할 수 있는 발달적 성취보다 더 높은 비율의 성취를 보임.
- 통합교육을 받기 전 보다 장애인에 대해서 보다 사실적이고 정확한 견해를 학습할 수 있는 기회.
- 자신과 다른 사람들에 대한 긍정적인 태도를 개발
- 이타적인 행동과 그러한 행동을 언제 어떻게 사용해야 하는지를 학습
- 어려움에도 불구하고 성공적으로 성취하는 사람들에 대한 모델을 제공받을 수 있음

③ 장애유아의 부모에게 미치는 영향

- 통합교육이 성공적으로 실시될 때 부모들은 장애를 지닌 자녀들에 대해서 좀

더 긍정적인 태도를 갖게 된다.

- 장애유아가 학교에서 보이는 성취를 분리된 특수 사회에서가 아니라 "현실" 속에서 파악 할 수 있게 된다.
- 정상유아의 발달과정에 대한 정보를 얻을 수 있으며 그로 인해서 장애자녀의 나이에 맞는 적절한 행동발달을 촉진할 수 있게 된다.
- 통합교육은 부모들 자신의 긍정적인 자아 인식에 도움을 준다.
- 일반유아의 부모들과 접촉할 기회를 많이 갖게 됨으로 고립감을 피할 수 있다.

④ 일반유아의 부모에게 미치는 영향

- 장애유아의 가족들과 관계를 형성하고 그들과 지역사회에 기여할 수 있다.
- 자녀에게 개별적인 차이와 그러한 차이를 수용하는 것에 대해서 가르칠 기회를 갖는다.
- 장애유아의 부모들과 접촉함으로써 자녀 양육과 관련된 문제해결의 가능성에 대해서 긍정적인 자극을 얻게 된다.

⑤ 사회에 미치는 영향

- 장래의 사회구성원이 될 유아들에게 장애에 대한 올바른 인식을 갖게 하고 더불어 사는 바람직한 형태의 사회를 만들어 가기 위한 기초적인 역할을 할 수 있는 것을 의미 한다
- 현실 세계로부터 분리된 교육을 받은 장애아들은 성장해 가면서 직면하게 되는 사회적응상의 문제를 처음부터 분리시키지 않음으로써 문제의 발생 자체를 방지할 수 있다.

제3장

장애유아 통합교육의 장애유아지도

1. 유치원 하루일과를 통한 장애유아지도
2. 시각장애 유아의 보행훈련 지도
3. 장애유아의 신변처리 지도
4. 장애유아를 위한 창의적인 놀이 지도

제3장 장애유아 통합교육의 장애유아지도

이 장에서는 장애유아 통합교육 실제와 관련된 지도방법 및 다양한 교수활동의 예를 들어 장애유아 통합학급을 담당하는 일반 유아교사의 현장적응력에 도움을 주고자 한다. 우선 장애유아 통합교육 환경에서 다양한 활동시간에 따른 지도방법에 대해 기술하면 다음과 같다.

1 유치원 하루일과를 통한 장애유아지도

유아교육과정이 시행되는 하루일과 활동에서 장애유아를 고려해서 교사가 지도시 수정하여 지도해야 할 활동시간 즉 등원, 이야기 나누기, 자유선택활동, 대·소집단 실내활동, 실외활동, 간식 및 점심시간, 귀가 등의 주요 활동 영역 별로 제시하면 다음과 같다.

1) 등 원

등원시간은 짧으나 유아들이 많은 것들을 배울 수 있는 시간이다. 등원시간은 유아의 부모님과 정기적인 관계를 맺을 수 있는 시간이며, 유아에게 눈맞춤과 자조기술, 읽기 능력을 향상시킬 수 있는 시간이기 때문이다. 또한 유아가 등원할 때 맞이

하는 교사의 일관된 태도는 신뢰와 안정감을 줄 수 있다. 등원시 교사의 태도 및 활동내용은 다음과 같다.

(1) 일관된 방법으로 등원 유아를 맞이한다.

① 부모가 유아교육기관에 유아 데려오기
② 교사가 부모에게 인사하기
③ 교사가 유아에게 인사하기
④ 교사가 유아를 신발, 가방 놓는 장소로 안내하기
⑤ 교사가 유아를 자유놀이 영역으로 이동하도록 돕기 등의 일정한 패턴을 갖고 일관된 방법으로 등원하는 유아를 맞이한다.

(2) 유아 눈높이에 맞추어 환영한다.

유아가 교사의 눈을 보고 있을 때 교사의 말이 잘 전달되므로 언제든지 유아의 눈높이에 맞춰 이야기하는 것이 가장 바람직하다. 그러므로 등원하는 유아를 환영하면서 인사를 나눌 때 유아와 눈을 맞추도록 한다. 이때 유아의 '인사하기'는 유아의 수행수준에 따라 고개만 숙이는 인사에서부터 상대이름을 부르며 바른 자세로 인사하기까지 지도할 수 있다. 또한 교사는 유아 개인별 관심사에 따라 개인별 상황에 알맞은 인사말을 하면 더욱 친근감을 줄 수 있다.

(3) 부모와 이야기를 나눈다.

등원시 부모와 유아에 대한 이야기를 나눔으로써 부모와 교사간의 신뢰감이형성될 수 있으며, 유아에 대한 교사의 이해를 증진시킬 수 있다. 부모와 이야기를 나누면서 얻은 유아의 수면과 음식섭취, 질병 등의 문제에 대한 정보는 유아가 유아교육기관에서 보이는 태도에 대한 이해를 돕는다.

(4) 기본생활습관을 지도한다.

등원은 유아가 독립적인 활동을 배우기에 좋은 시간이다. 자신의 겉옷을 벗고, 자신의 자리를 찾고, 자기 자리에 겉옷을 걸고, 가방을 두는 자리를 찾아 정리하는 등의 기본생활습관은 일관된 연습과 지도를 통해 쉽게 배울 수 있다.

(5) 자신과 관련된 장소와 물품 등에 대해 인식하도록 지도한다.

등원은 유아가 자신의 이름을 인식하도록 강화하기 좋은 시간이다. 이 때 유아의 사물함에는 유아 이름과 사진을 선명하게 부착하여 유아가 잘 볼 수 있도록 준비해야 하며, 유아의 소지품에도 크고 분명하게 유아의 이름을 부착하는 것이 필요하다. 매일 등원하여 자신의 옷, 가방 등을 정리하기 위해 자신의 이름이 적혀 있는 사물함을 찾아 자신의 이름을 지적하게 하고, 소지품의 이름과 사물함의 이름을 비교하게 할 수 있으며, 다른 유아의 이름을 지적하면서 "여기 봐! 여기는 김동우라고 쓰여 있네!" "너의 이름 이현우의 '우'자와 똑같다!" 등과 같이 글자를 비교하여 글자를 인식할 수 있도록 지도할 수 있다. 이러한 유아의 글자인식을 위한 활동방법들은 주요 수업시간에 다시 가르치지 않아도 글자를 인식하도록 하는데 많은 도움을 준다.

(6) 유아가 부모와 떨어지는 것을 도와준다.

유아들은 부모와 헤어질 때 우는 경우가 많다. 이 때 부모가 유아 몰래 가는 것이 아니라 "안녕! 2시에 꼭 데리러 올께!" 등과 같은 말로 유아에게 부모가 분명히 갔다가 다시 온다는 것을 이야기해주고 유아가 보는 앞에서 가는 것이 중요하다. 이러한 반복된 인사를 통해 유아는 그들의 부모가 갔다가 다시 돌아온다는 것을 알게 되는 것이다.

2) 이야기 나누기

이야기나누기는 매일 아침 일과의 첫모임이 되고 진행순서도 일관된 규칙을 가지고 있어 장애유아가 익숙하게 참여할 수 있는 시간이 될 수 있다. 이야기나누기 시간에 이루어질 수 있는 활동에 따라 장애유아에게 기대할 수 있는 효과와 교사의 역할은 다음과 같다.

(1) 모이기

학기초에 정한 약속에 따른 신호음과 신호노래에 따라 모인다.

① 신호음과 신호노래에 반응하지 않는 유아의 경우

- 개별적 접근을 통해 같은 신호음과 신호노래를 반복하여 들려주고 소리에 반응하게 한다.
- 필요한 경우 장애유아가 좋아하는 일반유아로 하여금 손을 잡고 모이도록 한다.

② 모이기를 거부하는 유아의 경우

- 모이는 시간임을 인식시키고 자리에 앉게 한다.
- 심하게 울면서 거부할 경우 조용한 장소로 교사가 같이 데리고 나가 울음이 진정된 후 자리에 앉게 한다.

(2) 노래부르기

처음 부르는 3~4곡의 노래 가운데 장애유아가 좋아하고 익숙 하게 부를 수 있는 노래를 포함한다.

(3) 인사나누기

'안녕' 노래를 부르며 인사한다.

(4) 오늘 날짜, 날씨 이야기하기

날짜에 대한 인식활동은 유아들의 시간개념 과 수개념 발달에 도움을 줄 수 있으며 날씨인식 활동은 주변환경 변화에 관심을 갖게 할 수 있다.

(5) 이름 부르기

- 이름을 부르는 활동은 유아가 글자에 관심을 갖게 하고 또래의 이름을 알게 됨으로 사회성 발달의 중요한 기점이 될 수 있는 시간이다.
- 이름을 부르는 형식을 다양하게 바꿀 수 있으나 장애유아가 익숙해질 수 있는

기간동안 동일하게 반복하는 것이 좋다.

- 처음에 장애유아가 대답하지 못하는 경우 이름을 2~3회 더 불러주어 기회를 주거나 다같이 유아의 이름을 불러주어 유아가 자신의 이름을 불렀음을 인식하도록 돕는다.

(6) 주제에 따른 이야기나누기

이야기의 주제는 월요일일 경우 주말지낸 이야기를 할 수 있으며, 그 외에는 각 주제에 따라 유아들이 알아온 이야기나 가져온 자료를 소개하는 시간을 갖는다. 장애유아는 가정에서 부모님과 함께 알아보고 준비한 자료를 가지고 또래 앞에서 발표하는 연습을 충분히 하고 온다. 교사는 장애유아가 준비를 해온 경우 또래들 앞에서 자신있게 발표할 수 있는 기회를 제공한다. 이 시간은 10~15분 정도로 짧게 진행되는 것이 장애유아에게는 적절하다.

(7) 새로운 자료 및 활동 소개

교사는 자유선택활동 시간에 할 활동을 실제 자료를 가지고 시범을 보이며 제시한다. 새 활동이 놓여질 영역을 이야기하고 유아가 직접 그 영역에 가져다 놓도록 한다. 이를 통해 유아가 다음에 내가 해야 할 활동에 대해 계획하게 되며 능동적으로 활동을 선택하게 할 수 있다.

(8) 하루일과 소개

일과에 대한 소개는 유아로 하여금 활동에 대한 계획과 마음의 준비를 하게 함으로 유아의 능동적인 참여를 돕는다. 또한 시간흐름과 순서에 대한 개념을 인식시켜준다. 필요한 경우 장애유아의 이해를 돕기 위해서 일과 활동을 그림이나 사진으로 순서대로 제시하고 개시한다.

3) 자유선택활동

자유선택활동 시간과 같은 비구조적인 놀이 시간은 유아들이 자발적으로 즐겁게 참여하는 중요한 시간이다. 그러나 스스로 선택해서 결정하는 능력이 적은 장애유아는 이 시간을 적절하게 활용하지 못할 수도 있다. 자유선택활동의 적절한 지원을 통해 학습의 중요한 기회를 제공해야 한다.

(1) 자유선택활동 시간에 장애유아가 갖는 일반적인 어려움

- 어떤 활동을 선택하고 시작해야 할 지 모른다.
- 익숙하지 않은 장난감과 자료들을 가지고 놀기가 어렵다.
- 과제수행의 지속시간이 짧다.
- 쉽게 이탈되고 집중하는 것이 어렵다.
- 청각적으로 예민한 유아의 경우 여러 아이들이 소리를 내는 소음에 스트레스를 받는다.
- 한 공간에서 서로 다른 활동을 하며 예측 불가능한 또래들과 근접해 있는 것과 그 수에 압도된다.
- 원하는 놀이에만 집중하고 여러 가지 놀이영역으로의 전이가 어렵다.

(2) 장애유아의 어려움을 지원하기 위한 교사의 역할

- 스스로 영역 선택이 어려운 경우 활동 스케줄표를 사용하여 자신이 할 활동을 계획하고 예상하여 여러 가지 활동을 선택할 수 있도록 돕는다.
- 선호하는 한가지 놀이만 하려고 할 때에 교사가 제시하는 활동을 한 후에 하도록 지도한다. 혹은 그 날의 새로운 활동은 한번씩 할 수 있도록 지도하고 그 외의 시간은 유아가 선호하는 활동을 스스로 선택하여 즐겁게 활동할 수 있도록 한다.
- 교사는 장애유아에게 각 활동마다 돌아가면서, 제공된 장난감을 가지고 놀이하는 기술과 자료를 사용하는 방법 등을 정확히 알려준다. 필요하면 시범을 보여주면서 장애유아와 2-3명의 또래들을 포함하는 소집단 내에서 활동을 함께 한다.
- 장애유아의 특성에 따라 활동방법과 제시를 수정해 줄 수 있다. 예로써, 언어영역에서 글자 인식이 어려운 유아의 경우 글씨자료를 그림자료로 대치하여 줄 수 있고, 미술 영역에서 그림표현이 어려운 유아의 경우 색칠만 하기, 다른 유

아를 따라 그리기로 수정할 수 있다.

- 활동을 마친 후 놀잇감을 제자리에 정리하게 함으로써 위치에 대한 인식과 정리하는 습관을 갖게 한다.
- 장애유아를 포함한 또래 집단 사이에 일어난 문제나 갈등상황에서 교사가 바로 개입하기보다 유아 스스로 대처해볼 수 있는 시간을 준다.
- 협동놀이를 하고 있는 또래 집단에 장애유아를 동참시키거나 교사와 장애유아의 놀이에 일반유아의 참여를 유도하여 또래와의 상호작용을 촉진한다. 이때 또래와 의 놀이 속에서 "빌려줘", "고마워", "같이 놀자" 등과 같은 말로 의사를 표현할 수 있도록 한다.
- 정리하는 시간을 나타내는 정해진 신호(음악, 소리)를 듣고 정리하도록 한다. 필요하면 정리시간을 신호로 알리기 전에 장애유아가 미리 정리시간을 인식할 수 있도록 알려주어 정리를 준비할 수 있는 시간을 준다.
- 자유선택활동 시간에 지켜야 할 규칙들을 단순화하여 반복적으로 인식시켜줌으로써 유아들이 스스로 규칙을 지킬 수 있도록 한다.

4) 기타 대 · 소집단 실내 활동

(1) 동화 · 동시 · 동극

동화 · 동시 · 동극은 유아의 언어적 표현능력과 신체적 표현능력을 증진시킬 수 있는 활동으로, 장애유아가 교실에서 전개되어지고 있는 주제를 보다 쉽게 인식하고 주제에 활동에 따른 참여하는데 도움을 줄 수 있다. 특히, 동극을 적극적인 참가자로서 또래와의 활발한 상호작용을 할 수 있는 좋은 기회가 된다. 장애유아를 위해서 교사는 다음의 사항을 고려해야 한다.

① 동 화

- 동화의 내용을 선정할 때에 흥미롭고 단순명쾌하며 실제적인 것들을 선정한다.
- 활동 전 자유선택활동 시간을 이용하여 도서영역에서 미리 동화를 들려준다. 이때 등장인물과 등장인물이 하는 말, 특이한 의성어, 의태어를 강조하여준다.

- 같은 내용의 동화책과 동화자료를 제공하여 반복적으로 경험할 수 있게 한다.
- 동화의 재미를 알게하고 집중력을 높일 수 있도록 다양한 자료(테이블 동화, OHP동화 등)를 활용한다.

② 동 시

- 일정한 패턴, 반복, 후렴 등의 구성을 가진 동시를 선택하여 듣고 표현하는 것을 쉽고 재미있게 한다.
- 가정과 연계하여 활동 전후에도 반복적인 경험을 갖도록 한다(예: 카세트 테이프에 녹음해서 반복하여 듣기).
- 수업 전체의 구조 또한 동시 들려주기, 동시 듣고 느낀 점 이야기하기, 반복된 절만 읽기, 한 절씩 주고 받으며 읽기, 함께 읽기, 암송하여 앞에 나와 발표하기와 같이 일정하게 계획하여 장애유아를 포함한 모든 유아들 이 진행과정을 예측하며 능동적으로 참여하도록 한다.

③ 동 극

- 유아가 무대의 위치, 입장·퇴장의 위치를 정확히 인식하도록 돕는다.
- 내용을 회상하고 대사를 인식하는 활동시 장애유아에게 시범적으로 말할 수 있는 기회를 많이 제공하거나 2~3번 반복하여 유아가 내용과 대사를 인식할 수 있도록 돕는다.
- 언어에 지체를 가진 유아의 경우 단순한 의성어로 표현하는 기회부터 제공한다.
- 분장을 거부하는 유아의 경우 분장을 수용가능한 수준으로 바꾸거나 분장의 정도를 줄여준다.
- 역할을 정할 때에 유아들에게 선택권을 주되 자신의 의지를 표현할 수 없거나 적극적으로 선택하지 못하는 장애유아의 경우에는 교사가 역할을 지정해 준다.
- 같은 동극을 여러번 반복하여 실시함으로써 장애유아에게 전체적인 극의 흐름과 자신의 역할을 인식할 수 있는 시간을 주어 자신있게 활동할 수 있도록 도울 수 있다. 이때에 대본을 가정에 보내어 가족과 함께해 보고 오도록 한 후에 재공연하면 효과를 더욱 증대시킬 수 있다.
- 동극이 익숙해지면 장애유아에게도 비중있는 역할을 수행할 기회를 주어 장애

유아에게는 자신감을, 일반유아들에게는 장애유아에 대한 새로운 인식의 기회를 줄 수 있다.

- 동극 후 역할놀이 영역에 동극소품과 대본을 제공하여 유아들이 다양한 역할을 개별적으로 인식할 수 있는 기회와 극놀이를 더 친근하게 접근할 기회를 준다.

(2) 음률활동

음률활동은 장애유아에게 있어 가장 즐겁고 적극적으로 참여할 수 있는 활동으로 학습적인 분위기에서 벗어나 또래와 함께하는 즐거움을 느낄 수 있는 활동이다.

① 노래 부르기

- 참여하지 않는 장애유아의 경우 일반유아 2~3명과 함께 자리에 일어나서 부르게 하거나 앞으로 나와서 부를 수 있는 기회를 제공한다.
- 언어지체를 가진 유아의 경우 많이 들을 수 있는 기회를 제공하고 전체곡을 다 부르는데에 초점을 맞추기보다 표현 가능한 부분을 부르도록 하여 참여를 이끈다(예: 의성어, 의태어부분 '쿵쿵', '삐약삐약').

② 신체표현

- 혼자서 하는 표현보다 또래와 함께 하는 활동을 많이 계획한다.
- 또래와 얼굴을 마주보고 신체적인 접촉의 기회가 최대화 될 수 있도록 이끈다.
- 집단에서 떨어져 있는 장애유아의 경우 교사가 손을 잡고 표현하도록 하며 학기초가 지난 후에는 지원하는 또래 1~2명과 함께 표현하도록 돕는다.
- 장애유아의 단순하고 의도적이지 않은 표현이라도 격려하며 모두 함께 따라 해보는 것과 같은 활동으로 참여의 질을 높인다.

③ 악기연주

- 여러 종류의 악기 제공시 악기를 충분히 탐색할 수 있는 기회를 제공한다.
- 악기를 스스로 선택할 수 있는 기회를 주고 악기가 너무 많아 선택이 어려운 유아의 경우 선택의 폭을 2~3개로 줄여준다.
- 장애유아가 익숙하게 다룰 수 있는 악기부터 제공한다.

- 악기 연주시간을 싫어하거나 거부하는 유아의 경우 싫어하는 특정소리가 있어 거부하거나 짜증을 내는 경우가 있으므로 원인을 살펴 수정하여 준다.

(3) 게 임

- 팀과 짝을 정할 때 유아의 수준을 고려하여 균형있게 배치한다.
- 학기초에 장애유아의 능력 수준을 고려하여 쉽게 수행할 수 있는 것으로 계획한다(단체게임, 짝게임).
- 게임 이해를 위해 시범을 충분히 실시하며 두번째 시범경기에 장애유아를 시범단으로 참여시킨다.
- 릴레이 경기에 장애유아를 끝에 배치되지 않도록 유의하여 일반유아가 승부를 내도록 한다.
- 장애유아가 경기자로 뛸 때에 응원이 더 활발히 이루어지도록 격려한다.

(4) 요 리

- 소집단으로 나눌 때 장애유아의 비율을 고려한다. 장애유아전담교사도 동참해 수업진행이 원활하도록 한다.
- 도구사용이 익숙하지 않은 경우 초기에는 신체적인 도움을 주며 점차 지원을 줄여가도록 한다.
- 탐색의 기회를 준다.
- 일반유아가 먼저 해보도록 하여 활동 이해의 시간을 준다.
- 도움이 필요할 경우 또래에게 요청하도록 하여 또래간의 상호작용을 촉진한다.

5) 장애유아의 안전을 위해 유의할 점

- 장애유아는 일반 유아에 비해 상황판단 능력이 떨어지므로 직접적이고 구체적인 안전한 행동에 대한 지도가 필수적이다.
- 장애유아는 특정 자극에 대하여 민감하거나 둔감한 반응을 나타낼 수 있으므로 이에 대해 적절한 조치 및 대처 방안을 강구해야 하는 경우가 있다. 예를 들어

물을 좋아하는 장애유아는 물을 보면 바로 달려가서 물을 만지려는 경향이 있다.

- 장애유아는 환경에 대한 충분한 탐색과 경험의 부족으로 새로운 물건이나 사람, 동물, 장소 등에 지나치게 경계하거나 혹은 조심하지 않을 수 있다. 과보호되거나 방치되는 극단적인 양육태도가 원인이 되기도 한다.
- 장애유아는 신체적 제한이나 결함으로 유해한 환경에 노출되기 쉬우며 자기 조절력이 부족하여 자신을 보호하는 능력이 떨어진다.
- 장애유아가 언어 표현력이 떨어지는 경우 필요한 도움을 줄 사람과의 의사소통을 적절하게 하기 어렵다. 이런 유아는 평상시에 도움을 청하는 방법을 지도하여야 한다.
- 부적응 행동이나 자해 행동 등 자기 자신과 또래를 위협할 수 있는 행동 특성을 가지고 있는 경우 안전사고에 노출될 가능성이 더 높다.
- 약을 복용하고 있는 경우나 특정 음식에 대한 알레르기 반응이 있는 경우 투약과 음식물 제공에 유의해야 한다.
- 지체장애의 경우 자세지도에 유의해야 하며 필요한 도구나 장비 시설을 갖추어야 한다. 또한 도움을 주는 방법이나 신체적인 보조의 형태를 의사, 물리치료사 등 전문가로부터 전달 받아야 한다.
- 장애유아가 갑작스런 간질(경련)을 일으키는 경우 적절한 처치법을 사전에 알아두고 대비하여야 한다.
- 병력이나 양육과정, 가정환경 등 필요한 정보를 부모와의 상담을 통해 정확하게 얻어야 한다.
- 활동 중심의 체험학습을 통해 반복 지도하고 개별 안전 교육프로그램을 마련하여 심화지도를 해야 한다.

2 시각장애유아의 보행훈련 지도

인간은 환경 속에서 끊임없는 관계를 맺으며 정보를 수집하고 다른 사람과의 관계를 확인하며 이해하게 된다. 이 때 시각은 중요한 감각 수단으로 작용한다. 일반적으로 시각을 통하여 받아들여지는 정보의 양이 90% 이상을 차지하는 것으로 알려져 있다. 이런 중요한 감각수단인 시각에 장애가 있는 유아의 경우 전반적인 발달에 지장을 초래하게 되며, 특히 환경과 인간간의 이해에 영향을 미치는 보행훈련을 필요로 하게 된다.

보행훈련은 환경속에서 자신의 위치와 의미있는 모든 대상간의 관계를 정하는데 잔존감각을 이용하는 과정인 방향정위(orientation)와 잔존 감각을 이용해서 한 곳에서 다른 곳으로 안전하고 효율적이며 편하게 이동하는 능력인 가동성(mobility) 훈련을 포함한다. 지금까지는 주로 성인을 대상으로 보행훈련이 실시되어 왔으나 최근에는 시각장애유아들의 발달과정도 일반유아들과 같이 발달한다는 것이 인식되고 있으며, 시각장애유아들의 발달과정도 일반아동들의 경우와 같은 시각에서 고려되어야 한다는 점에서 유아 시기의 보행훈련의 필요성을 강조하게 되었다.

1) 목 표

① 공간 속에서 유아 자신의 위치를 알 수 있다.
② 음원을 따라서 직진 보행할 수 있다.
③ 안내자에 의한 보행에서 독립보행을 할 수 있다.
④ 바른자세로 보행할 수 있다.
⑤ 추적보행을 할 수 있다.
⑥ 환경에 상응한 보행을 할 수 있다.
⑦ 일상생활 공간에서 또래와 신체적인 놀이를 할 수 있다.
⑧ 놀이기구를 잘 이용할 수 있다.
⑨ 보행 경험에 대해 이야기 할 수 있다.

2) 내 용

(1) 1단계

• 초기 운동근육의 발달단계로서 유아의 활동성을 자극하고 근육의 긴장을 완화

한다. 촉각, 청각을 사용하도록 하기 위한 준비과정 단계이다.

- 조기 자극으로 신체와 신체, 신체와 물건 간의 접촉과 언어자극을 병행하여 소리와 물건의 연관을 알도록 한다.
- 무릎 구부리기, 팔과 어깨운동, 윗몸 일으키기 등을 통하여 신체 각 부위가 별개로 움직이도록 동기유발을 시킨다.
- 움켜쥐기, 손뼉치기 등 소리의 단서를 제시하여 반복 훈련을 실시한다.

(2) 2단계

- 신체를 지탱하는 기능의 발달을 촉진하고 신체의 이동 기능을 발달시킨다.
- 몸 뒤집기(구르기), 앉기(상자안에 끼어 앉히기, 보행기 타기), 배밀이와 기어가기(긴 장난감 쥐고 기기)하여 주변의 사물 탐색하는 기회를 제공한다.
- 장난감 제공, 언어 촉진 등을 통해 움직임을 유도하며 몸을 움직여 이동하는 원리를 가르쳐 준다.

(3) 3단계

- 홀로 서기, 스스로 운동을 하도록 한다.
- 가까운 소리와 물건에 흥미를 갖게 한다.
- 스스로 접촉하여 탐색하는 습관을 갖도록 한다.
- 혼자 걸을 수 있도록 하며 이동을 의지의 표현으로써 구체화하도록 한다.
- 유아의 안전보행을 위해 위험물을 제거하고 공간과 촉감에 대한 기억력에 의존하는 특성을 배려해 주어야 한다.
- 독립보행을 촉진시키기 위해 긴 막대기나 끈 등을 이용하여 안내한다.
- 부모의 발등에 유아의 발을 얹고 함께 걷도록 한다.
- '올라가기'를 시도해 보도록 자극 및 기회를 준다.

(4) 4단계

- 운동 및 놀이기구에 흥미를 갖도록 한다.
- 체조를 할 수 있도록 한다.

- 경험한 물건의 이름을 말할 수 있도록 한다.
- 좌우, 상하, 전후 등의 방향정위를 이해시킨다.
- 주위 물건들은 흥미롭게 탐색하도록 한다.
- 음원을 따라서 직진보행을 할 수 있도록 한다.
- 달리기, 계단 오르내리기를 할 수 있도록 한다.
- 간단한 지시보행을 할 수 있도록 한다.
- 사회적 경험 및 외출에 흥미를 갖도록 한다.
- 신변 자립기능의 기초를 기른다.

(5) 5단계

- 운동기구를 이용해서 서서 놀 수 있도록 한다.
- 음악에 맞추어 체조를 할 수 있다.
- 리듬운동을 할 수 있도록 한다.
- 경험을 말로 표현할 수 있도록 한다.
- 속도 내기, 자세 조정을 할 수 있도록 한다.
- 지시보행을 할 수 있도록 한다.
- 익숙한 장소에서 독립보행을 하도록 한다.
- 사회적 경험의 범위를 확대시킨다.
- 신변처리를 스스로 하게 한다.
- 집단 놀이활동에 흥미를 갖도록 한다.

3) 방향정위 지도의 실제

(1) 청지각 훈련

청지각 훈련은 반향음의 사용, 소리의 위치 식별, 소리의 선택, 음향의 활용 등으로 이루어진다. 특정 소리를 듣고 소리나는 방향과 거리를 알아 맞추는 훈련은 자명종이나 라디오, 호각 등을 이용하여 할 수 있다. 정지상태에서 나는 소리의 방향 지적과 공간적으로 이동하는 소리 맞추기(높은 곳 또는 낮은 곳에서 나는 소리, 앞 또는 뒤에서 나는 소리), 두 곳이나 세 곳에서 동시에 나는 소리의 방향을 각각 지적하도록 한다. 이동하는 소리의 방향을 따라 움직이도록 한다. 소리의 종류를 분별하는 것은 환경음을 녹음한 후 들려주도록 하며 악기놀이를 통해서도 할 수 있다.

(2) 촉지각 훈련

촉지각 훈련은 처음에는 유아가 알아내기 쉽고 익숙하게 쓰여지는 물건부터 차츰 어렵고 희귀한 물건으로 한다. 큰 물건에서 작은 물건, 단순한 물건에서 복잡한 물건으로 지도한다. 설명은 정확한 개념을 가질 수 있도록 명확하게 해주며 등이나 손바닥에 그림 등을 그려주는 것도 좋다. 사포, 천 등을 활용하여 게임을 하며 손 뿐만 아니라 발의 감각훈련도 병행한다.

(3) 후각 및 미각 훈련

방향정위의 단서가 될 수 있는 후각과 미각 변별훈련은 후각과 미각 변별훈련용 세틀를 활용하며 자연의 냄새, 일산생활 속의 냄새 등을 언어로 자극하여 연결시켜 준다. 미각변별훈련은 병균이나 유독성 물질 등에 노출되지 않도록 세심한 배려가 필요하다.

(4) 근육운동감각 훈련

좌우 구별하기는 유아들이 공통적으로 느끼는 어려움이다. 그러므로 시각장애유아들에게는 방향을 이야기 해 주거나 보조기 사용 등으로 도움을 주어야 하는데 우선 자기 몸의 왼쪽과 오른쪽을 알게 하는 것부터 시작한다. 만일 유아들이 쉽게 인지하지 못하면 한쪽 손목에 방울을 달아주고 방울을 단 쪽이 왼쪽(또는 오른쪽)이라고 알려주고 오른손을 내밀든가 또는 집어 넣으라는 식의 게임을 활용하여 왼쪽과 오른쪽을 구분하게 한다.

앞, 뒤, 나란히, 마주보기, 등을 맞대기 등의 개념은 두개의 인형으로 지도한다. 인형의 얼굴과 등을 손으로 만져 느낌이 다른 것을 알게 한 후, 여러 자세를 만들어 보여 이해시킨다. 이러한 개념들은 배운 후에는 교사와 유아, 유아와 다른 유아가 함께 짝이 되어 실습한다. 한바퀴, 반바퀴 돌기 등의 교육도 인형을 사용하여 지도

한다. 원의 중심에 인형을 세우고 원은 90도 마다 표시를 해놓고 네번째 표한 곳으로 오면 제자리에 온 것이 되어 한바퀴 돈다는 개념을 이해시킨다. 그런 후에는 유아가 원의 가운데 서 있도록 하고 교사는 90도마다 자리를 옮기며 유아를 불러주면서 소리 방향으로 유아가 몸을 돌리게 한 후 네번째 부른 다음에는 제자리로 돌아오게 한다. 이 때 발 밑에 표시물을 찾게하여 자신이 돌고 있는 위치를 깨닫게 한다.

4) 이 동

(1) 보행훈련의 준비

보행훈련의 장소는 소음, 너무 강한 음이 많은 곳은 청각적인 방해로 인하여 시각장애유아가 주의집중에 실패를 하게 되어 훈련에 어려움을 겪게 된다. 반대로 방음이 되었거나 주변환경과 단절되어 일체의 소리가 없는 곳도 적당하지 않다. 일상생활에의 적응임을 고려하여 알맞은 기온에 쾌적한 분위기의 실내외가 최적의 교육환경이라 할 수 있다.

신발은 가볍고 신축성있는 운동화가 좋으며 마룻바닥에서 미끄러지지 않아 안전성이 있다. 온돌인 경우에 양말은 미끄러지기 쉬우므로 특히 주의해야 한다. 걸음을 잘 걷는 유아의 경우는 구두를 착용시키는 것이 효과적이다. 구두는 바닥의 촉감과 발자국 소리를 더 잘 감지할 수 있어서 보행의 방향을 잘 알아낼 수 있고 구두창의 울림 소리를 듣고 자신이 위치한 공간의 크기나 거리 등을 짐작하기도 한다. 시각장애유아는 자신이 신고 있는 신발을 통해 느껴지는 바닥의 감촉으로 자신이 위치한 공간의 상황 등을 파악할 수도 있다. 복장은 활동하기 좋은 간편복이 좋으며 너무 두꺼운 옷은 피한다.

(2) 안내보행(손 잡고 걷기)

자립보행이 숙달되지 않은 시각장애유아는 발바닥 전체를 땅에 대지 않고 무릎을 굽히고 걷는 경우가 있는데 교사가 빠르게 걷도록 무리하게 시키면 오히려 역효과가 날 수도 있다. 이런 경우에는 시각장애유아가 좋아하는 것(장난감, 먹을 것, 교구 등)을 제공하여 기분전환을 시켜서 심리적인 안정을 유도하는 것이 우선되어야 한다. 교사가 껴안아주고 노래를 불러주는 것도 좋은 방법이다. 안고 빙글빙글 돌기, 안아서 높이 올려주기 등을 해주면 대부분의 유아들이 좋아한다. 이때 '빙글빙글', '높이 더 높이' 등의 언어나 노래를 사용하여 자극을 주면 기분전환의 촉매가 될 뿐만 아니라 동작에 맞는 개념 파악 능력의 형성에도 도움이 된다.

유아가 유아교사의 지도방법에 흥미를 느끼고 호응하게 되면 유아를 바닥에 내려놓은 다음 유아의 상체를 잡고 앞뒤로 적절히 흔들어 주면서 분위기를 조성한다. 이때 바닥에 내려놓은 다음 바로 걷기를 유도해서는 안 된다. 유아가 어느 정도 분위기에 익숙해져 심리적으로 안정이 되면 아이의 몸을 앞뒤 또는 좌우로 가볍게 흔들어 주면서 장단 맞추기를 하고 서서히 한발씩 때어 놓으며 몸의 움직임을 좌우로 조절하여 균형잡는 방법을 스스로 터득하도록 한다. 이상의 동작을 할 때, 혹시 유아가 불안해하면 양 겨드랑이에 손을 넣어 제자리에서 껑충뛰게 하거나 간지럼을 태우는 등 긴장을 풀어주도록 도와주는 것이 필요하다.

시각장애유아의 안내보행에서는 교사의 손 위치를 유아의 가슴정도 높이에 두는 것이 좋다. 교사의 손을 유아의 어깨나 머리보다 위쪽에 두게 되면 유아가 끌려다니게 되어 쉽게 지치며, 허리 아래쪽으로 내려가게 되면 불안정하게 된다. 따라서 교사는 전방에서 유아의 손을 떠받치고 보행정도에 맞춰 가볍게 손을 끌어주는 것이 좋다. 이때 유아의 상체가 앞으로 기울어지면서 발을 내디디게 되면 기능적으로 무리한 경우가 많으므로 훈련을 계속 강요해서는 안 된다.

걸음이 조금 익숙해지면 발에 닿는 지면이 달라지는 경우 쪼그리고 앉아서 바닥을 만지며 노는 유아들도 있다. 쪼그리고 앉는 자세는 발이나 허리를 강하게 할 수도 있으므로 교사가 함께 앉아서 지면 두드리기, 조약돌 줍기, 모래성 쌓기 등을 하며 같이 놀아주도록 한다. 지면 만지는 놀이에 만족해 하면 재차 걷기를 유도한다. 유아가 교사의 두손을 잡고 하는 안내에 어느 정도 숙달이 되면 걸음의 속도를 조금 높이고 교사가 잡아주는 손의 힘을 빼고 유아가 자신의 손에 힘을 주어 잡도록 이끌어 나간다. 두 손 잡고 걷기에 충분히 적응하게 되면 한 손 잡고 걷기 훈련을 계속해 나간다. 이때에도 유아가 한 손 잡고 걷기를 불안해 하면 두 손 잡기를 요구하면 무리하게 강행하지 말고 다시 두 손을 잡도록 하여 서서히 지도해 나가도록 한다.

일반적으로 시각장애유아가 걸음걸이가 익숙해지고 안정되면 손을 놓고 혼자 걸어가고자 한다. 간혹 의존적 행동을 하며 교사의 손을 잡고자하는 유아가 있을 경우에는 교사의 옷자락, 핸드백, 막대, 끈 등으로 보행상태에 맞추어 잡는 것을 바꾸어 가도록 한다. 보행훈련을 통해 걸음걸이가 안정되면 교사의 손 위치 따위는 고려하지 않아도 된다. 또한 신발도 운동화, 장화, 구두 등으로 바꾸어 준다.

시각장애유아에게 달리기를 가르치는 것도 중요하다. 처음 달리기를 지도할 때에는 한 손을 잡고 속도감을 느끼게 하며 함께 제자리 달리기를 한 다음 순차적으로 훈련의 난이도를 높여주는 것이 좋다. 균형감각을 유지하는 것 또한 보행훈련에 있어서 빼 놓을 수 없다. 균형감각을 익히는데 도움이 되는 것으로는 한 손 잡고 평균대 걷기, 갓길 걷기, 조금 높은 곳 걷기 등이 있다. 처음에는 잘 안되지만 교사가 차근차근 지도해 나가면 아이들도 재미있어 하고 곧 익숙해진다. 대부분의 시각장애유아들은 걸음을 걸을 때 고개를 앞으로 숙이고 등을 구부리는 경향이 있으므로 교사는 보행훈련 지도시 세심한 주의와 관찰을 통해 잘못된 자세가 습관화되고 고착되기 전에 바른 자세를 유지하도록 교정해 주어야 한다.

(3) 손 뻗치기(보행시 자기보호)

시각장애유아가 자립보행을 하게 되면 주위 장애물에 대한 신체보호를 위한 방법을 배워야 한다. 시각장애유아의 특성상 조심하게 되므로 심한 사고는 없다 할지라도 보행이 미숙한 유아의 경우 항상 위험을 배제할 수 없으므로 손 뻗치고 걷는 법을 지도해야 한다. 손 뻗치기는 걸어갈 때 몸이나 머리가 다른 물체(장애물)와 충돌하지 않도록 하기 위해 손목을 뒤로 젖히고 손바닥을 펴서 세운 다음 두 팔을 전방을 향해 곧게 뻗치는 것이다. 만약 손을 뻗치고 걷기가 힘들다고 해서 손을 내리고 걸어다니면 장애물에 부딪치게 되어 외상이 많아진다. 나아가 이러한 불쾌한 경험이 계속되면 심리적으로 위축되어 보행훈련이나 실제에 제약이 될 수밖에 없다. 그러므로 유아기에 손 뻗치고 걷는 습관을 지니도록 지도하는 것은 매우 중요한 일이다.

(4) 음원보행

시각장애유아가 안내자 없이 이동할 때에는 안전하고 효율적인 보행을 위한 단서가 필요하다. 독립보행시 가장 중요한 단서중의 하나가 소리이다. 따라서 단서가 되는 음의 종류, 음의 방향 등을 확인하고 자신의 목적지로 이동하는 능력을 갖도록 숙달시키는 것은 무엇보다도 중요한 일이다. 실외보행일 때에는 여러 가지 중복음이 많음으로 그 중 시각장애유아가 목적으로 하는 음을 추출해서 보행하는데 익숙하도록 하지 않으면 안 된다.

음원을 향한 이동은 유아기부터 유의함이 필요하다. 어릴 때부터 소리의 방향을 듣고 이동하는 것에서부터 시작하여 자립보행이 가능해지면 초기 단계로 50cm~1m 쯤의 직전 음원에서 5m~10m로 차차 거리를 늘려가면서 훈련하도록 한다. 음의 자극도 부르는 소리나 음의 회수를 줄여가면서 계속적 자극에로 이행해 가도록 한다. 옥외에서는 태양의 위치, 바람의 방향, 자동차 소리 등을 이용해서 방향을 느끼도록 손을 잡고 동작으로 이해시키는 일도 중요하다.

(5) 잡고 걸어가기(스쳐가기, 벽 등을 따라가기)

시각장애유아의 보행에서 스쳐가기는 이동의 중요한 방법이다. 일반적으로 '스쳐가기'는 새끼손가락이나 손 등을 사용하여 환경인식을 하며 보행하는 방법인데, 시각장애유아의 경우에는 신체운동이나 감각의 발달이 미숙하고 경험의 폭이 넓지않기 때문에 '스쳐가기'는 실행하기가 어렵다. 오히려 공간 속에서 어떤 사물을 '잡고 걸어가기'가 보다 적절한 방법이 될 수 있다.

일반유아의 잡고 걸어가기는 자립보행 시작전 단기간에 걸쳐 나타나는 과도기적 현상이다. 그러나 시각장애유아의 잡고 걸어가기는 대부분 빠른 보행이 가능하게 되고 나서 볼 수 있는 보행방법이며 '○○를 찾는다'라든지 '○○에 가고 싶다'는 등의 분명한 요구나 목적의식이 생긴 후에야 가능하게 되는 보행이다. 목적의식이 싹트지 않으면 빠른 보행이 가능해졌어도 공간 속에서 헤매게 된다. 실내에서 목적지로 공간 이동을 하는 확실하고도 효율적인 방법으로 잡고 걸어가기를 몸에 익히는 일은 중요하다. 시각장애유아들은 물건을 차례로 만지면서 이동하므로 물건의 이름, 재질을 알게 됨은 물론 물건의 위치 및 순서, 물건과 물건간의 위치나 방향관계 등을 이해하게 된다. 이것은 장차 시각장애유아가 실내의 폐쇄된 공간범위를 이해할 수 있도록 해주며 유아기 단계에서부터 잡고 걸어가기를 습관화 함으로써 낯설은 장소에서도 적극적인 행동을 일으키는 동기를 부여하게 된다.

잡고 걸어가기가 숙달되면 가정이나 유치원 또는 어린이집에서 공간 전체의 배치 상황을 잘 알게 되어 부딪치는 일도 적고 자유롭게 걸어다니기가 가능하게 된다. 그러나 유아기의 잡고 걸어가기는 저절로 발달하는 것은 아니며 또한 잡고 걸어가기의 상황이 많은 경우에 유아의 보행의지가 약화될 수도 있으므로 유아의 행동을 강화하기 위해서는 의도적인 학습이 필요하다. 잡고 걸어가기 학습을 위해서는 우선 실내가 넓고 큰 가구를 일정하게 고정 배치하며 너무 튀어나오거나 움푹 들어간 가구의 배치는 부딪칠 위험이 이으므로 적절하지 못하다. 유아가 보행을 즐겁고 재미있게 하도록 유도하는 것이 필요하다. 시각장애유아가 좋아하는 오나구를 보행의 진행방향이나 자세를 바꾸는 지점에 손이 닿도록 매달아 놓아 경계점을 지시하는 손잡이로 사용하도록 한다. 가구의 위치를 변경했을 경우에도 반드시 알려주어야 하며 물건이나 가구의 상태를 언어정보를 통해 제시해 주어야 한다 예를 들면 '○○가 있단다. 물렁하단다 거칠단다' 등과 같이 말로 표현해 주어야 한다. 이 외에 교사가 유아의 손을 잡고 조금씩 잡거나 더듬는 법을 가르칠 수도 있다.

시각장애유아가 자립보행이 가능하게 되면 처음에는 잡기 쉬운 난간이나 높은 창문틀, 탁자 등을 두손을 이용하여 만지면서 옆걸음을 하도록 지도한다. 걷기가 익숙해지면 한 손 만으로 인지 및 보행이 가능하도록 훈련하며 물건과 평행을 유지하면서 걷도록 한다. 이때 돌출가구에 얼굴이 부딪치지 않도록 잡고 있는 손은 항상 전방을 더듬도록 지도한다. 시각장애유아의 손을 잡고 걸어가기가 항상 쉽게 이루어지는 것만은 아니다. 움푹 패인 곳이 있으면 손을 헛짚고 허공을 허우적 거리게 되므로 주의를 기울이도록 지도해야 한다. 잡고 걸어가기를 하는 중에 구석을 만나게 되면 우선 손으로 충분히 덧만진 다음 벽의 한쪽 면에 등을 붙이고 다른 한쪽 면이 자신의 몸 옆으로 오도록 서서 방향을 바꾸도록 가르친다.

시각장애유아 중에는 보행중 특별한 의미없이 자세를 회전시키는 버릇을 가진 유아들이 많이 있다. 이런 유아들에게도 적절한 보행훈련 프로그램을 적용하여 점차 목적지로 이동하는 습관을 들이도록 지도해야 하며 이동시 물건과 평행을 유지하면서 보행하거나 벽의 한 면에 등이나 몸의 측면을 붙인 자세로 이동하도록 지도하여 부적절한 행동이 고착되기 전에 제거될 수 있도록 유의해야 한다.

잡고 걸어가기 초기단계에서는 잡고 있는 손쪽에 상당한 힘이 가해져서 난간이 끝나는 지점과 같이 손 붙일 데가 없는 곳에서는 갑자기 몸의 균형을 잃고 자세가 무너져서 앞으로 넘어지는 경우가 있다. 이 때 교사는 사전에 말로 예고하여 주의를 환기시키거나 균형을 잃고 쓰러질 경우에는 붙잡아 주기도 해야 한다. 시각장애유아가 잡고 걸어가기를 할 때, 가시가 있거나 미처 경험하지 못한 감촉이 느껴지면 두려워 하므로 교사는 낯선 곳에서 잡고 걸어가기를 시킬 때는 주변상황을 미리 조사해 두었다가 정보를 주어야 한다.

3 장애유아의 신변처리 지도

장애유아 통합교육에서 장애유아가 가장 많은 수를 차지하고 있는 것은 정신지체 및 발달장애이다. 그리고 이들의 교육에서 가장 시급히 다뤄져야 할 것은 신변처리 지도이다. 따라서 장애유아 통합교육을 실행하는 일반 유치원의 유아교사는 특히 신변처리 지도에 대한 기초지식과 지도 기술을 습득하여 이에 대처할 수 있는 능력이 필요하다.

신변처리 기술이란 스스로 살아가고 생활하는 사회에서 독립적인 기능을 유발할 수 있는 행동으로서 생활을 유지하기 위한 기본적인 행동이며 신체적 기능과 관련되어 있는 행동이다. 결과적으로 신변 처리기술은 정상화된 환경안에서 독립적으로 생활할 수 있도록 유아를 준비시키는 것이다. 따라서 장애유아의 통합을 위해서 신변처리 기술은 반드시 요구되어지는 능력이다.

신변처리 기술은 매일의 일상생활에서 반복적으로 이루어지는 활동이므로 인위적인 환경보다는 그 활동이 일어나는 자연스런 상황 안에서 지도하는 것이 바람직하다. 식사시간 동안 스스로 음식 먹는 것을 배운다거나 외출시 스스로 신발을 신는 것을 배우는 것처럼 유아가 매일 생활하고 활동하는 유아교육기관과 가정의 자연스런 상황에서 신변처리 기술을 유도하고 지도해야 하기 때문에 다른 어떤 교수 영역보다 가정과의 연계가 강조되는 영역이다.

1) 장애유아 신변처리기술 지도의 원칙

가정과 연계한 유아의 신변처리 지도는 지도해야 할 내용과 어떻게 지도할 것인가에 대한 단계별 방법을 부모에게 알려주어 일상 생활 가운데 염두해 두고 지도할 수 있도록 한다. 지도할 내용의 선정은 유아의 현행 수준을 고려하고 담당 교사의 협의를 통해 유아교육기관의 생활 가운데 필요한 신변처리 기술들과 부모들이 가장 중요하다고 생각되는 기술들을 골려하여 우선 순위를 정해 지도해야 한다. 또한 계절적으로 연관성있는 지도내용을 고려할 수도 있는데 이는 연관된 상황속에서 자연스런 습득을 돕고 필요성을 유아들에게 느끼도록 하기 위해서이다. 예를 들어 봄, 가을에는 점퍼류를 많이 입게 되므로 지퍼를 올려야 하는 상황들이 자주 발생하게 되는데 이 시기에 지퍼 끼우기 활동을 지도하고 머리감기 훈련의 경우에는 여름에 땀을 많이 흘리고 냄새도 많이 나서 자주 감게되는 시기인 여름에 지도하도록 계절적 상황을 고려하는 것이 적절하다.

그리고 신변처리 기술을 지도할 때에는 다음과 같은 원칙을 고려하여 지도해야 한다. 첫째, 유아가 훈련을 위해 얼마만큼 준비되어 있는가와 부모와 심리적으로 어느 정도 밀착되어 있는가를 살펴야 한다. 둘째, 지도의 원칙과 중심을 가지고 지도하는 것이 필요하다. 즉 유아들을 가르치는 데에는 사랑이 우선이지만 그 안에는 엄격함이 있어야 한다. 절제하지 못하는 사랑은 유아를 망치게 할 수도 있다. 셋째, 유아가 성공 경험을 많이 가질 수 있도록 도와주어야 한다. 즉 유아가 할 수 있는 쉬운 단계부터 지도하여 점차 익숙해지고 유아 스스로 할 수 있다는 자신감을 갖도록 한다. 넷째, 유아는 항상 깨끗하고 단정한 옷차림과 몸가짐을 할 수 있도록 부모는 도와줘야 한다. 즉 유아가 스스로를 돌 볼 줄 알도록 훈련시켜 정갈한 외모를 가질 수 있도록 부모는 관심을 가져야 한다.

이는 유아로 하여금 자신에 대한 자아의식도 높여주고 남들에게 좋은 인상을 주어 긍정적인 대인관계를 맺을 수 있는 바탕을 마련해 줍니다. 다섯째, 유아의 욕구가 있을 때를 훈련의 기회로 삼아 지도해야 합니다. 즉 유아가 배가 고플 때는 바람직한 식사 습관을 가르치고 편식을 없애는 좋은 기회이다.

그러나 매번 지도하게 되면 유아는 짜증을 내고 격한 감정을 내보일 수 있다. 유아가 흥미를 가질 수 있도록 융통성있게 유도하는 것이 필요하다. 여섯째, 훈련 시간은 길지 않은 것이 좋다. 즉 너무 긴 시간 같은 과제를 가지고 반복 강행하면 유아도 부모도 지치게 되고 결국 훈련 자체를 포기해 버리게 된다. 융통성을 가지고 유아의 흥미를 잘 유발시킬 수 있도록 해야 한다.

2) 연령별 신변처리 기술의 과제

연 령	신변처리 기술 과제
1~2세	1) 숟가락 사용하기 2) 한 손으로 컵 들고 마시기(손잡이 있는 컵 사용) 3) 양말 벗기 4) 신발 벗기
2~3세	5) 포크 사용하기 6-1) 소변보기(남아) 6-2) 소변보기(여아) 7) 대변보기 8) 신발 신기 9) 이 닦기 10) 손 씻기 11) 세수하기 12) 주전자로 컵에 물 따르기 13) 양말 신기 14) 팬티 벗기 15)팬티 입기 16) 티셔츠 벗기 17) 티셔츠 입기 18) 바지 벗기 19)바지 입기
3~4세	20) 웃옷 벗기(앞이 터진 옷) 21) 웃옷 입기(앞이 터진 옷) 22) 외투 옷걸이에 걸기 23) 휴지 끊기 24)코 풀기
4~5세	25) 단추 풀기 26) 단추 잠그기 27) 지퍼 열기 28)지퍼 잠그기 29) 후크 풀기 30) 후크 잠그기 31) 머리 빗기 32) 휴지로 변 닦기

3) 신변처리기술의 지도

① 교사는 유아들이 독립적인 생활을 하기 위해서는 기본적인 신변처리 기술이 습득 되어야 함의 중요성을 인식하고 유아에게도 이에 대한 중요성과 필요성을 이해시키는 것이 중요하다. 또한 장애유아들이 실생활에서 신변처리 기술을 배울 수 있도록 기회를 포착하여 수시로 지지하고 격려하며 도와주어야 한다.

② 월 단위로 과제를 수행하도록 계획한다. 예를 들면 '혼자서도 잘해요'라는 활동명을 정해서 매월 유아에게 필요한 신변처리 기술 습득 여부를 평가한 뒤 다음 단계의 과제 수행 계획을 세워야 한다.

③ 장애유아의 현재 수준과 특성을 확인하고 현재 수준에서 단계별로 시작해야 한다. 즉 현재 유아가 가능한 황동을 확인하고 그 다음 단계부터 시작한다. 또

한 이를 토대로 유아를 지도할 때 도움의 정도, 개입의 여부와 정도, 방법 등을 함께 고려한다.

④ 언제, 어디서 지도하고 어떠한 점을 고려해서 지도할 것인지 등을 수시로 점검하고 정리한다. 유아의 신변처리 기술 습득을 위해서는 그 활동이 일어나는 자연스러운 환경 안에서 지도하는 것이 좋습니다. 즉 그 기술을 필요로 할 때 가장 잘 학습될 수 있다. 또한 환경적인 부분의 배려가 되어진다면 습득을 보다 용이하게 할 수 있다. 예를 들어 세면대의 높이가 유아의 키보다 높다면 유아를 위한 발판을 마련해 유아가 보다 씻는 행동을 용이하게 도와주는 것은 훈련하는데 도움이 된다.

⑤ 정기적인 평가 기간을 정해 수행 수준을 확인한다. 장애유아의 부모와 유아교육기관의 교사는 유아를 지도하면서 정기적으로 수행수준을 확인한다. 평가 기간의 간격을 정하시고 여러 가지 기호나 색연필로 수행 정도를 적는다. 이는 장애유아의 습득 정도를 확인하고 다음 지도 단계와 계획에 도움을 받을 수 있다.

⑥ 월별 평가와 향후 지도 방안을 적습니다. 한 달간 열심히 지도한 후에 월별 평가를 한다. 장애유아가 어느 정도 달성했는지, 이후에 어떠한 지도 방안이 더 필요한지, 어떻게 지도해 나갈 것인지 등을 적는다.

⑦ 각 단계별로 도움의 형태와 도움의 양을 조절합니다. 각 단계를 지도할 때에는 어느 정도 방법이 습득될 때까지 도움이 필요하다. 이러한 도움을 얼마나 줄 것인지 정한다. 물론 이 도움의 양은 점차 줄여 나가며 유아 스스로 수행하게 하는 것이 최종 목표이다.

4) 용변처리기술 지도

(1) 소변을 가릴 줄 모르는 유아의 경우

① 장애유아의 소변 상황을 일주일 동안 기록하여 하루 중에 언제 소변을 주로 보는지 일정한 시간을 확인한다. 장애유아의 소변보기 상황을 점검하기 위해 활용할 수 있는 관찰조사표는 <표 3-1>과 같다.

〈표 3-1〉 소변보기 관찰조사표

날짜 / 시간	○월○일	○월○일	○월○일	○월○일	○월○일	○월○일	○월○일
AM 1							
2							
3							
4							
5							
6							
7							
8							
9							
10							
11							
12							
PM 1							
2							
3							
4							
5							
6							
7							
8							
9							
10							
11							
12							

② 소변을 보는 일정한 시간이 되면 변기에 앉는(서는) 습관을 갖도록 한다.
③ 교사나 부모가 마주 앉아서 또는 옆에 서서 '쉬…' 소리를 내준다.

- 평소 엄마(아빠), 형제, 및 또래의 소변보는 모습을 보여주는 것도 모방에 도움을 준다.
- 음료 종류를 많이 먹게 되면 소변 시간이 달라질 수 있으므로 평상시 적절한 양을 먹도록 해 주어야 한다.
- 소변보기 훈련은 특별한 관심과 인내를 가지고 노력해야 한다.

(2) 대변을 가릴 줄 모르는 장애유아의 경우

① 장애유아의 대변상황을 일주일 동안 기록해본다. 앞에서 제시한 6-3의 관찰 조사표를 활용하여 점검해 본다.
② 대변을 보는 일정한 시간이 되면 변기에 앉는(서는) 습관을 갖도록 한다.
③ 성인(교사, 부모)이 마주 앉아서 또는 옆에 서서 '힘을 주는 모습', '힘 주는 소리'를 낸다.

- 평소 성인(부모), 형제, 또래의 대변보는 모습을 보여주는 것도 모방에 도움을 준다.
- 밥이나 간식을 많이 먹게 되면 시간이 달라질 수 있으므로 평상시 적절한 양을 먹도록 지도한다.
- 대변보기 훈련은 특별한 관심과 인애를 가지고 노력해야 한다.

(3) 용변처리기술 훈련

용변처리기술이 부족한 장애유아들에게는 계획된 시간에 맞추어 화장실에 데리고 가는 방법은 일반유아에게는 효과적이나 아무런 배설 활동없이 화장실을 오가는 횟수가 많은 장애유아에게는 추천할 만한 방법이 아니다. 따라서 용변처리기술이 부족한 장애유아에게 '분산학습법', '집중학습법'은 시도할 만한 방법이다. 이를 통해 용변처리기술이 부족한 장애유아에게 독립적인 용변처리기술을 습득하게 할 수 있다. 독립적인 용변처리기술이란 보조없이 화장실에 가서 바지를 내리고 배설을 하고, 닦고 물을 내리고 손을 씻는 전과정을 의미한다.

① 분산학습법

- 매 30분마다 배설 사실 여부와 장소(화장실 또는 팬티), 먹은 음식물 및 음료수의 양을 기록한다. 모든 장소에서 자료를 14일 정도 수집한다.
- 자료를 분석하여 소변 볼 확률이 가장 높은 시간을 두 개만 선정하여 훈련을 시작한다. 자료가 불충분하여 가장 확률이 높은 시간을 선정하기 어려우면 자료를 더 수집한다.
- 강화물을 선정한다. 가능하다면 유아다 강화물을 스스로 선정하도록 하는 것도 방법이다.
- 선정된 강화물을 사용하여 선정된 2회의 시간중에 훈련을 실시한다. 첫 번째 시간이 되었을 때 '쉬하자'라고 말하고 화장실에 데리고 간다. 변기에 10분 동안 앉아있게 한다. 만약 소변을 보면 강화물을 제공하고 그렇지 않으면 일어나서 5분 동안 서 있게 한 후 다시 5분간 앉게 한다. 이 때 소변을 보면 강화물을 제공하고 그렇지 않으면 활동으로 돌아간다. 두번째 시간에도 반복한다. 2회 때의 배변자료를 기록한다.
- 수행자료를 계속 수집하고 활용하여 지도를 한다. 만약 50% 정도로만 배변을 보는 경우 다시 기초선 자료를 수지반다.
- 75%의 성공을 보이면 훈련을 3회에서 4회로 확장한다.
- 장애유아가 화장실에 가고 싶다고 표현하도록 학습시킨다.

② 집중학습법(급속법)

하루 약 4시간에서 8시간 정도로 하루 전체에 걸친 집중적인 훈련을 통해서 실시된다. 교사 1명이 전담하여 진행한다.. 성인지체의 경우 4~5일, 정상아의 경우 4~5시간 집중적인 훈련을 실시한다.

- 훈련기간중 유아가 섭취하는 음료수의 양을 실제로 증가시킨다. 섭취량 증가는 소변을 보는 횟수를 증가시키며 올바른 용변처리기술을 강화할 수 있는 기회를 증가시킨다. 유아의 경우 한시간에 한 컵의 양이 적당하다.
- 정해진 시간에 10분 정도 변기에 앉아 있는다.
- 변기에 소변을 보았을 경우에 즉각적으로 강화받는다. 강화는 주로 칭찬, 음료

수, 음식물 등이 사용된다. 변기에 앉아있는 행동, 옷을 입고 벗는 행동에 대해 강화한다.

- 교사가 가랑이 부분을 만져보고 젖지 않았는지 확인한 후 '마른 팬티'인 경우 정적 강화를 해준다.
- 화장실을 가게 하고, 옷을 입고 벗게 함 변기이 물을 내리는 등의 행동을 촉진하기 위해서는 점진적인 보조를 제공한다. 촉진은 필요한 경우만 제공하며 유아가 정확한 촉진을 하는 경우 재빨리 촉진을 제거한다.
- 화장실에 가는 것은 후년이 진행됨에 따라 감소된다. 이것은 화장실에 가야 할 필요성이 성인에 의해서가 아니라 스스로 방광이 찼음을 감지하여 인식 될 수 있도록 해준다.
- 실수를 했을 경우 다음의 4가지 단계를 적용한다. 이 때 일관성을 유지하는 것이 중요하다. 예를 들면 실수에 대해서 꾸중한다. 예를 들면 "바지에 쉬하면 안돼"라고 단호하게 말한다. 또는 충분한 교정을 통해서 화장실에서 요구되는 전 과정의 행동을 하도록 요구한다. 예를 들면 화장실에 가게하고 바지를 내리게 하고 약 1~2초 동안 변기에 앉게 한 뒤, 일어서서 바지를 입게 한다. 이런 과정을 연속적으로 신속하게 반복해서 실시한다. 예를 들면 젖은 바지를 직접 느낄 수 있는 기회를 제공한다. 경우에 따라서 젖은 속옷을 헹구고 바닥을 닦도록 한다.
- 실수하지 않은 경우 강화를 정기적으로 받으며 실수한 경우 젖은 바지를 만지게 하는 절차를 제외하고 동일한 방법으로 반응하도록 한다.

4 장애유아를 위한 창의적인 놀이 지도

1) 빛을 이용한 활동

이 활동들은 아이들이 뚜렷이 구분되는 배경속에서 하나의 물건에 시선을 집중할 수 있게 도와준다.

• 준비물: 손전등, 담요, 카드놀이 탁자, 부엌탁자나 큰 두꺼운 상자, 친숙한 그림이나 사진, 장난감 친숙한 물건들

(1) 스포트라이트 활동

당신과 아이가 놀만한 어두운 공간을 만들기 위해서 담요를 탁자나 상자 위에 걸쳐라. 2~5개 장난감이나 물건을 그 안에 넣어라. 아이가 손전등을 들고 장난감을 비쳐보게 하라. 각 장난감에 대해 이야기 하라. 그리고 나서 당신이 말하는 장난감이나 물건을 찾아내게 하라. 역할을 바꾸어가면서 아이가 찾아야할 장난감을 말하게 하고 당신이 찾아내라. 더 나이가 많은 아이라면, 장난감이나 음식의 그림 사진을 사용해 보라. 그 상자 탁자 안에 2~5개의 그림을 붙여라.

(2) 빛 따라오기 활동

당신과 아이가 각각 손전등을 하나씩 가져라. 아이가 어두운 공간을 여기저기 비쳐보게 하라. 당신의 손전등으로 아이가 비치는 빛을 뒤쫒아 보라. 이이가 손전등으로 당신이 비치는 곳을 따라오게 역을 바꾸며 해 보아라.

• 시각장애인 경우: 밝게 채색되거나, 반짝 반짝 빛나거나 아니면 소리가 나는 물건이나 그림을 사용하라.

2) 분류 활동

이 활동은 아이들이 비슷한 물건들을 공부하고 분류하며, '같은''다른'의 개념을 이해하게 해 줄 것이다. 그리고 접촉해 보고 이름을 이용해서 물건을 찾아내고 알아볼 수 있도록 해 줄 것이다.

• 준비물: 종이가방 또는 신발상자, 단추, 크레용, 친숙한 물건들, 돌맹이와 솜처럼 딱딱하고 부드러운 물건들, 작은 색깔있는 블록과 색종이와 같은 다른 색깔의 물건들, 종이접시

(1) 모으기 활동

서로 달라 보이는 2가지 종류의 물건들, 예를 들어 단추들과 크레용을 가방이나 신발상장에 넣어라. 아이앞에 2개의 종이 접시를 놓아라. 아이에게 가방에 손을 넣어 한가지 물건을 꺼내게 하여라. 아이가 물체에 이름을 붙이도록 도와주라. 즉 '넌 단추를 하나 가졌네'하고 그리고 그것을 접시위에 올려놓게 하라. 다시 물건하나를 집어내게 하라. 아이가 그것이 무엇인지 알아내게 한 후, 처음 것과 같은 것이면 같은 접시에 놓게 하고 다른 것이면 다른 접시에 놓게 하라. 가방이 텅비게 될 때까지 물건을 분류하게 하라. '같은''다른'이란 단어를 사용하라. 이 게임은 딱딱하고 물렁한 물건들, 무겁고 가벼운 물건들을 이용할 수도 있다. 빗과 브러쉬, 신발과 양말, 치약과 칫솔등과 같은 부류로 분류될 수 있는 물건들을 이용해 보라.

(2) 비밀 주머니

종이가방 하나와 그룹별로 분류된 물건들을 아이 앞에 늘여 놓아라. 아이가 물건 하나씩을 가방에 넣으면서 이름을 말하면서 가방을 채우게 하라. 가족중 한명이 돌아가면서 가방속의 물건을 하나씩 꺼낸후 그것이 무엇인지 추측해 보고 이름을 말하게 하라. 차례가 되면 눈을 가리고 이 게임을 하게 하라. 만약 눈가리개가 아이를 놀라게 하면 그냥 보지만 말고 손을 가방안에 넣게 하거나 눈을 감게 해서 해 보라. 아이가 이 게임을 너무 어려워하면 가방안에서 한 개를 꺼낸 후 선택할 수 있는 질문을 하라. '이것이 숟가락 일까, 아니면 공일까?' 하고. 더 재미있게 하려면 정확하게 맞추는 사람에게 동전을 상으로 줘보라. 이 게임은 생일파티때 재미있게 할 수도 있을 것이다. 이런 활동들은 아이가 손을 사용해서 물체를 탐구하고 물체나 장난감의 서로 다른 특징을 발견할 수 있게 해줄 것이다.

- 신체장애인의 경우: 아이가 물건에 손을 뻗칠 수 있는 곳에 위치시켜라. 아이가 손으로 잡을 수 있는 정도의 크기와 모양을 지닌 물건을 사용하라.

3) 소리변별에 관한 활동

이 활동들은 아이가 서로 다른 소리들을 알아내고 '같은' '다른'소리를 발견하고,

물건들이 눈앞에 보이지 않아도 여전히 존재하고 있다는 개념을 발달시킬 수 있게 도와 준다.

- 준비물: 작은 담요나 수건, 작은 플라스틱 용기들-속이 빈 양념병이나 로션병, 입구를 봉한 2개의 플라스틱 컵, 집안밖에서 쉽게 찾아낼 수 있는 작은 물건들-클립, 조약돌, 동전, 쌀, 마카로니, 작은블럭, 구슬(시끄러운 소리를 내는 무거운 물건들 뿐만 아니라 조용한 소리를 내는 가벼운 물건들도 포함)

(1) 장난감 흔들기

철수엄마는 집근처에서 찾아낸 여러 가지 물건들을 4개의 용기에다 채운다. 용기가 반정도 차게해서 물건들이 자유롭게 움직이게 하라. 철수는 그것들을 흔들고 움직이고 굴리면서 소리를 만든다.

(2) 소리듣고 물건 알아 맞히기

아이가 그 소리나는 용기들을 가지고 논 후에 하나를 담요로 싸라. 아이옆에 앉아서 용기를 싼 담요를 이리저리 옮겨라. 그러면 아이가 그것을 볼 수는 없어도 소리를 들을 수 있다. 아이에게 담요를 벗겨내게 해서 그것을 찾아내고 가지고 놀게하라.

(3) 같은 소리 찾기

소리를 연결하는 게임을 하라. 3~4개 서로 다른 소리를 내는 용기들을 각각 종이접시나 냅킨위에 올려 놓아라. 이번에는 동일한 소리를 내는 다른 용기들을 각각 근처에 놓아라. 아이에게 처음번의 용기중 하나를 흔들어 보이게 한다음 2번째 그룹의 용기중에서 동일한 소리를 내는 용기를 찾아내게 하라.

(4) 소리탐색하기

훨씬 더 발전된 단계의 게임을 하고자 하면 바닥에다 2~4개 다른 용기들을 줄을 세워라. 모두 서로 다른 소리를 내야 한다. 아이가 하나를 선택하고 흔들어 보고 다시 제자리에 가져다 놓게 하라. 용기들의 배열순서를 바꾼 후에 아까의 그 용기를 찾아내게 하라. 아이가 맞게 찾아내면 아이가 이 게임의 리더가 되게 하고 용기들을 재배열할 자격을 주라. 다음에는 'soft(부드러운)' '소리가 나는' '조용한' '시끄러운' 용기를 찾아내게 하라.

(5) 물컵 두드리기

물의 양을 다양하게 컵을 채워라. 연필이나 젓가락을 사용해서 그 컵들을 두드려서 리듬을 만들어 보라. 아이가 손 사용을 잘 할 수 있다면 아이가 혼자 힘으로 쳐보게 하라. 아이가 손을 잘 사용할 수 없다면 아이의 손을 잡고 두드리게 해주라. 이 활동시에는 반드시 직접적인 감독이 이루어져야 한다.

- 청각장애인의 경우: 당신아이가 심한 청각장애아라면 이 활동은 아이에게 적합하지 않다. 아이가 어느 정도 들을 수 있다하더라도 역시 어려울 것이다.
  소리내는 용기를 사용하지 말고 대신에 북, 종 같은 큰 소리를 내는 것들로 분명한 진동을 만드는 소리를 사용하라.
- 신체장애아인 경우: 아이가 쉽게 잡을 수 있는 용기나 당신아이를 위해 특별히 고안된 용기를 사용하라.

4) 다양한 소리내기 활동

이 활동들은 당신아이가 일상적으로 듣는 소리와 목소리에 친숙해 질 수 있게 도와 줄 것이다. 큰소리와 부드러운 소리를 비교하는 능력과 말하기, 듣기능력을 촉진시킬 것이다. 이 활동들은 특히 전가족 전체활동으로 적합하다.

- 준비물: 마이크가 달린 녹음기, 미리 녹음된 음향 효과(가족들의 목소리, 친구들 목소리, 배행기 소리, 물소리, 소방차 소리, 손뼉 소리, 타자기 소리, 청소기 소리, 피아노, 초인종, 전화벨, TV, 개 짖는 소리, 여러 동물의 소리 차 경적소리 등 여러 가지 테잎).

(1) 소리 게임

처음에 간단하게 식사하라. 가족들 목소리와 여러 친근한 소리들을 미리 녹음하

라. 탁자위에다 그 소리들과 연결시킬 수 있는 그림이나 사진을 펼쳐 놓아라. 이 게임을 하기 전에 사진, 그림에 대해 미리 확실히 이야기해 주라. 각 소리를 틀어주고 나서 멈춘 후, 아이에게 그 소리가 무엇인지 알아내고 그림을 찾아내게 하라. 가족들이 차례로 돌아가며 이 게임을 하라. 소리를 맞춘 사람이 그림을 가지게 하라.

(2) 가족과 함께 소리 만들기

각 가족들이 말하고 노래하고 동물소리를 흉내내서 녹음하라. 여러가지 음향을 함께 만들면서 놀고, 녹음하고 들어보라.

(3) 시끄럽고 부드러운 소리 구분

테잎을 틀고 가족들에게 시끄러운 소리인지 부드러운 소리인지 구분하게 하라. 테잎을 다시 튼 후 시끄러운 소리면 귀를 막고 부드러운 소리면 입술에다 손가락을 갖다 대게 하라.

- 청각장애아인 경우: 모든 종류의 소리게임은 심한 청각장애아에게는 적용해선 안된다.
- 시각장애아인 경우: 아이가 집에서 듣는 여러 소리를 탐험하게 도와주라. 각기 다른 소리를 내는 물건들의 질감, 모양, 크기, 진동을 느끼게 확실히 하라.

아이의 감각 발달을 자극할 수 있는 활동은 많지 않다. 당신 자신만의 독특한 방법을 창조하기 위해 어린 시절의 기억을 되살리고 상상력을 이용하라. 비록 감각학습이 아주 초기 발달단계에 시작하긴 하지만 모든 나이의 아이들이 그들의 감각기관을 통해 계속 학습한다는 것을 기억하라. 아이의 발달단계에 상관없이 많은 감각적 경험을 아이에게 제공하라.

제4장

장애유아 통합교육 과정의 이해

1. 장애유아 통합교육과정의 구성 원칙
2. 장애유아 통합교육과정 구성 요인
3. 장애유아 통합교육의 형태
4. 장애유아 통합 프로그램의 진행과정
5. 장애유아 적응 프로그램
6. 가족지원 프로그램
7. 장애유아 개별화 교육 프로그램(IEP)

제4장

장애유아 통합교육 과정의 이해

1 장애유아 통합교육과정 구성 원칙

장애유아 통합교육이 장애유아의 정상적 발달을 촉진할 수 있기 위해서는 일과 운영과 모든 프로그램에 있어서 통합과 개별화의 원칙을 관철시켜야 한다. 장애유아가 일반적이고 정상적인 환경에서 생활하고 배우기 위해서는 장애아와 그가 속한 환경을 지원해 줄 수 있는 개별화 프로그램(IEP: Individualized Education Program)이 진행되어져야 한다. 다양한 영역과 프로그램에 관한 개별화(IEP)된 접근이 없이는 통합은 물리적인 통합에 그칠 수밖에 없을 뿐만 아니라 많은 부정적인 결과를 초래할 수 있다 개별화 프로그램이 통합 환경에서 진행되어질 때 발달적・교육적 의미를 가질 수 있다 따라서 가장 효과적인 통합을 위한 교수방법・발달이 곧 적합한 교육적 접근이라고 할 수 있다. 발달에 적합한 교육적 접근은 4가지 기본 교육전략을 필요로 한다.

첫째, 개별화된 접근을 한다. 관찰과 진단・계획・실행・평가의 단계를 거친다. 둘째, 구체적인 사물을 통해 이해하도록 한다. 감각 기능을 높일 수 있는 교구와 사물을 활용한다. 셋째, 다양한 경험을 통한 반복적 접근이 필요하다 유의미한 목표들을 하루 종일, 모든 환경 내에서 반복 실시하는 것이다. 넷째, 교육목표를 유아의 성취수준에 따라 좀 더 세분화한다. 또한 교수 방법의 적용에서 항상 고려되어야 하는 점은 다음과 같다.

- 개별화의 원칙: 유아의 현재 수준에 맞추어서 가르친다.
- 자발성의 원칙: 유아의 자의대로 내버려두면 즉 너무 유아의 뜻대로 방관하면 자연적인 성숙만을 기대할 수밖에 없으므로, 지나친 간섭이 아닌 유아의 자발적이고 적극적인 참여를 유도하는 지시적인 학습 방법을 사용한다.
- 자립화의 원칙: 교육의 궁극적인 목표인 유아의 개인적, 사회적, 경제 및 직업적 자립이 이루어지도록 혼자 스스로 학습하도록 이끈다.
- 생활화의 원칙: 다각적인 방법에 의한 반복 학습을 통해 이를 실생활에 적용하는 방법을 배우는 것이다.
- 다양화의 원칙: 다양한 경험을 교육적인 목적을 가지고 제공한다.

2 장애유아 통합교육과정의 구성 요인

통합이 효과적으로 시행되기 위해서는 다양한 수준의 구성요인들에 대한 이해와 고려가 우선되어야 하는데 장애유아의 통합에 영향을 미치는 요인들을 각 수준별로 살펴보면 다음과 같다.

1) 학급변인

① 통합 유아교육 프로그램에서 실시되는 교육과정은 유아의 참여와 성과에 영향을 미친다. 장애유아를 위한 교육과정을 구성할 때에도 유아발달을 위하여 발달적으로 적합한 교육의 실제(DAP)의 교육과정 원리가 예외 없이 적용될 수 있으며 이 지침을 고려하여야 함이 강조되고 있다

② 유아들의 연령 집단은 유아의 참여와 발달에 또한 영향을 미친다. 혼합 연령 집단의 유아들 (2, 3, 4세)이 장애유아와의 대회에 더 많이 참여하고, 혼합연령 집단의 의사소통·운동·인지 발달 면에서 더 어린 장애유아의 경우 촉진을 많이 받음이 보고 되고 있다. 그러나 혼합 연령의 일반 유아들과 이질적인

특성을 가진 장애유아로 구성된 학급을 운영하는 경우, 교사의 유능함이 더욱 요구된다는 점에서 실제적으로 반영되기에는 어려움을 내포하고 있다.

③ 학급상황에서의 장애유아의 사회적 능력이 장애유아에 대한 중요한 성과로 초점이 맞추어지고 있다.

2) 교사변인

전문적인 훈련을 받은 교사는 모든 유아를 위한 통합 프로그램에서 중요한 요소이다. 통합 학급은 개임의 다양성과 이에 따른 다양한 욕구에 대한 반영을 인정하는 철학적인 일치를 이룬 반면에, 교사 및 다른 성인의 역할과 관련된 믿음 · 실제 · 가치(팀 접근의 실시양상)는 다른 양상을 보이고 있다. 이러한 양상 때문에 유아교사와 유아특수교사 및 치료사 사이의 협조 · 협력 · 상호적인 존중은 성공적인 통합 프로그램의 중요한 구성요인으로 강조되고 있다.

3) 가족변인

가족은 유아가 참여하고 통합 프로그램에 영향을 미치는 중요한 구성요인이다. 통합 상황에 대해서 부모들은 장애유아가 또래들에 의해서 학급에서 사회적으로 거부되는 것과, 특수 서비스와 개별화된 서비스를 받기 어려운 것, 요원들의 질에도 관심을 보였다.

4) 전문가간의 관계

협력을 위한 노력의 성공 정도는 협력자들이 일치감 · 책임감과 목적의 공유를 포함하는 공통적인 가치를 가지는 정도에 달려 있다. 그런데 일치감은 통합 프로그램에서는 변화하는 전문가들의 역할이 가지는 속성 때문에 성취하기가 어려운 부분으로 이야기되고 있다. 이러한 역할의 불문명함에서 오는 혼돈을 최소화하는 방법으로 통합프로그램에 참여하는 여러 전문가들이 융통성을 가지고 창의성을 풍부하게 가져야 함과 협력적 팀으로 기능해야 함이 강조되고 있다.

5) 외부구조인 사회정책과 내부구조인 문화와 지역사회

통합과 관련해서 주로 제기되는 문제들은, 이를 시행하기 위한 경제적 혹은 재정적인 재원의 분배와 관련된 문제, 전문가의 훈련 및 배치와 관련된 정책의 부재, 정책 입안자와 시행자의 불명확한 태도 등이다. 문화적 믿음은 가족 구성원의 유아의 장애에 대한 해석과 이해에 영향을 미치고, 다른 문화를 가진 가족들의 욕구와 관심이 가끔 학급의 목적과 대치되기도 하며, 문화적 차이는 장애유아와 가족의 사회적 관계성에도 영향을 미친다고 밝혀지고 있다.

3 장애유아 통합교육의 형태

1) 완전통합

일반유아와 장애유아가 같은 장소 · 시간 · 학습자료 · 학습기회를 가지고 통일한 상황에서 수업을 하는 형태로 유아교사와 장애전담교사가 협력하여 수업을 진행한다.

2) 반대반통합 / 역통합

일반유아가 장애유아반 교실에서 일정 시간이나 활동을 함께한다.

3) 부분통합

비슷한 연령의 일반유아교실에 장애유아가 참여하여(활동 혹은 시간별, 요일별) 함께 프로그램을 진행한다.

- 자유놀이 통합 · 어린이집 일상생활에서 교사 주도가 아닌 자유놀이, 영역별놀이 시간에 통합되어지는 경우의 통합형태이다.
- 활동별통합 · 장애아의 능력과 발달적 요구에 따라 교사주도의 영역별 활동에 참여하는 통합형태(예: 노래 배우기, 게임, 동화 등)이다.

• 요일별통합 · 유아의 발달정도와 생활 연령에 맞추어 해당되는 반에 일정 요일에 하루일과 전체에 통합되는 형태이다.

4 장애유아 통합프로그램의 진행과정

장애유아 통합프로그램은 대상 장애영 · 유아의 선정을 하기 위해 ①선별과 진단 → ②입학 → ③학급배치 → ④적응 프로그램 → ⑤장애유아를 위한 개별화교육계획안(IEP) → ⑥평가회의 → ⑦개별화교육계획안(IEP) 수립과 부모협력 → ⑧초등이전 프로그램의 과정을 거친다. 이를 자세히 알아보면 다음과 같다.

1) 통합 대상 장애아의 선정: 선별 및 진단

선별과 진단은 유아가 특별한 교육서비스를 필요로 하는 장애아인지를 선별하고, 발달 수준을 측정하고, 적절한 학급에 배치하여, 교육프로그램을 계획하고 실시하는 데 매우 중요하고 필수적인 과정이다. 특히 장애아의 발달특성과 발달의 속도가 개별적이고 다양하기 때문에 교육프로그램이 진행되는 동안 교육진단을 정기적으로 받는 것이 필요하다. 선별과 진단방법으로는 표준화된 검사 도구를 사용하는 방법, 자연적인 관찰, 부모상담, 의사의 진단, 관련전문가의 소견서 등이 있다.

2) 입 학

입학여부는 장애의 정도 및 그 유형에 따라 입학이 제한될 수 있다. 그러나 무엇보다도 그 기관에 성인(원장, 교사)들이 가질 수 있는 장애에 대한 편견의 정도, 통합의 의지, 통합 환경의 수준과 교사의 훈련된 정도에 따라 입학할 수 있는 장애아의 장애정도는 다르게 나타날 수 있다.

3) 학급배치

입학한 장애아를 어느 교실에 배치할 것인가는 매우 어려운 문제이다. 장애아를 학급에 배치할 때 유의해야 할 사항은 다음과 같다.

① 적절한 통합의 비율이다.

일반 영유아와 통합에 적절한 비율은 전체 유아 수의 10%정도이지만 장애아 통합에 관련해 심리적, 기술적으로 훈련되어진 교사의 여부, 장애를 배려한 물리적 환경, 일반유아들의 장애아에 대한 인식 및 적응능력의 정도에 따라 통합의 비율이 조정될 수 있다.

② 장애아의 생활연령을 중시한다.

장애아가 일반유아와 비교해서 발달이 뒤떨어진다고 해도 장애아의 생활연령을 고려해서 교실을 배치해야 한다. 제 나이의 교실배치가 어려울 경우라도 1년 이상 초과하지 않는 것이 좋다.

③ 통합교실에 지속적인 지원이 필요하다.

자원봉사, 교재교구 등의 외부적 지원과 함께 일반교실에서 통합 환경을 지원하고, 일반 유아교육프로그램을 장애아의 개별성에 적절하게 수정하여 효과적으로 접근할 수 있는 장애전담교사의 상근여부도 장애아의 학급배치 기준에 중요한 요인이 된다.

5 장애유아 적응 프로그램

장애유아의 경우에 이제껏 지내오던 가정이나 조기교실, 치료실과는 다른 어린이집에서의 생활이 즐겁고 행복하기 위해서 장애유아가 정서적인 안정감을 갖고 여러 가지 낯선 물리적인 환경과 교사, 그리고 많은 일반유아들과 익숙해질 수 있도록 돕는 세심한 배려가 필요하다. 그러므로 장애유아가 스스로 어린이집 생활에 적응할 수 있도록 분리불안의 감정을 자연스럽게 해소할 수 있는 일정기간의 적응 프로그램이 마련되어야 한다. 일반유아들도 이 프로그램을 통해 학년 초 적응기간동안 장애유아에 대한 편견이나 선입견을 줄이고 장애유아를 학급의 일원으로 자연스럽게 받아들일 수 있는 기회를 갖는다. 시기에 따른 프로그램의 내용은 다음과 같다.

1) 적응 프로그램의 내용

적응기간 동안 인사하기, 신발 및 자기물건 자기 자리에 정리하기, 착석하기, 자기 이름에 반응하기, 교사와 눈 맞추기, 간단한 지시 따르기 등의 활동을 중점적으로 지도한다. 장애유아가 어린이집에 온 첫 주에는 어린이집이 좋고 즐거운 곳이라는 것을 인식하고, 만나는 교사와 또래가 자신을 좋아한다는 것을 느끼도록 배려한다. 그러나 장애유아가 원하는 대로 모든 행동을 하도록 허용해서는 안 되며, 적응기간 동안 어린이집에서의 일상적인 규칙을 명확히 알려주어야 한다.

- 일반유아들이 통합된 장애유아에 대해 궁금해 할 경우, 함께 생활하며 어려움을 보이는 부분에 우리의 도움이 필요한 친구라는 설명을 해주어 일반 유아들이 장애유아에 대한 선입견을 갖지 않도록 하는 것이 중요하다
- 교사는 적응기간 동안 장애유아가 무엇을 좋아하고 싫어하는지(음식, 노래, 장난감, 활동 등), 어떤 행동들을 할 수 있는지 등에 대한 전반적인 정보들을 수집하여 장애유아의 교육 방향을 잡는다.
- 등반 장애유아를 위한 적응 프로그램에서 부분통합반에서 완전통합반으로 반이 바뀌게 되는 등 새 학기에 등반하여 새로운 반에 적응을 해야 하는 장애유아의 경우 2월에 새로 적응해야할 반에서 생활할 기회를 미리 제공한다. 이 때 담당 장애전담교사가 함께 따라가 활동을 돕는다. 처음에는 대그룹시간이나 장애유아가 흥미있어 하는 활동에 참여 시켜 그 통합반의 분위기나 규칙, 친구들을 익힐 수 있는 기회를 주고 점차 그 시간을 늘려간다. 이러한 사전 경험들은 장애유아와 반 친구들로 하여금 서로 공감대를 갖도록 하여 3월 새 학기에 더 빨리 잘 적응할 수 있게 한다.

2) 적응 프로그램의 기간

적응 기간을 획일적으로 정하여 실시하는 것 보다 유아의 적응 정도에 따라 부모와의 충분한 협의를 통해 어린이집에 있는 시간을 조정해 가는 노력이 필요하다 첫 주의 경우 1시간~1시간 30분 내외로 하고 점차 시간을 늘려 가는 것이 바람직하며, 한달 동안은 적응기간으로 잡는 것을 기본으로 하지만 장애유아의 개별성과 적응정도에 따라 조절하도록 한다. 다음은 장애아 적응 프로그램의 운영절차를 나타낸 것이다.

〈신입 장애유아의 적응프로그램 운영 절차〉

시 기	내 용	비 고
입소전	〈어린이집 환경을 촬영한 비디오 배포〉 어린이집 환경과 시설, 선생님 친구들 등을 촬영한 비디오 테잎을 배포하여 유아가 어린이집 환경에 대한 거부감이나 적응 시 나타날 수 있는 거부감을 최소화한다	부모 오리엔테이션
	〈부모와 함께 하는 활동〉 어린이집의 각 시설 및 영역 돌아보기, 활동참여, 놀이감 탐색, 교실 및 개인장, 신발장 등의 위치 알기, 화장실 사용해 보기 등	
	통합교육의 이해를 돕는 교육	가족 지원교사 및 전문강사 초청
입소초	〈부모와 떨어져서 참여하는 활동〉 어린이집 각 영역(교실 외의 장소 포함) 돌아보기, 사용법알기, 수업활동에 적응하기	어린이집에서 생활하는 시간 점차 늘려가기
	교사의 유아 관찰기록, 일과 적응평가, 부모 · 교사 교환일기	통합지원교사
입소 한달후	유아수준평가(관찰 및 포테이지 검사) 및 IEP작성	통합지원교사
	가정방문을 통한 부모상담	가족지원교사 통합지원교사 학급담당교사

6 가족지원 프로그램

1) 목 적

특수교육은 장애아동발달에 대한 가족의 중요성을 인식하고, 기존의 아동에게만 초점을 둔 접근방법에서 아동에 대한 총체적 접근인 가족 중심의 유아 특수교육으로 변화하였다. 이러한 가족 중심의 유아특수교육은 가족의 참여를 전체로 한다. 장애아동의 아버지, 어머니, 그리고, 형제를 포함한 가족 구성원 전체는 장애아동의 교육에 효율적으로 참여하고, 학교와 협력적인 관계를 구축하며, 그들이 필요로 하는 지원이나 자원을 스스로 확보하기 위해 다양한 지식과 기술을 필요로 한다, 특히 장애아동의 가족이 전부 그러한 것은 아니지만 이들은 장애아동의 양육에 따른 여러 가지 심리적, 현실적 어려움과 독특한 요구를 가지고 있다. 따라서 장애아동의 가족으로 하여금 장애아동의 교육에 효율적으로 참여하고, 그들 스스로 요구를 충족시키기 위해서는 어떤 형태로든 지원이 필요하다고 할 수 있다. 이러한 점을 인식하고 본교는 2001학년도부터 가족 지원프로그램을 실시하고 있으며, 이를 통하여 학부모가 학교교육활동 전반에 적극적으로 참여하게 함으로써 가정과 학교와의 협력관계를 구축 장애아동의 발달 촉진시키고자 한다. 구체적인 목표를 알아보면 다음과 같다.

① 부모들이 자녀의 장애에 대한 올바른 이해와 지식을 갖게 한다.
② 자녀의 교육활동에 필요한 기술과 정보를 습득하도록 한다.
③ 자녀의 바람직한 성장발달을 돕고, 올바른 부모의 역할을 수행하게 한다.
④ 비장애 형제에 대한 심리적지지 및 가족 전체의 응집력과 결속력을 길러 준다.
⑤ 가정과 학교, 지역사회와의 협력관계를 구축하여 전반적인 학교교육활동에 적극 지원하도록 한다.

2) 운영방침

① 학부모회를 조직하여 월례회 및 간담회를 실시한다.

② 부모교육을 주 1회 운영한다.
③ 비장애 형제모임을 갖는다.
④ 아버지 모임(사랑방)을 월 1회 운영한다.
⑤ 졸업생들과의 연계방법을 모색한다.

3) 모임별 운영의 방법

(1) 학부모회 운영

- 학부모회를 조직하여 자율적으로 참여・운영하도록 한다.
- 교장, 교감, 학부모회 임원 및 각 반 대의원이 매월 첫째 주 월요일에 학교교육 전반에 걸친 내용을 협의하는 간담회를 실시한다,
- 학부모회는 매월 둘째 주 목요일 월례회를 실시한다,

(2) 장애형제 모임 운영

- 본교 재학생, 졸업생의 비장애 형제(초등학교 2학괸 이상)를 대상으로 한다,
- 매월 둘째 주 토요일 오후에 정기모임을 갖고 방학 중에는 캠프를 실시한다.
- 본교 교사 진행을 하고 수도교회 청년부의 지원을 받는다.

(3) 부모 교육모임 운영

- 본교 아동의 어머니 또는 대리 양육자들(할아버지, 할머니 들)을 대상으로 한다.
- 세가지 주제를 선정하고 세 그룹으로 나누어 주제별 7회씩 1년 동안 모두(21회) 이수하도록 한다.
- 주제는 '바람직한 부모의 역할과 자세'(교장), '가정에서 자녀와 함께 하는 놀이 활동(교감)', '신앙 안에서의 자녀교육(수도교회 목사)'으로 한다.
- 매주 금요일에 실시한다.
- '가정에서 할 수 있는 치료교육활동'(치료교사)에 관한 교육을 월 1회 실시한다.
- 부모교육 교재를 만들어 적극적인 활동의 참여를 독려한다.
- 매주 금요일 담임교사와 학급별 협의시간 통하여 한 주간 교육활동 평가와 계

획을 나누는 시간을 가진다
- 타 기관에서 실시하는 교육프로그램에도 참여하도록 홍보한다,

(4) 아버지 모임 운영

- 졸업생 기수별 대표모임을 분기별로 실시한다.
- 각종 행사시 초청한다.
- 연 2회 졸업생 초청의 날을 운영한다.
- 졸업생 진로 지도시 상담을 실시한다.

(5) 졸업생 연계 활동

- 졸업생 기수별 대표모임을 분기별로 실시한다.
- 각종 행사시 초청한다.
- 연 2회 졸업생 초청의 날을 운영한다.
- 졸업생 진로 지도 시 상담을 실시한다.

(6) 기 타

- 외부강사를 초빙하여 방과 후와 방학 중 개별 치료교육을 실시한다(음악・언어 치료).
- 장애인 부모, 극빈 가정에 치료교육비를 지원하다.
- '수도사랑가족큰잔치'(어린이날) – 재학생・졸업생 전 가족이 함께하는 체육대회, 아빠와 함께 하는 캠프'(제헌절)를 실시하여, 아버지와 가족의 학교 교육활동에 대한 참여를 독려한다.
- 분기별로 소식지를 발생하여 졸업생, 재학생 가족과 학교관의 연계성을 유지한다.
- 학부모 대기실을 마련하여 학부모 상호간의 정보교류, 친목 도모 등 학교활동에 대한 관심과 참여도를 높인다.
- 여름학교를 실시하여 방학 중 교육활동에 대한 효과를 높인다.
- 연1회 작품전시회를 개최하여 학부모의 참여와 더불어, 아동교육활동에 대한 결과를 봄으로써 자부심을 갖도록 한다.

4) 운영의 실제

(1) 가족지원프로그램 연간계획(2002학년도)

월	학부모회	믿음반 (비장애형제모임)	소망반 (부모교육모임)	사랑방 (아버지 모임)	졸업생 연계
3	• 학교경어안내 • 교육상담 (교육활동안내)	• 모둠별모임	• 부모교육프로그램1	• 월례회	
4	• 월래회 • 간담회	• 다과회 • 영화관람토론	• 부모교육프로그램1 • 치료교육강좌	• 월례회 • 강좌	• 기수별 대표모임
5	• 월래회 • 간담회 • 일일교사 운영	• 유람선 타기	• 부모교육프로그램1 • 치료교육강좌	• 월례회 • 종기총회	
6	• 월래회 • 간담회 • 참관수업	• 다과회 • 요리활동	• 부모교육프로그램2 • 치료교육강좌	• 월례회 • 참관수업	• 수도사랑 가족 큰 잔치 초청
7 · 8	• 월래회 • 간담회 • 교육상담	• 캠프	• 부모교육프로그램2 • 치료교육강좌 • 시설 방문 (교남어유지동산)	• 월례회	• 방학중 졸업생 초청의 날
9	• 월래회 • 간담회 • 교육상담	• 다과회 • 미술활동	• 부모교육프로그램2 • 치료교육강좌	• 월례회 • 강좌	• 기수 대표모임
10	• 월래회 • 간담회 • 특수학교(급)방문 • 진학상담	• 등산	• 부모교육프로그램3 • 치료교육강좌	• 월례회 • 진로지도 • 작품 전시회 초청	• 재학생학부모와 의간담회 • 작품 전시회 초청
11	• 월래회 • 간담회 • 일일교사운영	• 다과회 • 영화관람	• 부모교육프로그램3 • 치료교육강좌	• 월례회	
12	• 월래회 • 간담회 • 평가 • 교육상담	• 방학중 캠프	• 부모교육프로그램3 • 치료교육강좌	• 월례회 • 참관수업	• 기수 대표모임
2	• 평가 및 정리	• 평가 및 정리	• 평가 및 정리	• 월례식	• 평가

(2) 모임별 프로그램의 실제(2001학년도~2002학년도)

모임명	2001학년도	2002학년도
학부모회	• 월례회 실시(연 11회실시) • 학부모참관 수업 실시(연 1회) • 학부모 일일고사의 날 실시(연 1회) • 취미활동반 운영(연 24회) - 크로마하프/성경공부 - 인형극/손뜨게/십자수 - 작품전시회에 출품 및 판매 • 엄마와 함께하는 여름학교 실시(여름방학중)	• 학부모회 임원 및 대의원과의 간담회실시(1회) • 월례회 실시(월 1회) • 학부모 참여수업(치료교육) 실시(월 1회) • 수시 학부모 상담 실시 - 정기 상담(학기초, 학기말) - 진학 상담(10월 중) - 수시상담
소망반	• 부모교육 실시(연 24회실시) • 교육의 주제 - 특수교육의 이해(교장) - 문제행동지도(교감) - 감각통합훈련(치료교사)	• 부모교육프로그램 운영(주1회) • 주제 - 바람직한 부모의 역할과 자세(교장) - 가정에서 자녀와 함께하는 놀이동산(교감) - 신앙 안에서의 자녀교육(수도교회목사)
믿음반	• 첫모임 시도(8월) • 매월 1회 정기모임(연 3회) • 프로그램 내용 - 미술활동/요리활동/레크레이션 - 방학 중 캠프 실시(연 2회)	• 정기모임(매월 1회) • 프로그램 내용 - 환영식, 레크레이션(3월) - 영화관람 후 이야기 나누기(연 2회) - 유람선 타기, 미술활동(조각 그림) - 요리활동(여러 가지 과일로 구성하기) - 방학 중 캠프(연 2회) - 등산(부모참여, 인왕산)
사랑반	• 임원진 구성(6월) • 회칙 제정 및 4회 모임 실시 • 아빠와 함께하는 캠프 참가(7월) - 참여수: 50명(아동 · 아빠25명) • 작품전시회 참석(10월) • 아버지 교실 실시(연 1회)	• 월례식(월 1회) • 학교행사 참가 및 후원 - 수도사랑가족큰잔치, 여름캠프 • 아버지교실 실시(3월) • 정기총회 실시(5월) • 아빠와 함께 하는 캠프 참가(7월) - 참여수:48명(아동 · 아빠24명) • 참관수업 실시예정(12월)
졸업생 연계	• 수도사랑가족큰잔치 초청(5월) - 참여가족수: 183명 (재학생 27가족 102명, 졸업생 14가족 46명 포함) • 졸업생초대의 날 실시(8월) 작품전시회 및 바자회 초대(10월)	• 기수별 회장단 구성 • 분기별 모임 개최(5회 실시) • 수도사랑가족큰잔치 초대(6월) - 참여가족수: 약 200명 • 졸업생초대의 날 실시(8월) • 작품전시회 및 바자회 초대(10월)

(3) 통합적인 활동구성

유아로 하여금 장애를 이해하도록 돕기 위한 활동은 유아가 더불어 사는 사회에서 다 양성을 이해하고, 사람은 누구나 존중받을 권리가 있음을 알며, 자신과 다른 사람을 존중하는 태도를 가짐과 동시에 자신도 존중받을 수 있음을 알 수 있도록 하는 것이다. 활동을 통해 유아들은 장애에 대한 느낌과 생각을 나타내고, 궁금한 것을 질문하고, 정보를 얻을 수 있으며, 직접·간접적으로 제공되는 다양한 매체의 의해 장애를 바르게 인식할 수 있다. 이렇게 경험된 긍정적인 관심과 태도는 나아가 장애가 있는 친구를 어떻게 대해야 하고 어떻게 도울 수 있는지를 알게 할 것이다. 이러한 내용을 중심으로 주제망, 주제 영역 및 주요 개념을 선정하고 다음의 활동을 소개하였다.

(4) 주제 영역별 개념

영 역	개 념
장애 이해하기	• 장애에 대해 인식한다. • 장애에는 어떤 특성이 있다. • 장애아의 입장에서 생각해 볼 수 있다. • 장애에는 원인이 있다. • 누구나 장애가 올 수 있다.
장애인을 위한 시설	• 장애인이 사용하는 물건이 있다. • 장애인을 위한 보조기구가 있다. • 장애인을 위한 편의시설이 있다. • 장애인을 돕는 단체가 있다. • 장애인을 위한 기관이 있다.
우리는 함께 커가요	• 우리는 다르지만 공통점이 있다. • 우리가 도울 수 있는 일이 있다. • 서로 돕는 일은 좋은 일이다. • 장애인은 우리와 같이 생활한다.
장애인에 대한 바른 태도	• 장애에 대한 정확한 용어가 있다. • 장애인을 대할 때 예의가 있다. • 누구나 존중받을 권리가 있다.
장애인의 날 / 장애인 올림픽	• 관련 상징물이 있다. • 장애인을 위한 기념행사가 있다.
훌륭한 사람들	• 장애인도 잘 할 수 있는 일이 많다. • 장애를 이겨낸 사람들이 있다.
새로운 친구 사귀기	• 장애친구와 함께 할 수 있는 놀이가 있다.
특별한 일 경험하기	• 장애시설을 돕는 방법이 있다.

(5) 주제망

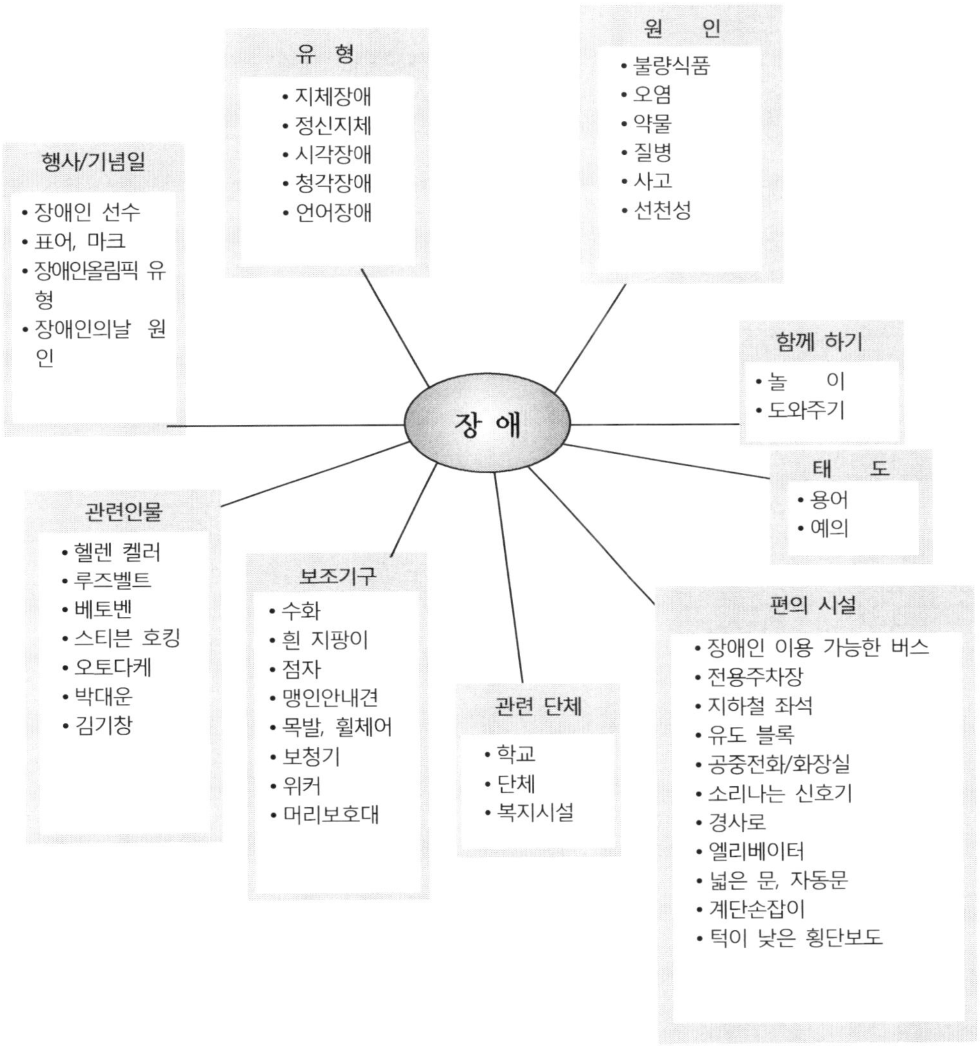

(6) 활동의 실제

유아의 장애이해 교육활동 내용은 더불어 함께 사는 사회에서 장애를 바르게 인식하고, 다양성을 이해하며, 장애인에게 필요한 것과 장애인에 대한 태도, 도움, 그리고 함께 협력하는 것에 관한 것이다. 다음의 활동들은 주제활동 전개 시 적절히 선택되어 다양하게 활용될 수 있으며 유아교육과정의 생활주제와 관련하여 활용할 수도 있다.

장애관련 주제	활동명	관련생활주제
장애 이해하기	활동 1. 장애란 무엇일까?(이야기 나누기) 활동 2. 장애인에게 따뜻한 사랑을(동화) 활동 3. 한 쪽 다리로 서기(신체활동) 활동 4 나는 볼 수 없어요(신체활동) 활동 5 몸을 옆으로 굴리며 가기(게임) 활동 6 몸짓으로 말해요(게임) 활동 7 눈으로 들어요(이야기 나누기) 활동 8 구족화가 되어보기(조형) 활동 9 눈 먼 곰과 다람쥐(동화) 활동 10 도우미가 되어보자(게임) 활동 11 왜 장애를 가질까?1(이야기나누기) 활동 12 왜 장애를 가질까?2(언어)	특별한날 이웃, 특별한 날 건강한 몸, 이웃 건강한 몸, 이웃 건강한 몸, 이웃 건강한 몸, 이웃 건강한 몸, 이웃 건강한 몸, 이웃 친구, 이웃 이웃, 친구 건강한 몸, 안전 안전, 환경
장애인을 위한 시설	활동 13 손으로 해봐요(이야기나누기) 활동 14 점자가 되어보자(신체활동) 활동 15 수화로 노래해요(음악) 활동 16 장애인의 장비 경험하기(현장학습) 활동 17 모두에게 편리해요(이야기나누기) 활동 18 우리 동네엔 무엇이 있을까?(현장학습) 활동 19 맹인 안내 견(VIDEO) 활동 20 알고 싶어요(현장학습)] 활동 21 동시 짓기(언어) 활동 22 점자책 만들기(언어) 활동 23 보장구에는 무엇이 있을까?(역할)	특별한 날, 이웃 도구, 이웃 이웃, 특별한 날 도구와 기계, 이웃 도구와 기계, 이웃 이웃, 도구와 기계 동물, 안전 특별한 날, 친구 친구 도구, 이웃 도구, 이웃

장애관련주제	활 동 명	관련생활주제
우리는 함께 커가요	활동 24 내가 만약 몸이 불편하다면(동화) 활동 25 지킴이 활동(현장학습) 활동 26 코주부와 왕눈이와 당나귀 귀(동극) 활동 27 우리는 한 몸(게임) 활동 28 자원봉사자 초청하기(이야기 나누기) 활동 29 전시회에 가요(현장학습	이웃, 건강한 몸 나, 이웃 친구, 이웃 건강한 몸, 이웃 이웃 이웃, 특별한 날
장애인에 대한 바른 태도	활동 30 어떻게 대할까요?(이야기 나누기) 활동 31 친구가 됩시다(이야기 나누기)	나, 이웃 나, 이웃

장애인의 날 장애인 올림픽	활동 32 장애인의 날(이야기 나누기) 활동 33 신문 만들기(언어) 활동 34 '장애인먼저' 스티커 만들기(조형) 활동 35 장애인 올림픽(이야기 나누기) 활동 36 여러 가지 상징 마크(조작)	특별한날 이웃 이웃, 건강한 몸 특별한날, 건강한 몸 이웃
훌륭한 사람들	활동 37 자랑스런 장애인과의 만남(이야기 나누기) 활동 38 장애인이 일 하는 곳(현장학습) 활동 39 합창교향곡(음악) 활동 40 헬렌켈러(동화)	이웃 이웃 다른 나라 다른 나라
새로운 친구 사귀기	활동 41 공원산책을 가요(현장학습) 활동 42 방문하기(현장학습) 활동 43 목걸이 선물 만들기(조형) 활동 44 땅콩은 어디에?(게임) 활동 45 악기를 연주해요(음악) 활동 46 집을 꾸며요(조형) 활동 47 순서대로 놓아 보세요(이야기 꾸미기) 활동 48 무엇일까?(신체활동) 활동 49 풍선을 높이(신체활동) 활동 50 만나서 반갑다(신체활동) 활동 51 빙빙 돌아라(음악) 활동 52 몸 꾸미기(조형)	계절, 친구 친구 친구 친구 친구 친구 친구 친구 친구 친구 친구 친구
특별한 일 경험하기	활동 53 장애시설 돕기 바자회(현장학습)	특별한날, 나

7 장애유아 개별화 교육 프로그램(IEP)

장애유아는 일반 유아교육 프로그램에서 교육받을 수 있는 권리뿐만 아니라 그 속에서 개별화된 교육적 서비스가 보장되어야 하며 장애아에게 제공되어야 하는 조기교육은 가장 덜 제한적이고 가장 자연적인 환경을 제공하는 것이어야 한다. 진정한 통합이란 이러한 제한되지 않고 자연적인 환경에서 고려되어야 하며 단순한 물리적 배치가 아니라 통합 프로그램에 의미있게 참여할 수 있도록 각 아동에게 적합한 개별화된 교육 프로그램의 제공이 보장되는 것을 의미한다. 이와 같이 장애아의 두가지 요구 범주는 다른 모든 아동과 비슷한 욕구를 가지고 있으므로 일반 아동의 프로그램에 통합되어 포함되어야 하는 것과 장애아의 독특한 개별적인 요구를 충족하기 위한 개별화된 조기교육 경험이 보장되어야 한다. 그러므로 일반 유아를 위해 고안된 일반 교육환경내에서 어떻게 장애유아의 개별적인 요구를 충족시킬 수 있는지에 초점을 두어야 한다.

개별화 교육 프로그램(Individualized Education Program: IEP)이란 각 유아들이 지니는 개인차와 장애로 인한 발달상의 개인차로 인해 단일 교과과정으로는 그들의 필요를 충족시킬 수 없으므로 교육을 계획하고 실시함에 있어서 각 유아의 발달에 적합한 프로그램을 계획하고 시행하는 것을 말한다. 여기서 개별화란 교사와 유아의 1:1 교육만을 의미하기보다 교육 프로그램이 각 유아에게 맞추어지는 것을 의미한다. 예를 들어 인지 및 언어 능력에 비해 사회성이 많이 지체되는 아이의 경우 수업활동 내에서 사회성 향상을 위한 개별화 프로그램을 계획할 수 있다. 또한 수업의 목표도 수정하여 적용할 수 있다. 예를 들어 통합 일반유아의 '동화듣고 이해하기'란 목표가 통합 장애유아에게는 '교사가 지적하는 등장 인물 및 사물 찾기' 등으로 구체화되어 적용될 수 있다. 이럴 경우 진행되는 모든 활동에 참여하는 것을 기본으로 하여 수정된 절차를 적용하는 것을 말한다. 또한 이러한 개별화된 교육적인 접근을 통하여 지속적으로 가르치고 배우는 여러 가지 상황에서 장애유아의 개별 목표의 진보를 이루어나가는 과정을 말한다. 즉, 교사와 유아가 1:1로 교수하는 상황에 국한하지 않고 각 아동의 참여활동, 일과 상호작용의 계획과 조정을 포함하는 의미로 이해되어야 한다.

1) 장애유아 통합교육과 장애유아의 개별화 교육

장애유아들이 보이는 발달상의 특성은 성장에 따른 공통된 발달 특성과 함께 발달지체에 따른 개별적인 특성이 두드러진다는 것이다. 장애유아에 대한 개별적인 교육적인 계획을 세우기에 앞서서 장애유아가 보이는 발달상의 특성을 이해하고 이에 따른 적절한 교육계획을 수립하여야 한다. 다음의 사항에 유의하여 장애유아의 개별적인 특성을 파악하는 것이 요구되며 이는 개별적이고 발달적으로 적합한 교육을 통해 실현될 수 있다.

① 발달영역 즉 대, 소근육 운동, 언어 및 의사소통, 신변처리, 사회성, 인지 능력

상의 지체된 특성을 파악하여 영역간의 불균형을 이루는 점과 지체되는 부분을 이해하여야 한다.

② 현재 표현되는 성취능력과 잠재적인 능력 사이에 많은 차이가 있음을 인정한다. 즉, 현재의 성취능력에 관한 측정만 가지고 장애아동이 학습할 수 있는 잠재력을 측정하기는 어렵다.

③ 현재하지 못하는 기술 지도에만 국한된 것이 아니라, 발달상의 필요와 강점, 관심이 고려되어야 하며 교정의 의미보다 형성의 관점으로 프로그램이 전개되어야 한다.

2) 통합교육에서 장애유아의 개별화 프로그램 실행

장애유아 통합교육 일반 유치원에서 장애유아의 개별화 프로그램을 실행하기 위해서는 다음과 같은 4가지 절차를 통해 실행이 이루어진다. 즉 첫째는 장애유아 개별화 프로그램(IEP) 계획을 위한 진단 및 평가가 이루어져야 한다. 둘째는 개별 장애유아에 대한 목표를 정하여야 한다. 셋째는 장애유아의 개별화 프로그램의 적용하는 과정이 진행된다. 넷째는 장애유아의 진보평가, 자원조정, 목표수정 등의 재평가 과정을 통해 실행이 된다. 이에 대해 구체적으로 기술하면 다음과 같다.

(1) 1단계: 장애유아 개별화 교육프로그램(IEP) 계획을 위한 진단과 평가

장애유아의 선별과 배치를 위한 목적 이외에 장애유아가 각반에 배체되면 장애유아에게 적절한 교육 프로그램을 제공하기 위한 목적으로 보다 구체적인 평가가 시작된다. 평가는 간단히 말하면 유아에 대한 정보를 수집하는 과정이다. 아동의 현재 발달 수준을 평가하는 것이 평가의 일차적인 목적이지만 궁극적으로는 유아에게 맞는 교육 프로그램을 제공하기 위한 것이다. 그러나 장애유아의 현재 성취수준을 정확히 파악하는 것이 쉬운 일이 아니다. 교사는 가장 정확한 정보를 얻기 위해 장애유아의 발달에 맞는 다양한 평가도구를 사용하고 장애유아가 생활하는 가장 자연스럽고 다양한 환경에서 유아의 행동을 관찰하고 부모와 기타 관련인과의 상담 등을 통해 정보를 얻어야 한다.

유아를 평가할 때 가장 보편적으로 평가하는 영역들은 인지, 언어(의사소통), 대근육 운동, 소근육 운동, 사회성, 놀이, 자조기술 등이며 기본적으로 청력과 시력, 감각에 대한 평가도 필요하다. 장애유아의 능력에 대한 평가 외에도 유아가 생활하는 환경 에를 들어 가정, 어린이집, 지역사회, 기타 교육기관 등의 환경을 평가하여 아동이 그러한 환경 속에서 가장 필요로 하는 결정적인 기술이 무엇인지를 결정할 수 있도록 해야 한다.

그리고 의사와 관련 전문가 등의 진단이나 소견이 있으면 참고로 하되 교육현장에서 교사가 하여야 하는 것은 그 곳에서 적응하기 위해 필요한 기술이나 일어나는 활동에 참여 정도를 관찰하고 평가하여 개별 교육목표로 설정한다. 기본적인 프로그램의 방향에다가 특정 교수목표를 융합해서 이를 실제로 의미있는 교육이 되도록 하는 것의 가장 중요한 점은 유의미한 목표들이 일과 안에서 자연스럽게 반복 실시되는 것이다. 다양한 평가방법이 활용될 수 있는데 주요한 방법은 다음과 같다.

① 생태적 평가: 장애유아가 처해있는 환경에서의 적응 정도를 평가한다(즉 면담, 일화기록, 가정방문, 일과평가, 주변환경 평가 등).

② 수행평가: 장애유아가 수행한 과제를 보고 평가한다(예를 들면 장애유아의 작품, 활동을 촬영한 비디오 테잎 및 사진, 산출물 및 결과물 등).

③ 교육과정 평가: 순서나 항목들이 개별 장애유아의 장애와 발달수준에 적합한지를 평가한다. 또는 인지, 언어, 사회성, 운동성 영역 등의 평가와 치료 평가 등을 한다. 치료평가는 덴버 발달 검사, 캐롤라이나 평가, 포테이지 검사 등을 활용하여 실시한다.

목표 설정을 위한 평가의 단계에서는 다양한 영역의 전문가들의 평가 결과가 공유되며 가족의 의사가 반영되는 것이 필요하다. <표 4-1>은 다른 환경에서의 개별 장애유아 평가의 일정을 보여주는 실제적인 예이다. 이런 일정은 어떤 영역이 진단 및 평가 되어야 하며 ,누가 평가의 책임을 지며, 어디에서 평가가 일어나는지 및 어떻게 데이터를 기록하는지를 나타내고 있다. 진담 및 평가를 하는 팀구성원들은 가족과 함께 평가될 행동에 대해 이야기 할 필요가 있으며 장애유아는 발달영역 전반에 걸쳐서 혹은 특정 영역에서 평가될 수 있다. 예를 들어 표현어가 부족하고 운동능력 발달에 지체가 심하다면 사회적-의사소통과 운동영역이 평가의 주된 영역으로 결정될 수 있다. 또한 장애유아와 가족과 관련된 배경 정보를 얻기 위한 면담도 필요하며 이 과정에서 양육자는 진단과 평가 과정에 전적으로 참여하고 선택할 수 있는 역할을 제공받아야 한다.

〈표 4-1〉 다른 환경에서의 장애유아의 개별평가 계획

일 과	평가영역	평가자	장 소	방 법
기저귀 갈기와 옷 입기	적응	양육자	가정	일화기록
아침식사	적응	양육자	가정	일화기록
놀이시간	사회적 의사소통	언어 병리학자	유치원 오전 프로그램	교육과정 중심 평가, 언어 샘플
계획활동	인지, 소근육	교사	유치원 오전 프로그램	교육과정 중심 평가
실외활동	대근육	물리치료사	유치원 오전 프로그램	교육과정 중심 평가
이야기 시간	사회적 의사소통, 초기 문해	언어 병리학자	유치원 오전 프로그램	교육과정 중심 평가

(2) 2단계: 개별 장애유아에 대한 목표 정하기

① 바람직한 목표 선정의 기준

- 장애유아의 개별적인 교육목표는 각 장애유아의 자연스러운 생활안에서 의미있고 가치 있느냐에 따라 결정한다.
- 발달수준에 적합하고 기능적인 교육 목표를 선정한다.
- 각 장애유아의 독특한 행동양식, 강점, 과제해결 전략을 명시한다.
- 부모의 의견을 포함시며 부모가 자기 자신에 대한 능력과 가치를 느끼도록 강화한다. 이 때 부모는 수용자, 관찰자, 정보제공자, 참여자의 역할을 수행한다.
- 교육목표를 성취하기 위해서는 환경안에서 상호작용하면서 접하는 모든 사람들과 공동으로 기여한다.

② 장애유아의 교육목표를 선정하는 가장 우선적인 필요와 요구를 선별하기 위한 기준의 타당성 근거

- 장애유아의 현재 수행수준을 고려하여야 한다. 즉 습득, 숙달, 유지, 일반화의 단계를 고려해야 한다. 예를 글면 교사와 함께 있는 경우에만 숟가락을 사용하려는 경우 숙달과정 지도가 가장 요구되는 것으로 파악할 수 있다.
- 장애유아의 관심, 좋아하는 것, 능력에 따른 목표여야 한다. 즉 장애유아가 선호하는 사람, 상황, 장소 등을 고려해서 목표를 구체화 한다.
- 통합된 유치원 환경에 참여할 수 있는 것이어야 한다. 예를 들면, 일반 유치원의 교육목표가 '색을 변별할 수 있다'라고 한다면 장애유아의 개별목표는 '교실 문 앞의 색선에 골라서 설 수 있다'라는 것으로 구체적이고 실현 가능한 교육목표로 재구성할 수 있어야 한다.
- 한 기술을 학습함으로써 다른 기술도 학습할 수 있는 것이어야 한다. 예를 들면 '스스로 숟가락으로 밥을 떠서 먹을 수 있다'라는 눈과 손의 협응 능력을 길러 주는 교육목표를 달성하면 이와 유사한 다른 기술 즉 '풀뚜껑을 열고 닫을 수 있다'라는 교육목표도 자연스럽게 이루어질 수 있는 교육목표를 세워야 한다.
- 장애에 대한 낙인을 최소화하는 목표이어야 한다. 예를 들면 용변보는 기술 등과 같은 교육목표를 들 수 있다.
- 다양한 환경에서 유용하여야 한다. 예를 들면 '계단을 스스로 오르고 내릴 수 있다'는 목표는 '다양한 환경의 계단 이용하기'와 같이 기능적인 목표 설정을 통해 일반화될 수 있는 목표로 전이되어야 한다.

③ 목표의 기록

목표를 기술하는 경우 다음의 3가지 측면을 포함하여 조작적인 정의를 내리도록 한다. 이는 효과적인 평가를 위한 것으로 긍정적인 표현을 통하여 기술하도록 한다.

- 행동: 움직임으로 끝과 시작이 있고, 반복할 수 있으며, 2명 이상의 사람에의해 신뢰받고 측정할 수 있는 것으로 다양한 차원 즉 정확성, 속도, 지속시간, 기간, 강도 등을 고려하여 행동이 나타내는 기능을 파악한다.
- 조건: 행동을 수행하는데 필요한 자료, 과제지시, 상황 등을 말한다.

- 기준: 다음 기술로 넘어가는데 필요한 최소 수준을 판별할 수 있도록 지침이 되도록 한다. 즉 장애유아의 작업 결과물, 관찰, 검사 등을 이용한 객관적인 평가가 되어야 한다.
- 장애유아의 발달영역에 따른 조작적 목표 진술 및 기록에 대한 예를 들면 <표 4-2>와 같다.

〈표 4-2〉 장애유아의 발달영역별 조작적 목표정

영 역	조건(지도상황)	행 동	평가기준	교수계획
신변처리	화장실 사용 시간에	두손을 사용하여 바지와 속옷을 내릴 수 있다	4번 기회중 3번 이상 수행	성인의 언어적인 촉진 '바지 먼저 내리고 속옷 잡고 올리세요'
사회성	자유선택활동 시간에	놀고 싶은 교구를 선택하여 3분 이상 놀이를 지속할 수 있다	지속시간 측정/연3회	교사/또래의 시범보이기 /언어적 촉진 '이거 해볼까?', '이렇게 해보자'
인지	간식시간에	정해진 수만큼 음식을 자기 접시에 담을 수 있다(1-3).	정확성	교사/ 또래의 시범보이기 언어적 촉진 '2개 담아 보세요', '나랑 같이 해보자'
대근육	계단으로 이동할 때 (전이활동)	벽에 부착된 지지대를 잡고 발을 번갈아 가며 내려갈 수 있다.	10계단 중 8계단 이상	신체적인 촉진의 체계적인 소거(지지대 반대쪽에서 잡아주기)
소근육	작업시간에(풀사용)	풀뚜껑을 돌려서 열고 닫을 수 있다(1뿐 이내에)	정확성/ 속도	신체적인 촉진의 체계적인 소거(손잡고 같이 해주기)

(3) 3단계: 개별화 프로그램의 적용

① 삽입 학습의 기회(Embedded Learning Opportunity: ELO)

개별화 교육 실행에 대한 주요 요소로 활동 목표안에 아동의 개별화 교육 프로그램(IEP/IFSP)의 목표를 삽입하여 적용하는 것을 들 수 있다. 삽입시키기(embeddung)는 활동 안에서 장애유아의 교육목적이 확장되고 수정되며 의미있는 방법으로 적용되도록 포함시키는 과정이다. 예를 들어 요일, 이름배우기가 목표일 경우 그룹으로 노래 부르는 시간을 이용하여 목표 연습의 기회를 갖는다. 일반유아

교사는 진행중인 교육활동중에 장애유아의 개별목표가 자주 포함되도록 다양한 기회의 제공을 통하여 습득되고 연습되어 일반화될 수 있도록 한다. 양육자 또한 단저로딘 하나의 경험을 통하기보다 하나의 경험에서 다음 기회의 일반화 될 능력으로 이어질 의미있는 반복과 관련경험을 통하여 다양한 기회를 주어야 한다.

하나의 활동에 몇가지 개별 목표를 적용할 수 있는데 이에 대한 예를 들면, 장애유아의 개별목표가 2~3어절의 지시 따르기, 수세기(일대일 대응), 색이름 알기 등이라면 '인형 목욕시키기' 활동을 하면서 교사는 '파란 수건을 쓸까? 책상 아래에 있네.'라며 위치와 색 개념을 강조할 수 있으며, '인형 양말을 벗겨야겠네. 하나는 발에 있고, 하나는 떨어져 있네.'라고 이야기 하며 일대일 대응을 강조할 수 있다. 교사는 계획하지 않은 상황에서도 주의깊게 동시에 일어나는 이런 기회를 놓치지 말고 장애유아의 학습기회로 삼아야 한다.

다음의 3가지 활동은 구체적으로 자연환경에 개별 목표를 삽입할 수 있는 것이다. 첫째는 반복되는 일과 활동으로 예상할 수 있거나 규칙적으로 일어날 수 있는 일들 즉 식사, 옷 입고 벗기, 간식, 씻기, 정리정돈, 도착과 출발 등은 새로운 기술 습득의 기회를 주거나 습득된 기술을 연습할 수 있는 기회를 준다. 둘째는 계획된 활동으로 특별한 목표기술을 연습하도록 독립적으로 고안된 활동이기보다 장애유아의 흥미를 유발할 수 있는 계획된 활동을 말한다. 성인의 지시 없이도 활동에 참가할 수 있는 활동을 계획한다. 셋째는 장애유아의 시작행동으로 장애유아가 시작한 행동으로 장애유아 스스로의 욕구가 달성될 수 있는 활동을 말한다.

이상의 3가지 활동들은 종종 혼합되어 일어날 수 있으며 계획되거나 혹은 일과 안에서도 아동이 어떤 활동을 시작할 수 있다. 교사와 양육자는 그런 활동 안에서 장애유아의 시도를 격려해 준다. 이로써 장애유아의 발달에 적합한 활동에 참여하게 되고 목표기술을 연습할 기회를 갖게 되므로 교사는 이런 기회를 자주 갖도록 다양한 활동을 마련해 주어야 한다. 다음 표 3은 IEP 목표를 적용할 수 있는 3가지 활동에 대한 정의이다.

〈표 4-3〉 IEP 목표를 적용할 수 있는 3가지 형태의 활동에 대한 정의

활동의 형태	정의와 예
반복되는 활동 (Routines)	일상생활중에 일어나며 예측할 수 있는 활동: 식사, 옷입고 벗기, 인사, 외출, 목욕
유아-시작활동 (Child-Initiated)	성인의 요구나 지시 따르기가 아니라 장애유아가 시도해보고 요구하는 활동: 책 읽기, 옷 입기, 놀이터 나가기
계획된 활동 (Planed Activities)	성인에 의해 계획된 구조화된 활동 성인이 준비하나 장애유아의 흥미를 이끌어낼 수 있는 활동: 공원산책, 현장학습, 작업, 게임 등

② 통합교육 유치원에서 개별화교육을 실현할 수 있는 방법

- 개별적인 수정을 한 주간교육활동 계획안을 통한 참여 촉진: 통합유치원 상황에서 장애유아의 개별화 교육은 진행되고 있는 일반 교육과정의 참여를 촉진할 수 있는 방안을 통해 구체화 되어야 한다. 별도의 활동을 계호기하고 실행하기보다 동일한 활동에서 참여할 방안으로써 개별적인 수정을 계획하여야 한다. 수정은 목표, 방법, 집단, 교재 등의 수정을 포함한다. <표 4-4>에서 제시된 활동들은 다양한 일반 유치원 교육과정에서의 진행되는 활동들에 수정방안이 첨가된 예를 보여 준다.
- 통합유치원 교육활동계획안에 장애유아의 개별적인 목표를 삽입하기: 하루 동안 이루어지는 일과에서 반복적으로 이루어지는 활동에 개별적인 목표를 삽입하는 것도 효과적인 개별화 교육의 방법이 된다. 예를 들면 매일의 '이야기 나누기' 시간에 '출석 부르기' 활동에 장애유아의 개별적인 목표를 삽입해 볼 수 있다. 다음의 표 5는 제6차 교육과정에서 제시된 '친구의 이름을 불러요' 활동으로 이 가운데 사회적인 의사소통 기술의 목표를 삽입하여 지도함으로써 진행중인 활동안에서 장애유아의 개별 목표를 접근할 수 있는 방법으로 제시한다. 표 5에서 밑줄친 부분은 장애유아의 개별 목표에 의해 수정되고 삽입된 교수활동을 나타낸다.

〈표 4-4〉 수정된 주간교육활동 계획안

주	일반유아의 활동	수정된 활동	평 가
10월 1주	연합 운동회	엄마와 하는 게임 한가지 해보기	줄서서 따라 입장하기 가능, 엄마와 하는 게임 참석(콩주머니 던지기)
10월 2주	'누구일까요?' 노래 배우기	동작 따라하기: 얼굴 명칭 지적하는 부분에서 모방하기: 명칭말하기	동작은 도움받아 수행했으나 또래들이 노래 부를 때 웃으며 듣고 있음. 명칭은 입과 눈은 따라함.
10월 3주	가족얼굴 구성하기: 잡지 꼴라쥬	오려진 사진을 도움받아 풀로 붙인다:가족중 한사람 하기: '누구야?'에 답하기	도움받아 풀 뚜껑을 열고 닫았으나 풀 사용은 미숙. 누구라는 질문에 적절히 대답(엄마)
10월 4주	여러 가지 공놀이	무게가 다른 공 들어보기: 교사가 설명하는 공 듣고 구별하기	공 들어 무게 느껴보기는 교사와 함께 시행하였으나 설명듣고 하기보다 자기가 원하는 공을 갖고자 함.
11월 1주	생일 잔치	주인공 친구에게 사탕 목걸이를 걸어주며 '사랑해' 말하기	좋아하며 활동에 참여. 목걸이 걸어주는 것은 교사의 도움받아 수행. '사랑해'는 모방하지 않음.
11월 2주	작은 연주회 연습: 악기놀이	마라카스를 흔들고 노래 따라 부르기. '찰찰찰' 말하기	마라카스를 잡고 몸을 흔들며 귀기울임/ '찰' 의성어 모방
11월 3주	주말지낸 이야기: 발표하기	친구들이 이야기하는 동안 제자리에 앉아서 듣기	6분 동안 2명 발표듣기 수행(이후 퍼즐 영역으로 감)

〈표 4-5〉 삽입교수 교육계획안의 예

<table>
<tr><th colspan="2">[I 수준 활동/대 · 소집단 활동] 친구의 이름을 불러요</th></tr>
<tr><th>목 표</th><th>교육과정 관련요소</th></tr>
<tr><td>• 친구의 이름을 알고 바르게 부를 수 있다.
+ 개별목표
'○○는 짝을 정해 준 친구의 이름을 부를 수 있다'</td><td>• 사회 생활: 집단 생활 및 다른 사람을 이해하고 존중하기</td></tr>
<tr><td colspan="2">• 준비물: 유아 이름카드(사진과 글이 함께 있는 이름 카드)
• 활동방법
▷유아들의 이름 카드를 보며 함께 친구의 이름을 불러본다.
'우리반 친구들의 이름을 다 기억하고 있니?'<br>'이 친구의 이름은 뭘까?'<br>'성은 무엇일까? 이름은?'<br>'이 친구의 성과 똑 같은 성을 가진 친구는 누구일까?'
* 통합장애유아와 같은 성을 골라 손을 들도록 교사가 촉진(언어/신체)
'이름에서 '민' 자로 끝나는 친구는 누구일까?'</td></tr>
</table>

* 장애유아의 이름을 넣어서 또래가 인지하도록 유도한다.
▷ 이름을 부를 때 바르게 부르고 대답하는 법에 대하여 이야기를 나눈다.
'다른 사람이 내 이름을 부를 때, 어떻게 대답해야 할까?'
'친구가 부를 때, 어른이 부를 때, 어떻게 대답해야 할까?'
'만약 이름을 부르는데 대답하지 않거나 늦게 대답하면 이름을 부르는 사람의 마음은 어떨까?'
'만약 대답만 하고 부르는 사람을 보지 않는다면?'

---

* 질문을 이해하지 못하는 경우, 또래 관찰 기회를 제공한다.
+듣기에 목표를 두고 태도 관련 정반응에 강화해준다.
▷ 이름은 소중한 것이며, 다른 사람의 이름을 가지고 장난을 치거나 놀리는 행동은 잘못된 것임을 알린다.
'다른 사람이 내 이름을 가지고 장난치거나 놀린다면 마음이 어떻겠니?'
'이름 대신 별명을 부른다면 마음이 어떻겠니?'
'유치원에서 친구를 부를 때, 어떻게 불러야 할까?'
* 이야기를 나타내는 그림 자료를 제시하여 이해 돕기
* 친구 이름 부르기 시범보이기 제의(짝과 함께)

• 확장활동
▷ '당신은 누구십니까?' 노래를 부르며 이름으로 대답하기 활동을 한다.
* 장애아 이름 차례에서는 노래 속도 늦춰지고 기다리기.
* 또래들이 같이 대답해 주기 등
* 목표 행동을 하였을 때 전체 박수 쳐 주기(강화)
▷ 동시 '이름'을 연관하여 활동을 할 수 있다.
* 가정 연계로 안내(동시 내용)
이름
'우리반 친구 모두모두 / 이름이 달라요/ 내가 대답하는 내 이름은…'
'내가 부르는 친구가 대답하는 이름은…'
▷ 친구의 이름과 전화번호를 적어 친구의 주소록을 만들어 볼 수 있다.
* 가정 연계활동으로 전화 걸어보기 활동 계획(또래 및 유아의 부모 협조 필요)
* 사진이 붙은 주소록 만들기(인원수 정하기: 선호 유아 우선)

자료: 교육부(2001). 유치원 교육활동 지도자료 2. 나와 유치원. 서울: 대한교과서 주식회사

• 활동 도표를 통한 삽입학습 기회의 창출: 장애유아의 개별화 교육목표를 연습하기 위해서는 한눈에 점검해 볼 수 있고 누구든지 목표를 공유할 수 있는 형식이 효과적이다. 이를 위해 다양한 형태의 도표를 작성할 수 있다. 다음의 <표 4-6>은 일과 중에 언어지도를 하기 위한 도표로 하루의 일과 중에 일어나는 학습의 기회를 놓치지 않고 반복 지도하는데 활용할 수 있다.

〈표 4-6〉 하루 일과 중의 언어지도 도표(matrix)

일 과	언어목표	지도전략
등원(귀가)	• 선생님, 친구와 인사하기 • 필요한 도움 청하기(옷 입고 벗기, 사물함에 넣기 등)	• 요구하고 기다리기, 시범보이기
자유선택 활동	• 놀이감 선택하기(이름 알기) • 친구 이름 부르기와 자기 이름 인식하기 • '정리정돈' 노래 부르기	• 선택하기, 또래 교수, 시범보이기
이야기 나누기	• 호명에 답하기 • '요일', '날씨' 노래 부르기 • 이야기 듣기	• 또래 시범, 시범보이기, 우스운 상황 만들기
이 동	• 장소 이름 말하기 • 정리 의미 알기	• 시범보이기, 신체적 촉진, 고의적 방해
간식 및 식사	• 도구 이름알기 • 음식이름 알기 • 감사 기도하기	• 요구하고 기다리기 • 우연 연수 • 시범보이기
작 업	• 명칭 알기	• 시범보이기 • 또래 교수 • 요구하고 기다리기
체 조	• 동작 모방 및 언어 모방	• 촉진하기 시범보이기

• 가정 연계를 통한 장애유아의 개별 교육목표의 접근: 설정된 장애유아의 개별적인 목표는 한정된 환경에서 특정인에 의해서만 지도되기보다 실제의 환경인 가정과 연계되어 지도될 때 목표행동의 달성을 앞당길 수 있으며 기술 습득의 유지와 일반화를 가능하게 한다. <표 4-7>의 사회성 영역의 개별목표를 가정과 연계하여 어떻게 접근하는지를 나타내고 있다.

〈표 4-7〉 가정 연계지도 교육계획안(사회성)

목 표	지도상황	참여 (촉진자)	준 비
1. 장소 이동시 울지않고 이동할 수 있다	• 집 이외의 장소로 갈 경우, 가는 장소에 대해 미리 일러 준다. • 선호하는 장소를 감으로 즐 거운 전이를 경험하게 한다.	아빠, 엄마	• 장소를 나타내는 그림이나 사진 • 나들이 계획
2. 자신과 친구의 이름을	• 이름을 자주 불러준다(아이의 뒤에	엄마친구	• 사진(반 친구 사진)

알 수 있다.	서 부르고 돌아보기 지도) • 유아의 물건에 이름을 붙여서 들려준다(은지것) • 반 친구와 찍은 사진 중에서 찾아보기 지도 • 반 친구를 집으로 초대하여 시간을 가진다.	또래친구 엄마 아빠	• 초대준비
3. 간단한 심부름을 할 수 있다.	• 물건 가져오기를 시킨다. • 물건 전달해 주기를 시킨다. (예: 아빠에게 신문 가져다 드리기/냉장고에서 음식 꺼내오기) • 바깥에서 쓰레기 버리기를 해본다. (과자 봉투 등…) • 물건 살 때 돈, 물건 주고 받기를 시킨다.	엄마, 아빠, 가게주인	• 심부름 목록 정하기(물건) • 가게 주인 협조 얻기

(4) 4단계: 진보평가, 자원조정, 목표수정 등의 재평가

장애유아의 개별화교육 프로그램은 진단과 평가를 통해 프로그램을 계획하고 실행하며 일정한 시간을 목표 습득의 정도를 점검하고 평가하여야 한다. 이를 통해서 프로그램이 수정되는 순환의 과정을 거쳐야 한다. 단일 행동에 대한 특정한 상황에서의 정확한 데이터를 수집하기보다 전체의 일과 안에서 일어나는 활동을 유의하여

〈표 4-8〉 유치원 교실환경에서의 평가 양식의 예

장애유아의개별목표	선생님 부르기	'무엇' 묻기	요구하기	새 단어에 대한 요구-지연	붙잡고 서기	지지받고 앉기
도착(08:00-08:15)	+++↓	+θ	θ +	+		
화장실(08:15-08:30)	++	+	↓	↓+		
자유놀이(08:30-09:00)	+			++		
대그룹활동(09:00-09:50)			++	++		+
간식(09:30-09:50)	++	+ ↓ ↓ θ θ	θ θ +	+		
작업(09:50-10:30)	++			+++	+	+
[기록코드: 기회: ·/정반응: +/ 무반응: θ / 오반응: ↓]						

자료: Noonan & McCormic, 1993. p. 260.

평가의 기회를 놓치지 않아야 한다. <표 4-8>과 <표 4-9>는 장애유아의 발달과 적응 정도를 모니터할 수 있는 평가의 예이다.

이와 같이 장애유아 통합교육을 실시하는 일반 유치원에서는 각 장애유아의 발달 특성을 고려한 개별적인 발달(IEP) 목표를 성취하기 위해서는 일반 수정과 특정 수정을 시행하는 것 외에 유아의 IEP 목표를 일과 내에 삽입하여 반복 연습시키는 교수방법이 필요하다. 이를 위해서는 1단계로 장애유아의 특성 및 발달 목표를 판별하는 것이 이루어져야 한다. 2단계에서는 일일 교육계획안의 활동과 IEP 목표를 대비시키는 과정이 필요하다. 3단계는 유치원의 하루 일과 내에서 IEP 목표를 수행하기 위한 수행 도표 작성이 이루어져야 한다. 단계는 하루 일과내 활동을 수정하는 방법과 IEP 목표를 삽입하여야 한다. 5단계에서는 유치원의 하루 일과 내에서 IEP 목표의 수정 전략을 수립하여 통합교육을 실시하는 것이다.

〈표 4-9〉 장애유아 진보 평가 형식의 예

활동: 자동차 놀이
날짜: ________________ 기록자: ___________________

활동 설명:	준비물:
1. 벽이나 상자를 이용해 판을 기울여 놓는다. 2. 마스킹 테이프로 길을 표시한다. 3. 작은 장난감 차를 굴려본다(올라가기, 내려가기) 4. 블록을 이용해서 장애물을 만들어 놓는다.	판(Board) 테이프 장난감 차 블록

장애유아	발달영역 목표					
	소근육	대근육	자조 기술	인 지	사회적 의사소통	사회성
J	차에 손을 뻗치고 쥐기 1 2 3 4 5	지지받고 서있기 1 2 3 4 5	N/A	차가 움직일 때 시선 따라가기 1 2 3 4 5	설명 듣고 반응하기 1 2 3 4 5	또래 곁에서 놀기 1 2 3 4 5
S	쥐기, 놓기, 왼손에서 오른손으로 옮기기 1 2 3 4 5	지지없는 상태로 서 있기 1 2 3 4 5	N/A	차를 기능적으로 가지고 놀기 1 2 3 4 5	차 종류 2가지 말하기: 차소리 내기 1 2 3 4 5	또래놀이과정 보기, 또래에게 시도하기 1 2 3 4 5
B	코스따라 차 움직이기: 장애물 피하기 1 2 3 4 5	구부렸다 서기, 균형 유지하기 1 2 3 4 5	N/A	길 따라 차 움직이기: 장애물 인지, 올라가고 내려오기, 서고 멈추기 1 2 3 4 5	두 단어 발화(예: 버스간다) 1 2 3 4 5	또래와상호작용: 시작하고 반응하기 1 2 3 4 5

※ 기록 코드
1: 독립적 수행 2: 언어적 도움 수행 3: 신체적 도움 수행 4: 수행 어려움
5: 목표 수정 요망

자료: 김수진(2000) 재인용. 장애영유아 통합교육 지원을 위한 교수적 접근, p. 156.

제5장

장애유아 통합교육과정의 적용

1. 장애유아의 IEP와 일일교육계획안 통합 및 적용
2. 장애유아를 위한 개별 교육계획안

제5장

장애유아 통합교육 과정의 적용

앞장에서 설명한 것과 같이 장애유아 통합교육을 실시하는 일반 유치원에서는 각 장애유아의 발달 특성을 고려한 개별적인 발달(IEP) 목표를 성취하기 위해서는 일반 수정과 특정 수정을 시행하는 것 외에 유아의 IEP 목표를 일과 내에 삽입하여 반복 연습시키는 교수방법이 필요하다.

<표 5-1>부터 <표 5-10>은 장애유아 통합교육과정이 실제 유아교육 현장에서 일반유아의 일일교육 프로그램과 어떤 조정 및 조율 단계를 거쳐서 장애유아 통합교육을 위한 일일교육계획안이 수립되는지를 제시해 준다. 이 장에서는 장애유아 특성 및 발달 목표와 일반유아학급에서 사용되는 일일교육계획안 4개를 토대로 장애유아의 요구와 필요를 반영한 개별화 교육 프로그램이 어떤 단계를 거쳐 일반유아학급의 일일교육계획안 속에 통합 및 적용되는지 그 실제를 단계별 일일교육계획안의 변화를 통해 관찰 및 이해할 수 있을 것이다. 이는 유아교육 현장에서 일반유아학급의 일일교육계획안에만 익숙한 일반유아교사들이 어떤 방법으로 장애유아 통합교육과정이 반영되는지 즉 통합될 장애유아의 특성 및 발달에 따른 필요와 요구를 일반유아의 일일교육계획안에 어느 정도의 융통성을 갖고 적절하게 통합하여 운용할 수 있는지를 구체적으로 제시해 준다.

장애유아 통합교육 프로그램 즉 장애유아 통합 일일교육계획안을 짜기 위해서는 우선 장애유아의 특성 및 발달목표(IEP)와 통합교육을 실시하는 통합유치원의 일반유아의 일일교육계획안이 준비되어야 한다. 즉 장애유아의 특성과 발달목표(IEP)는

일반유아학급의 어떤 소주제에 의해 짜여진 일일교육 활동계획안과 대조하여 언제든 장애유아의 필요와 요구를 반영하여 다양하게 변화시켜 운용하는 장애유아 통합교육과정으로서의 일일교육계획안이 완성되어야 한다. 장애유아의 IEP와 일일교육계획안 통합 및 적용에서 제시될 ①~⑥은 그러한 실례를 잘 보여주고 있다. 장애유아 통합교육 차원에서 일반유아학급의 일일교육계획안은 장애유아의 특성과 발달목표를 확정한 후에 다음과 같은 4단계의 과정을 거쳐 장애유아 통합교육 과정이 반영되어 통합교육 프로그램화 한다는 것을 알 수 있다. 즉 ① 일일 교육계획안 주요활동과 IEP 목표의 대비 ② 유치원의 하루 일과 내에서 IEP 목표 수행을 위한 활동도표 ③ 유치원의 하루 일과 내에서 활동 수정 방법과 IEP 목표 삽입 ④ 유치원의 하루 일과 내 IEP 목표의 수정전략 사용 등으로 이루어진다. 그리고 장애유아를 위한 개별교육은 장애유아의 특성을 파악한 후 장애유아의 개별 주간교육계획안, 장애유아의 개별 교육계획안을 세워야 한다. 이 때 장애유아의 개별 교육계획안은 장애유아의 장애 특성에 따른 치료교육계획안, 소그룹활동계획안, 방과후 통합지원 프로그램 등 보다 구체적인 개별교육 활동안에 마련되어 실시되어야 한다.

1 장애유아의 IEP와 일일교육계획안 통합 및 적용

1) 장애유아의 특성 및 발달 목표(IEP) 판별

<table>
<tr><td>이 름</td><td colspan="2">유아 A(정신지체)</td><td>연 령</td><td>만 5세 3개월</td><td>성 별</td><td>남</td></tr>
<tr><td>행동특성
및
현행수준</td><td colspan="6">• 고집을 부리는 경우가 빈번하고 수용적인 태도가 부족함(못 들은 척하거나 말을 하지 않음).
• 식사시 속도가 매우 느리고 입에 다 들어가지 않은 음식을 손으로 만져 얼굴이 지저분해짐. 바른 자세로 식사하기가 유지되지 않음.
• 문장으로 의사표현이 가능하나 목소리가 작고 발음이 불분명하여 말끝을 흐리는 경향이 있음. 질문이나 지시에 자신감 없는 반응을 나타내거나 표현하지 않으려고 함.
• 성인에게는 자발적인 반응을 보이나 또래에게는 소극적인 태도를 보임.
• 두려움이 많고 균형감이 부족하여 계단 이용시 불안정함. 서서 신발을 신고 벗는 것이 안됨.
• 목표물을 향해 끝까지 달리기가 안 되고, 손가락의 힘이 약하여 활동시 시간이 많이 소요됨.
• 간단한 글자 읽기와 수세기가 가능하며 1–10까지의 수개념을 갖고 있으나 쓰기에 대한 표현이 안 되고 자신의 이름을 정확하게 쓰지 못함.</td></tr>
<tr><td></td><td colspan="6">• 언어표현시 정확하게 표현한다.
• 타인의 말을 듣고 적절하게 반응할 수 있다.
• 소근육 활동에서 정확하게 표현할 수 있다.
• 간단한 글자를 쓸 수 있다.
• 또래와 함께하는 활동에 적적으로 참여할 수 있다.</td></tr>
<tr><td>이 름</td><td colspan="2">유아A(정신지체)</td><td>연 령</td><td>만5세 3개월</td><td>성 별</td><td>남</td></tr>
<tr><td rowspan="6">IEP
목표</td><td>신변
처리</td><td colspan="5">1–1. 음식을 흘리지 않도록 숟가락을 바르게 사용할 수 있다.
1–2. 요구나 지시를 하였을 때 휴지로 닦을 수 있다.</td></tr>
<tr><td>대근육</td><td colspan="5">2–1. 벽을 잡고 혼자 서서 신발을 신고 벗을 수 있다.
2–2. 도움을 받아 목표물까지 뛸 수 있다.</td></tr>
<tr><td>소근육</td><td colspan="5">3–1. 시범을 보여 주었을 때, 가위를 바르게 잡고 선을 따라 오릴 수 있다.
3–2. 언어적 도움을 받아 풀, 본드 등을 칠한 후 바르게 붙일 수 있다.
3–3. 그림을 보고 따라 그릴 수 있다.
3–4. 도움을 받아 선 안에 색칠할 수 있다.</td></tr>
<tr><td>사회성</td><td colspan="5">4–1. 도움을 받아 또래와 함께하는 활동에 참여할 수 있다.
4–2. 도움을 받아 상대방에게 자신의 요구를 표현할 수 있다.</td></tr>
<tr><td>인지</td><td colspan="5">5–1. 단서를 주었을 때, 자신의 이름을 쓸 수 있다.
5–2. 도움을 받아 간단한 글자를 쓸 수 있다.</td></tr>
<tr><td>언어</td><td colspan="5">6–1. 질문이나 지시를 듣고 촉진을 받아 문장으로 끝까지 말할 수 있다.
6–2. 도움을 받아 자신의 경험을 말할 수 있다.</td></tr>
</table>

2) 장애유아 통합교육 유치원의 일반유아 일일교육계획안

<table>
<tr><td colspan="2" rowspan="2">생활주제: 동물</td><td rowspan="2">소주제: 강아지의 하는 일</td><td rowspan="2">HEP 대상</td><td rowspan="2">유아A (정신지체)</td><td>2005. 05. 22(목)</td></tr>
<tr><td>다람쥐반 20명(남 10, 여10)</td></tr>
<tr><td colspan="2">활동목표</td><td colspan="4">• 강아지와 하는 일을 연결할 수 있다.
• 또래와 함께 강아지의 특징을 표현하여 꾸밀 수 있다.</td></tr>
<tr><td>활동영역</td><td>활동내용</td><td colspan="3">수정된 활동</td><td>IEP 목표</td></tr>
<tr><td>이야기 나누기</td><td>개가 주는 이로움에 대한 이야기 나누기</td><td colspan="3">사람을 도와주는 개
• 도움을 주는 개 중에서 발음하기 쉬운 개의 이름을 말한다.
• 도움을 주는 개와 하는 일에 대한 그림 카드를 보며 말한다.</td><td rowspan="5">2-1. 벽을 잡고 혼자 서서 신발을 신고 벗을 수 있다.
2-2. 도움을 받아 목표물까지 뛸 수 있다.
3-1. 시범을 보여 주었을 때, 가위를 바르게 잡고 선을 따라 오릴 수 있다.
3-2. 언어적 도움을 받아 풀, 본드 등을 칠한 후 바르게 붙일 수 있다.
3-3. 그림을 보고 따라서 그릴 수 있다.
3-4. 도움을 받아 선 안에 색칠할 수 있다.
4-1. 도움을 받아 또래와 함께 하는 황동에 참여할 수 있다.
4-2. 도움을 받아 상대방에게 자신의 요구를 표현할 수 있다.
5-1. 단서를 주었을 때 자신의 이름을 쓸 수 있다.
5-2. 도움을 받아 간단한 글자를 쓸 수 있다.
6-1. 질문이나 지시를 듣고 촉진을 받아 자신의 경험을 말할 수 있다.
6-2. 도움을 받아 자신의 경험을 말할 수 있다.</td></tr>
<tr><td>신체 활동</td><td>여러 가지 기구를 이용하여 활용하기</td><td colspan="3">강아지처럼 기어가기
• 교사와 함께 시범을 보이는 유아가 되도록 한다.
• 반환점까지 기어온 후 교사의 손을 치고 뛰어서 들어간다.
뜀틀에 올라 공 받고 내려와 앞구르기
• 뜀틀에 올라갈 수 있는 발판을 제시한다.
• 공 받는 거리를 짧게 조절해 준다.</td></tr>
<tr><td>작업 (소집단 활동)</td><td>여러 가지 폐품을 이용하여 강아지 만들기</td><td colspan="3">폐품을 이용하여 강아지 구성하기(공동작품)
• 좋아하는 또래와 한 팀이 되도록 한다.
• 유아가 좋아하는 종류의 강아지를 선택한다.
• 쉽고 간단하게 할 수 있는 역할을 준다.
• 필요한 물품의 수를 줄여주어 요구하게 한다.</td></tr>
<tr><td rowspan="2">자유 선택 활동</td><td>강아지의 사진과 하는 일을 보드마카로 연결하기</td><td colspan="3">수학 · 조작영역: 강아지의 하는 일이 달라요
• 그림카드를 보고 강아지와 하는 일을 연결한다.
• 알맞은 내용과 연결하도록 같은 색으로 점을 찍어주어 연결하는 단서를 준다.
• 또래와 같이 교대로 활동한다.</td></tr>
<tr><td>강아지의 생김새그리기, 신체 부위 명칭쓰기, 강아지 뼈 색칠하기, 관련된 물건의 명칭을 찾아오려 붙이기 등의 활동으로 책 만들기</td><td colspan="3">언어영역: 강아지책 만들기
• 3-4가지 종류 중에서 좋아하는 강아지를 선택하여 이름을 말한다.
• 기본 도형을 이용하여 형태를 나누어 그려 주면 모방하여 색칠한다.
• 오려야 하는 글자 카드의 테두리를 선명하게 그어 주면 선을 따라 오린다.</td></tr>
</table>

3) 일일교육계획안의 주요 활동과 IEP 목표의 대비

생활주제: 동물	소주제: 강아지의 하는 일	2005. 05. 22(목) 다람쥐반 20명(남 10, 여10)
활동목표	• 강아지의 종류에 따라 하는 일이 다름을 알 수 있다. • 강아지의 특징적인 모습을 구성해 볼 수 있다.	
시 간	활동내용	유의점 및 준비물
09:30–09:50 인사나누기	• 인사나누기 및 출석 점검 • 새 활동 및 하루 일과 소개	출석카드, 하루일과 그림 카드, 새교구
09:50–10:00 이야기 나누기	• "사람을 도와 주는 개"	동화책 "내 친구 멍멍개"
10:00–10:20 오전간식	• 손 씻고 식당으로 이동하기	우유, 영양식
10:20–11:00 신체활동	• 강아지처럼 기어가기 • 뜀틀에 올라 공 받고 내려와 앞 구르기	뜀틀, 매트, 공
11:00–11:50 작업 (소집단 활동)	• "폐품 이용하여 강아지 만들기" • 4인 1조로 나뉘어 각 집단이 만들고 싶은 강아지의 종류를 선택하고 역할을 나눈다. 폐품을 이용하여 각 팀별로 특색있게 구성해본다.	플라스틱병, 상자, 병뚜껑, 필름통, 테이프 등
11:50–12:00 정리정돈 및 손씻기	• 사용한 놀잇감 제자리에 정리하기 • 손씻고 식당으로 가기	
12:00–13:00 점심	• 점심 식사 및 양치질하기 • 실외 자유놀이	
13:00–13:50 자유선택활동	• 수/조작: 강아지의 하는 일이 달라요. • 언어: 강아지책 만들기 • 과학: 강아지용품 관찰하기	강아지책 프린트물, 교구, 강아지용품
13:50–14:00 평가 및 귀가지도	• 하루 일과 평가 및 귀가	

4) 유치원의 하루 일과 내에서 IEP 목표 수행을 위한 활동 도표

유아 A의 학급활동 / IEP 목표	등 원	인사 나누기 · 이야기 나누기	간 식	자유선택 활동		소집단 활동 (공동 작품)	정리 정돈 및 손씻기	점심 식사	대집단 활동 (실외 놀이)	평가 및 귀가
				수학 조작	언 어					
1-1. 음식을 흘리지 않도록 숟가락을 바르게 사용할 수 있다.								V		
1-2. 요구나 지시를 하였을 때 휴지로 닦을 수 있다.			V				V	V		
2-1. 벽을 잡고 혼자 서서 신발을 신고 벗을 수 있다.	V		V				V		V	V
2-2. 도움을 받아 목표물까지 뛸 수 있다.									V	
3-1. 시범을 보여주었을 때, 가위를 바르게 잡고 선을 따라 오릴 수 있다.					V	V				
3-2. 언어적 도움을 받아 풀, 본드, 등을 칠한 후 바르게 붙일 수 있다.					V	V				
3-3. 그림을 보고 따라서 그릴 수 있다.					V					
3-4. 도움을 받아 선 안에 색칠 할 수 있다.					V					
4-1. 도움을 받아 또래와 함께 하는 활동에 참여할 수 있다.		V	V	V		V	V		V	
4-2. 도움을 받아 상대방에게 자신의 요구를 표현할 수 있다.		V	V	V	V	V	V	V	V	V
5-1. 단서를 주었을 때, 자신의 이름을 쓸 수 있다.				V	V	V				
5-2. 도움을 받아 간단한 글자를 쓸 수 있다.					V	V				
6-1. 질문이나 지시를 듣고 촉진을 받아 문장으로 끝까지 말할 수 있다.	V	V	V	V	V	V	V	V	V	V
6-2. 도움을 받아 자신의 경험을 말할 수 있다.	V		V			V	V	V		V

5) 유치원의 하루 일과 내에서 활동 수정 방법과 IEP 목표 삽입

생활주제: 동물	소주제: 강아지의 하는 일	IEP 대상 / 유아A (정신지체)	2005. 05. 22(목) 다람쥐반 20명(남 10, 여10)
활동목표		• 강아지와 하는 일을 연결할 수 있다. • 또래와 함께 강아지의 특징을 표현하여 꾸밀 수 있다	
하루 일과내 활동		수정방법	IEP 목표
등 원	등원하여 인사하기	• 신발 벗을 때 벽 가까이 서기 • 큰소리로 인사하기 • 의도적인 질문하기	2-1, 6-1, 6-2
인사 나누기	인사나누기 및 출석점검	• 옆친구와 인사하기	4-2, 6-1
	새활동 및 하루 일과 소개	• 도우미 역할하기	4-1, 4-2
이야기 나누기	"사람을 도와주는 개"	• 발음이 쉬운 개 이름 말하기 • 그림카드 보며 말하기	6-1
오전 간식	손씻기	• 신발 신고 벗을 때 화장실 입구 벽 잡기	2-1
	간식 먹기 및 정리하기	• 친구들에게 컵주기 • 또래 강화하기	1-2, 4-1, 4-2, 6-1, 6-2
신체활동	강당 및 교실로 이동하기	• 신발 신고 벗을 때 벽 가까이 서기	2-1, 4-2, 6-1
	강아지처럼 기어가기	• 시범기회 갖기 • 거리 조절하기	2-2, 4-2, 6-1
	뜀틀에 올라 공 받고 내려와 앞구르기	• 올라갈 발판주기 • 거리 조절하기	4-1, 4-2, 6-1
작업 (소집단 활동)	"폐품 이용하여 강아지 구성하기(공동작품)"	• 선택하기 • 단순한 역할주기 • 재료의 수 줄여주기 • 선 그려주기 • 손잡고 풀칠하기	3-1,3-1, 4-1, 5-1, 5-2, 6-1, 6-2
정리정돈 및 손씻기	정리정돈 하기	• 짝과 함께 정리하기	4-1, 4-2
	용변 후 손씻기	• 신발 신고 벗을 때 화장실 립구 벽 잡기	2-1, 4-2
점심식사	식사하기	• 숟가락 주지 않기 • 시범 보여주기 • 또래 강화하기	1-1, 1-2, 4-2, 6-1, 6-2
	양치질 하기	• 신발 신고 벗을 때 화장실 입구 벽 잡기	2-1, 4-2
자유 선택 활동	수학 · 조작영역: 강아지의 하는 일이 달라요	• 그림카드 보고 하기 • 같은 색 단서 주기 • 친구와 교대로 하기	4-1, 4-2, 5-1, 6-1
	언어영역: 강아지책 만들기	• 선택하기 • 보고 그리고 색칠하기 • 가위로 오릴 부분 테두리선 그려주기	3-1, 3-2, 3-3, 3-4, 4-2, 5-1, 5-2, 6-1
평가 및 귀가지도	하루 일과 평가하기 및 귀가지도	• 모방하여 말하기 • 옆친구와 인사하기 • 의도적인 질문하기	2-1,4-2,6-1, 6-2

6) 유치원의 하루 일과 내 IEP 목표의 수정전략 사용

일 과	IEP 목표	수정전략	교수방법	또래훈련
07:30– 09:30 등원	2–1 6–1 6–2	성인의 지원	• 벽 잡고 신발 벗는 모습 보여주기 • 정확한 발음으로 끝까지 말하는 모습 시범 보이기	• 인사하기
		보이지 않는 지원	• 누구와 무엇을 타고 왔는지 날씨가 어떤지 등에 대해 의도적으로 질문하기	
09:30– 08:50 인사 나누기	4–2 6–1	보이지 않는 지원	• 말 전달(옆 친구에게 "○○야 안녕")하기 방식으로 출석 및 인사하기	• 교구를 혼자 영역에 갖다 놓으려 하기
	4–1 4–2	또래지원	• 도우미 역할을 주어 짝과 함께 소개된 개 활동 교구를 영역에 갖다 놓기 • 도우미 짝에게 같이 하자고 요구하기	
09:50– 10:00 이야기 나누기	6–1	환경적 지원 보이지 않는 지원	• 제시한 책에서 나온 개와 같은 그림을 찾아 이름을 말하도록 벽면에 화보 전시하기 • 등원하여 자료를 보고 미리 이야기하는 기회 갖기	
		활동의 단순화	• 발음이 쉬운 개의 이름을 보고 말하기	
10:00– 10:20 간식 (오전)	2–1	성인의 지원	• 화장실 입구 벽 잡고 서서 신발 신고 벗는 모습 시범 보이기	
	1–2 4–1 4–2 6–1 6–2	또래지원	• 도우미 역할을 주어 또래에게 컵 나누어 주기 • 간식 메뉴 질문하기(또래가 질문하기)	• 간식 메뉴 질문하기
		성인의 지원	• 다 먹은 후 거울을 보며 입을 닦는 또래 칭찬하기 • 간식 메뉴 질문하기(교사가 질문하기)	
10:20– 11:00 신체 활동	2–1 4–2 6–1	환경적 지원	• 한 줄로 서서 앞뒤 친구 이름 말하기	• 강당 입구에서 줄을 설 때 의도적으로 끼어들기
		또래지원	• 또래에게 자신의 차례 요구하기	
		성인의 지원	• 벽 잡고 서서 신발 신고 벗도록 말해주기	
	2–2 4–2 6–1 4–1 4–2 6–1	성인의 지원	• 활동방법에 대한 질문하기	• 의도적으로 순서 어기기
		보이지 않는 지원	• 교사와 함께 시범을 보이는 유아 되어 보기	
		활동의 단순화	• 끝까지 뛰고 돌아오도록 거리를 짧게 조절하기	
		자료수정하기	• 지는 게임이 되지 않도록 규칙 수정하기	
		또래지원	• 또래에게 자신의 순서 요구하기	
		활동의 단순화	• 뜀틀에 혼자 올라갈 수 있는 발판 주기 • 공을 던져 주는 거리 짧게 조절하기	
		성인의 지원	• 앞구르기를 할 때 실패하지 않도록 신체적인 도움주기	

일 과	IEP 목표	수정전략	교수방법	또래훈련
11:00–11:50 작업	3–1 3–2 4–1 4–2 5–1 5–2 6–1 6–2	환경적 지원	• 짝과 같은 팀이 되도록 팀 구성하기	• 재료 가까이에 놓기 • 테이프 사용시 "잡아"라고 도움 요청하기
		유아의 선호도 이용	• 좋아하는 강아지나 관심있는 강아지의 이름을 말하고 선택하기	
		활동의 단순화	• 간단히 연결하여 완성할 수 있는 역할 주기 • 각 부분 연결시 붙이는 역할 주기	
		보이지 않는 지원	• 재료에 대한 요구표현을 위해 재료의 수 줄여주기	
		또래지원	• 또래에게 재료를 달라고 요구하기	
		성인의 지원	• 재료 요구시 또래에게 말하도록 언어적으로 촉진하기	
		자료수정	• 가위를 오릴 부분을 선으로 그려주기	
		활동의 단순화	• 접착제를 칠해 주거나 테이프를 잘라 주어 해당하는 부분에 붙이기	
11:50–12:00 정리정돈 및 손씻기	4–1 4–2	또래지원	• 짝과 함께 정리하기	• 정리요구하기
	2–1 4–2	환경적 지원 보이지 않는 지원	• 가장 먼저 손 씻고 수건 요구하도록 제시하지 않기	• 식당 입구에서 의도적으로 차례 어기 기
		성인의 지원	• 화장실 입구 벽 잡고 서서 신발 신고 벗도록 말해주기	
11:50–12:00 정리정돈 및 손씻기	4–1 4–2	또래지원	• 짝과 함께 정리하기	• 정리요구하기
	2–1 4–2	환경적 지원 보이지 않는 지원	• 가장 먼저 손 씻고 수건 요구하도록 제시하지 않기	
		성인의 지원	• 화장실 입구 벽 잡고 서서 신발 신고 벗도록 말해주기	
12:00–13:00 점심	1–1 1–2 4–2 6–1 6–2	보이지 않은 지원	• 요구 표현을 하도록 배식시 의도적으로 숟가락 주지 않기	• 식당 입구에서 의도적으로 차례어기기
		성인의 지원	• 숟가락 바르게 사용하는 모습을 모델링 보이기 • 점심 식사 후 메뉴 질문하기	
		또래지원	• 다 먹은 후 거울을 보며 입을 닦는 또래 칭찬하기	
	2–1 4–2	또래지원	• 또래에게 치약 달라고 요구하기	• 치약 가지고 있기
		성인의 지원	• 화장실 입구 벽 잡고 서서 화장실 신발 신고 벗도록 말해 주기	

<table>
<tr><th>일 과</th><th>IEP 목표</th><th>수정전략</th><th>교수방법</th><th>또래훈련</th></tr>
<tr><td rowspan="10">13:00–
13:50
자유선택
활동</td><td rowspan="4">4–1
4–2
5–1
6–1</td><td>환경적 지원</td><td>• 교구 아래쪽에 이름 쓰고 활동하기</td><td rowspan="4">• 보드마카 가지고 있기
• 의도적으로 순서 어기기</td></tr>
<tr><td>자료수정</td><td>• 교구에 제시된 그림과 같은 그림카드를 보고 관련된 것 찾기</td></tr>
<tr><td>활동의 단순화</td><td>• 알맞은 내용과 연결하도록 같은 색으로 연결하는 시작점 찍어주기</td></tr>
<tr><td>또래지원</td><td>• 또래와 함께 교대로 연결하기
• 또래에게 보드카드 달라고 요구하기
• 또래에게 자신의 순서라고 요구하기</td></tr>
<tr><td rowspan="6">3–1
3–2
3–3
3–4
4–2
5–1
5–2
6–1</td><td>또래지원</td><td>• 또래에게 재료 요구하기</td><td rowspan="6">• 재료 가까이에 놓기</td></tr>
<tr><td>유아의
선호도이용</td><td>• 좋아하는 강아지 그리기</td></tr>
<tr><td>성인의 지원</td><td>• 그림을 부분으로 나누어 도형으로 그려주면 따라 그리기(예: ○로 머리를 그린 후 그릴 때까지 기다렸다가 그 닫음 부분을 그림)</td></tr>
<tr><td>자료수정</td><td>• 강아지의 뼈 부분을 각각 다른 색으로 색칠해 보도록 제시하기</td></tr>
<tr><td>자료수정</td><td>• 강아지의 물건 이름을 찾아서 오려 붙일 때, 글자 카드 테두리 부분을 선명하게 그려주기</td></tr>
<tr><td>성인의 지원</td><td>• 선을 따라 오리도록 시범 보여주기
• 풀칠하여 붙일 곳 알려주기</td></tr>
<tr><td rowspan="7">13:50–
14:00
평가 및
귀가지도</td><td rowspan="7">2–1
4–2
6–1
6–2</td><td>환경적 지원</td><td>• 친구 이름 불러 수첩을 나누어 주는 역할 주기</td><td rowspan="7">• 불러주는 이름 못 들은 척하고 다른 곳 보고 있기</td></tr>
<tr><td>또래지원</td><td>• 또래가 반응을 보이도록 크게 이름 부르기</td></tr>
<tr><td>성인의 지원</td><td>• 끝까지 또래의 이름을 부르도록 촉진하기</td></tr>
<tr><td>보이지 않는 지원
또래지원</td><td>• 또래의 말을 듣고 모방하여 말하도록 2–3명의 유아 다음에 기회 주기
• 또래를 보고 따라서 손들기</td></tr>
<tr><td>또래지원</td><td>• 양옆 친구 보고 인사하기("내일 만나자.")</td></tr>
<tr><td>성인의 지원</td><td>• 엄마에게 인사하도록 언어적 촉진하기("엄마 다녀 오셨어요.")</td></tr>
<tr><td>보이지 않는 지원</td><td>• 어디에 가는지 무엇을 타고 가는지 집에 가서 무엇을 할 건지 등에 대한 질문하기</td></tr>
</table>

2 장애유아를 위한 개별 교육계획안

1) 장애유아의 특성

<table>
<tr><td>장 애 명</td><td>다운증후군</td><td>생년월일</td><td>1999. 10. 8</td><td>성 별</td><td>남</td></tr>
<tr><td>출 산</td><td>제왕절개</td><td>목가누기</td><td>12개월</td><td>앉 기</td><td>24개월</td></tr>
<tr><td>서 기</td><td>40개월</td><td>옹아리</td><td>12개월</td><td>첫말단어</td><td>24개월</td></tr>
<tr><td>조기교육</td><td colspan="5">18개월부터 놀이치료</td></tr>
<tr><td>특기사항</td><td colspan="5">2004년도 만 4세에 학교에 입학해서 2년째 다니고 있으며, 입학 당시 보행이 되지 않았음.</td></tr>
<tr><td>개별화교육
계획자료</td><td colspan="5">자료1) 개별 주간교육활동표
자료2) 개별화교육계획
자료3) 치료교육활동계획(언어, 감각운동)
자료4) 소그룹활동계획(등산, 인지)
자료5) 방과후 통합지원 프로그램</td></tr>
</table>

2) 장애유아의 개별 주간교육계획안

<table>
<tr><th></th><th>월</th><th>화</th><th>수</th><th>목</th><th>금</th></tr>
<tr><td>09:30-10:00</td><td>자유선택</td><td>감각운동</td><td rowspan="3">통합교육
현장학습
요리활동
생일잔치</td><td colspan="2">자유선택활동</td></tr>
<tr><td>10:00-11:00</td><td colspan="2">중그룹활동</td><td colspan="2">중그룹활동</td></tr>
<tr><td>11:00-12:00</td><td>등 산</td><td>인지학습</td><td>등 산</td><td>인지학습</td></tr>
<tr><td>12:00-13:00</td><td colspan="5">점심 식사 / 생활지도</td></tr>
<tr><td>13:00-14:00</td><td>대그룹활동</td><td>언어치료</td><td rowspan="4">종일반</td><td>대그룹활동</td><td>감각운동 치료</td></tr>
<tr><td>14:00-15:00</td><td>음악치료 그룹</td><td rowspan="3">종일반</td><td rowspan="2">통합지원 교육</td><td rowspan="3"></td></tr>
<tr><td>15:00-16:00</td><td rowspan="2">종일반</td></tr>
<tr><td>16:00-18:00</td><td></td></tr>
</table>

3) 장애유아의 개별 교육계획안

<table>
<tr><td>반</td><td colspan="3">OO 반</td><td>아동명</td><td colspan="3">OOO</td><td colspan="2">담 임</td><td colspan="3">OOO (인)</td></tr>
<tr><td rowspan="2">행동특성
및
현행수준</td><td colspan="6">아동 강점</td><td colspan="6">아동 약점</td></tr>
<tr><td colspan="6">이어지는 동작 따라하기 및 모방이 이루어지며, 음악에 맞춘 율동을 좋아함. 또래들과의 상호작용을 적극적으로 주도하며, 모든 활동에 적극적으로 참여함. 모든 음식을 골고루 먹을 수 있음.</td><td colspan="6">착석 시간 및 주의집중 시간이 짧음. 식사 시 흘리는 양이 많고, 많은 양을 한 번에 입에 넣어 다시 뱉는 행동이 자주 보임. 보행능력에 비해 빨리 걸으려는 성향 때문에 잘 넘어짐.</td></tr>
<tr><td>포테이지
아동발달
평가</td><td colspan="12">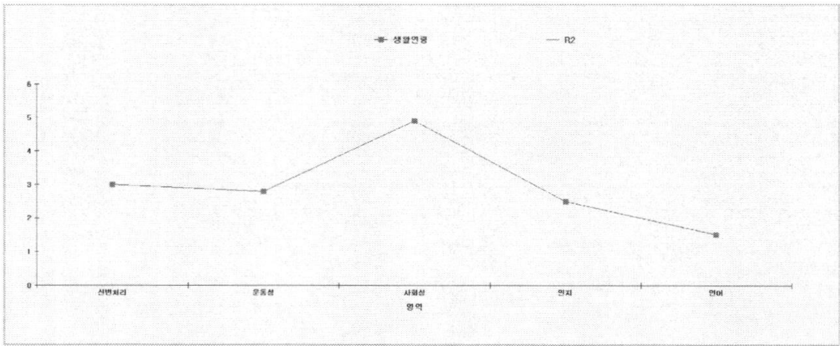
</td></tr>
<tr><td rowspan="3">일과적응
평가</td><td colspan="2">학년초</td><td>총점</td><td>147/200</td><td colspan="2">1학기말</td><td>총점</td><td>180/200</td><td colspan="2">학년말</td><td>총점</td><td>/200</td></tr>
<tr><td>등원 이동</td><td>화장실</td><td>그룹 활동</td><td>식사</td><td>등원 이동</td><td>화장실</td><td>그룹 활동</td><td>식사</td><td>등원 이동</td><td>화장실</td><td>그룹 활동</td><td>식사</td></tr>
<tr><td>33/40</td><td>31/40</td><td>59/80</td><td>24/40</td><td>38/40</td><td>38/40</td><td>73/80</td><td>31/40</td><td>/40</td><td>/40</td><td>/80</td><td>/40</td></tr>
<tr><td>장기목표</td><td colspan="12">• 타인의 의사표현에 관심을 가지고 수용하며, 자신의 감정을 조절한다.
• 운동능력의 유지와 향상을 통하여 안전하게 이동한다.</td></tr>
<tr><td>소그룹
활동</td><td colspan="2">1학기</td><td colspan="5">인지학습, 등산</td><td colspan="2">2학기</td><td colspan="3">인지학습, 등산</td></tr>
<tr><td>치료교육</td><td colspan="2">1학기</td><td colspan="5">언어치료(주2회),
감각운동치료(주1회)</td><td colspan="2">2학기</td><td colspan="3">언어치료(주1회),
감각운동치료(주2회)</td></tr>
</table>

(1) 치료교육활동계획안(감각운동)

학 급		○○반	아동명	○○○	지도교사	○○○ (인)
현재 수행 능력	강 점	난간을 한손 혹은 두 손으로 지지하여 혼자서 계단을 오르내릴 수 있음.				
	약 점	주의를 지속시키기 어려우며, 몸이 흔들리거나 걸을 때 자세가 기울어지며 다리가 좌우로 벌어지고, 높낮이에 관계없이 의욕이 앞서 이동하려는 모습을 나타냄.				
장기목표		1. 다양한 자세를 균형있게 지속적으로 유지한다. 2. 체간 및 사지의 근력을 증진한다. 3. 경사로와 계단에서 독립적으로 이동한다.				

단기목표	활동내용	평 가	시 작	종 료
1. 늑목을 4칸 오르내린다.	1-1. 늑목오르기 1-2. 늑목에 매달려 유지하기 1-3. 늑목에서 내려오기	혼자 3칸정도까지 올라가서 유지하며 늑목내려올 때 급하게 서둘러서 내려와 약간의 신체적 보조가 필요함.	4/15	진행중
2. 무릎서기, 반무릎서기 자세로 10초이상 유지한다.	2-1. 무릎서기 유지하기(다리와 허리보조, 다리 보조, 스스로) 2-2. 반무릎서기 유지하기(다리와 허리보조, 다리 보조, 스스로)	자세가 흔들리기는 하나 다리를 보조받아 무릎서기 자세를 유지할 수 있으며, 반무릎서기에서는 상체를 바르게 세워 유지하기 어려움.	4/15	7/3
3. 오리걸음으로 2m 이동한다.	3-1. 쪼그려 앉아 좌우 체중이동하기 3-2. 쪼그려 앉기에서 일어나 서있는 자세 유지하기 3-3. 오리걸음 걷기(양손, 한손, 스스로)	쪼그린 자세에서 일어나 앞으로 걸어나가지 않고 서있는 자세를 유지하며, 양손을 잡고 오리걸음으로 이동함.	4/15	진행중
4. 공위에서 만세자세로 10초간 유지한다.	4-1. 공위에 엎드려 바닥에 손 짚기 4-2. 공위에 누워 윗몸일으키기 4-3. 공위에 앉아 좌우전후 자극에 균형 유지하기 4-4. 지시에 따라 만세자세로 10초간 유지하기	지시에 따라 공위에 앉아 만세자세를 5-6초간 유지할 수 있음.	4/22	진행중
5. 수레자세로 5m 이동한다.	5-1. 바닥에 누워 윗몸일으키기 5-2. 수레자세 유지하기 5-3. 수레자세에서 장난감 담기 5-4. 수레자세로 이동하기	수레자세로 5m 이동함.	4/22	7/3
6. 계단을 난간을 잡지 않고 5칸 이동한다.	6-1. 한개의 단 올라가서 유지하기와 내려오기 6-2. 평균대 걷기-평균대위에서 서있기 6-3. 계단오르내리기-마지막 한칸부터 시작해서 수 늘이기	계단에서 난간을 잡지 않고 2-3칸 정도 연속 오르내림. 몸의 상태에 따라 다르게 나타남.	4/15	진행중
7. 낮은 경사로를 2m 적절한 자세로 오르내린다.	7-1. 균형판에서 서있기(양손, 한손, 스스로) 7-2. 약간의 경사로에서 스스로 오르내리기 7-3. 경사로 오르기 7-4. 경로에서 서있기, 한손잡고 내려오기	낮은 경사로에서 내려올 때 서서 정지된 상태를 유지하거나 적절한 속도로 내려오는 것은 어려우나 스스로 올라가기는 가능함.	4/15	진행중
1학기 평가	제시된 과제를 약간의 보조를 받거나 스스로 활동할 수 있으나 체간 및 사지의 근력 강화 및 몸의 균형을 적절하게 유지하는 활동은 지속적으로 요구됨.			

(2) 치료교육활동계획안(언어치료)

학 급	○○반	아동명	○○○	지도교사	○○○ (인)

현재수행능력	강 점	자신이 선택한 놀이에 몰두하여 사물을 기능적으로 구성할 수 있으며, 요구하기, 거부하기, 대답하기 등의 언어적 의사소통을 시도하고 일상생활과 관련된 자발적인 단어 표현이 나타남. 소리·동작 모방이 잘 이루어짐
	약 점	활동에 집중하는 시간이 짧아 지속하고 마무리하기가 요구되며, 언어이해 및 표현의도 능력에 비해 기다리기, 요구하기, 거부하기, 상호교류하기 등 언어적 의사소통 기술 향상이 요구됨(입술모방에서 소리 발성으로 확장 요구)
장기목표		1. 다양한 활동을 통해 어휘력, 이해력을 확장한다. 2. 의문사를 이해하여 주어진 질문에 문장으로 대답하고, 상황이나 대상에 따른 언어적 의사소통 기술을 향상한다. 3. 단어 및 문장수준의 말의 지각·변별활동을 통해 조음 명료도를 높인다.

단기목표	활동내용	평 가	시 작	종 료
1-1. 일상생활 그림장면의 내용을 알고 단어, 수식어구를 찾아 표현한다.	1-1-1. 그림 보며 일상사물을 찾아 이름, 기능 표현하기	방, 주방, 욕실, 거실, 도로, 놀이터, 공원, 패스트푸드점, 마트, 수영장, 동물원 장면을 이해하고 기능이나 위치, 특징 설명으로 표현되는 사물을 80%이상 찾음	4/18	7/4
1-2. 사물카드를 한 가지 기준에 따라 분류하고 단어를 발성한다.	1-2-1. 먹는 것, 입는 것, 주방용품, 욕실용품에 따라 사물 분류하기	먹는 것, 입는 것은 자발적인 분류가 가능하고, 주방용품·목욕용품 등은 이야기를 구성하며 교사의 언어촉구로 분류 가능함	4/27	진행중
2-1. 조건이나 의문문이 포함된 문장이해하고 문장으로 표현한다.	2-1-1. 놀이터, 마트, 공원, 가정 등 다양한 장면의 그림 보고 교사의 질문에 따라 단어, 수식어구 찾아 표현하기 2-1-2. 2어절 이상의 문장으로 표현하기	-누구, 어디, 어떻게, 무엇에 대한 의문사를 이해하여 장면에서 90%정도 찾을 수 있으며, 단단어 발성표현을 늘려가고 있음 -교사를 따라 주어+동사, 목적어+동사를 이어서 문장으로 표현하도록 진행함	4/18	진행중
2-2. 두 단어 문장(동사이해)을 이해하고 변별한다.	2-2-1. '○○가 ○○해요'카드 보며 주어를 변별하여 단어발성하기(엄마, 아빠, 누나, 형, 할머니, 할아버지) 2-2-2. '○○을 ○○해요'2어절 문장표현하기	-주어, 동작어 변별이 모두 가능하고 자발적인 동작표현이 90%이상 나타남 -주어는 적당한 소리로 발성이 가능하나 동사는 입모양만 모방하려고 해서 주어와 바로 연결해서 소리를 내도록 함(자신이 낼 수 있는 소리와 연결해서 발성유도하면 효과적)	4/18	진행중

3-1. 양순음, 치조음으로 구성된 다음절 단어를 변별하고 발성한다.	3-1-1. 'ㅂ' 'ㅁ' 'ㅍ' 'ㄴ' 'ㄷ' 'ㅌ'으로 구성된 다음절 단어 변별, 분류하고 표현하기	-양순음 발성은 가능하나 치조음은 혀의 위치와 조음법의 어려움으로 소리발성이 없거나 음의 왜곡이 나타나기도 함. -호흡량 운동과 함께 거센소리음(ㅍ, ㅌ)은 지속적으로 발음 연습하고 있음	4/18	7/14
3-2. 놀이기구를 통한 호흡운동을 한다.	3-2-1. 놀이기구를 이용해 짧게 끊어 불기 5회 연속하기 3-1-2. 놀이기구를 이용해 2초 동안 이어서 불기	-짧게 끊어서 부는 개념이나 호흡조절이 아직 어려움(교사가 의도적으로 짧게 끊어서 불도록 유도) -1초정도 이어서 불기가 가능	4/18	진행중
1학기 평가	일상생활 그림장면을 이해하고 사물 이름이나 기능, 특징으로 사물 변별하기가 80%이상 가능하며, 한 가지 기준에 따라 분류하기가 이루어지고 기준을 다양하게 확장하고 있음. 누구, 어디, 어떻게, 무엇에 대한 의문사를 이해하여 장면에서 90%정도 찾을 수 있으며, 교사를 따라 주어+동사, 목적어+동사를 이어서 문장으로 표현하도록 진행하고 있음. 호흡·조음 운동시 짧고 강한 호기와 1초이상 긴 호흡운동이 지속적으로 요구됨			

(3) 소그룹활동계획안(신체운동)

반	○○반	아동명	최○○	지도교사	○○○ (인)
현행수준	강 점			약 점	
	난간을 잡고 스스로 계단을 내려올 수 있으며, 정적인 활동보다는 동적인 활동을 좋아함.			균형을 잡고 걷는 힘이 약하며, 이동시 위험한 상황을 인식하는 힘이 약함. 체력이 약한 편임.	

장기목표	1. 인왕산 배드민턴장까지 올라간다.			
단기목표	활동내용	평 가	시 작	종 료
1-1. 인왕산 황학정까지 올라간다.	1-1-1. 등산 중 땅바닥에 주저 앉거나 엄마 등에 업히지 않기 1-1-2. 쉬면서 천천히 스스로 올라오기 1-1-3. 황학정까지 올라가기	보호자가 아닌 자원봉사자와의 등산의 경우 간헐적으로 주저앉거나, 짜증을 부리지만 황학정까지 올라감. 보호자와 함께 올라갈 경우 짜증과 주저앉는 행동의 빈도수가 높음. 체력이 약해, 등산 후 학교에서 늦게까지 잠을 자며 피곤해 함.	4/18	5/9
1-2. 인왕산 배드민턴장까지 올라간다.	1-2-1. 엄마와 떨어져서 스스로 놀기 1-2-2. 배드민턴 장까지 올라가기	계단을 올라가고 내려올때 보호자의 도움을 받아 내려오며, 그 외의 장소에서는 걸어서 배드민턴장까지 올라감. 공을 좋아하여 배드민턴장에서 공을 가지고 어른과 공을 주고받으면서 놂.	5/12	진행중
학기평가	활동에 대해 높은 참여도를 보이지만, 스스로 등산코스를 완주했을 경우 학교로 돌아와 그 다음활동에 많은 영향을 미침. 2004년도에 비해 자신의 신체를 스스로 조절하는 능력이 향상되었으나, 경사로에서 스스로 균형을 잡는 힘은 약함.			

(4) 소그룹활동계획안(인지학습)

<table>
<tr><td>반</td><td>나무반</td><td>아동명</td><td>최○○</td><td>지도교사</td><td>○○○ (인)</td></tr>
</table>

<table>
<tr><td rowspan="2">현행수준</td><td>강 점</td><td>약 점</td></tr>
<tr><td>자신의 이름에 반응을 보이며, 스티커를 스스로 떼고, 한손으로 필기도구를 잡을 수 있음.</td><td>활동에 대한 주의집중시간이 짧으며, 과제를 시작해서 마무리 짓는 힘이 약함.</td></tr>
</table>

<table>
<tr><td>장기목표</td><td colspan="4">1. 주어진 과제에 집중하여 끝까지 수행한다.
2. 동화를 듣고 내용을 기억한다.</td></tr>
<tr><td>단기목표</td><td>활동내용</td><td>평 가</td><td>시 작</td><td>종 료</td></tr>
<tr><td>1-1. 주어진 그림을 끝까지 색칠한다.</td><td>1-1-1. 자신의 책 찾기
1-1-2. 색연필 고르기
1-1-3. 30%이상 칠하기
1-1-4. 50%이상 칠하기
1-1-5. 70%이상 칠하기</td><td>자신의 책을 이름을 보고 구분하기는 어려우나, 주어진 그림을 교사의 간헐적인 언어적 지시에 따라 50%이상 스스로 칠할 수 있음.</td><td>4/19</td><td>진행중</td></tr>
<tr><td>1-2. 30개 이상의 구술을 실에 꿴다.</td><td>1-2-1. 한 손으로 실 잡기
1-2-2. 다른 손으로 구슬 잡기
1-2-3. 구슬 구멍에 실 넣기
1-2-4. 10개 이상 구술을 실에 꿰기
1-2-5. 20개 이상 구술을 실에 꿰기
1-2-6. 30개 이상 구술을 실에 꿰기</td><td>한 손으로 실을 잡고 다른 손으로 구슬을 잡도록 위치를 잡아주면 스스로 30개 이상 구술을 실에 꿤.</td><td>4/19</td><td>5/10</td></tr>
<tr><td>1-3. 원안에 스티커를 바르게 붙인다.</td><td>1-3-1. 8개짜리 스티커를 교사와 함께 붙이기
1-3-2. 8개짜리 스티커를 지시한 곳에 붙이기
1-3-3. 8개짜리 스티커를 언어적 지시에 따라 붙이기
1-3-4. 스스로 스티커 붙이기</td><td>처음 스티커 붙이는 활동의 경우 주의가 산만하여 교사의 적극적인 개입이 필요하였으나, 후반부로 접어들면서 교사가 학습지만 제시하여도 스스로 8개의 스티커를 위치를 찾아서 붙임.</td><td>5/10</td><td>6/17</td></tr>
<tr><td>2-1. 한 달 동안 같은 동화를 듣고 질문에 대답한다.</td><td>(겁쟁이 아기곰/ 노란우산)
2-1-1. 자리에 앉아서 '겁쟁이 아기곰' '노란우산', 아이스크림 가게 동화듣기
2-1-2. 반복되는 단어를 신체동작으로 또는 한 단어로 따라 말하기
2-1-3. 익숙한 단어를 기억해서 말하기</td><td>'겁쟁이 아기곰'동화의 경우 반복되는 의성어를 기억해서 스스로 따라하거나, "엄마 · 아빠"를 스스로 말할 수 있음. 노란우산의 경우 스스로 우산을 쓰고 활동에 참여함.</td><td>5/3</td><td>7/15</td></tr>
<tr><td>1-4. 풀을 사용해 종이를 고정시킨다.</td><td>1-4-1. 풀 뚜껑 열기
1-4-2. 풀 한손으로 잡기
1-4-3. 종이 양손을 사용해 찢기
1-4-4. 찢은 종이 종이위에 풀로 고정시키기</td><td>스스로 풀 뚜껑을 열기 어려우나 교사가 1/2을 미리 열어주면 염. 양손을 사용해 종일 찢으며, 교사가 위치를 안내해주면 그곳에 풀을 칠 함. 풀을 칠한 곳에 종이를 고정시키는 힘이 약함.</td><td>5/31</td><td>진행중</td></tr>
<tr><td>학기평가</td><td colspan="4">주의집중하기 어려워하는 주호가 활동의 후반부로 들면서, 많이 차분해지고 주어진 과제를 스스로 시간이 걸려서라도 끝까지 해결하는 모습이 관찰됨.</td></tr>
</table>

(5) 방과후 통합지원 프로그램

일 시	매주 목요일 14:30-16:00	장 소	배화여대 통합교육지원센타
대 상	수도사랑의학교 아동 4명 / 배화유치원 종일반아동 7명		
지도교사	수도사랑의학교 교사 박OO / 배화유치원 교사 1명 / 자원봉사자 1명		
사회적 기술	새로운 활동이나 상황에서 긴장함, 활동 중에 또래 유심히 관찰 하며, 또래 남자 아이들에 대해 위축감이 보이고 적절하게 놀이에 개입하기 어려워함		
상호작용	익숙한 성인(교사)과의 상호작용을 많이 나타내고 의사소통의 어려움으로 또래간 상호작용 의도가 있고 시도를 하나 소통이 원활히 이루어지지 않아 교사의 중간 개입이 필요함		
놀이 특성 (놀이기술)	아이들과 쉽게 놀이에 어울릴 수 있는 기술(가위바위보, 주사위 던지고 게임하기, 수개념, 블록구성기술-소근육, 인지적인 어려움도 포함), 놀이 순서나 규칙, 놀이감 공유하는 것에 대한 이해와 행동 조절이 필요함		
의사소통	언어적 의사소통은 또래간 자유롭게 이루어지는데 어려움이 있으므로 언어적, 신체적인 의사소통 방법이 함께 이루어져야 함(신체적 사인, 표정 등). 또래에게 감정을 표현하고 또래의 반응에 대응하는 방법이 필요함이 발견됨. 함께 놀이하고 싶을 때 제안하는(표현하는) 방법이 필요(자신감도 함께 키워주며 표현력 향상하도록).		
활동특성	전체적으로 새로운 장면이나 또래에 대해 긴장하는 모습에서 많이 편안해지고 익숙한 장소에서 하는 행동으로 많이 나타남 활동 중에 또래에 대한 모방이나 의사소통을 시도하려는 모습이 많이 나타남		
학부모 평가	* 1학기 학부모 평가에서 주호가 동네 놀이터에서 일반 아이들에게 거의 다가서지 못했는데 통합 활동 이후 아이들에게 다가서고 함께 어울리려는 태도가 많이 나타났다고 하심		
유아 반응	6월 9일: 종일반 친구들과 상호작용이 제일 잘 되는 친구이다. 특히 자기와 많은 활동을 하는 최OO와 꼭 같이 다니며 많이 친해지려고 한다. 종일반에 긴장을 한 이유인지 와서 실수로 대변을 보았다. 6월16일: 친구는 어디있나?를 할 때 반응이 조금 느리지만 다른 친구들을 보고 잘 따라 하는 편임. 다른 장애아동에 비해 일반아동들과 친근감이 가장 많이 형성되어 있는 것 같음. 놀이에도 적극적인 편임. 일반아동의 도움으로 비행기 접기를 하는데 잘 집중하지 못함. 자신의 마음대로 되지 않을 때는 자신의 목을 치는 행동을 보임. 다른 아동들과 기차놀이를 하면서 다른 아동들이 만들어 놓은 것을 무너뜨리는 행동을 보임(또래 남자 아이들과 적절하게 개입해서 놀이에 참여하는데는 어려움을 나타내는 모습이 보임). 장난감을 정리하는데 일반아동과 서로 도우면서 정리. 6월30일: 역할놀이에서 병원놀이에 참여해서 일반아동과 놀이 가능하나, 오래 지속되지 못함. 한 가지 놀이도구(혈압재는 놀이도구)를 일반아동이 사용하려고 하자, 피하고, 짜증내는 행동을 보임. 다른 놀이를 할 때 다른 장애아동을 건드리는 행동을 두 번 정도 보임. '친구는 어디있나?' 에서 이름표 목걸이를 걸어주자, 목에 걸고 있지 못함. 목에 다시 걸어주자, 짜증내는 행동을 보임(놀이나 활동에서 규칙이나 질서에 대한 인식은 가지고 있으나 활동중에 스스로 조절하는데 어려움이 있는 모습으로 보이고, 자신이 원하는 대로 하려는 행동이 많이 나타남). 7월 7일: '친구는 어디있나?'를 할 때 잘 따라 함. 화장실을 갈 때 일반아동과 같이 손을 잡고 감. OO가 돌아다니려고 하자 일반아동이 의자에 앉게 함. 밖으로 나가서 문을 열거나 신발장 있는 쪽으로 가서 혼자 놈. 병원놀이 침대에 가서 누워 있는 행동을 몇 번 보임(자연스럽게 역할놀이에서 어울려 놀이가 진행됨).		

제6장

장애유아 통합교육 실제와 일반유아 교육계획안

1. 게임활동
2. 과학활동
3. 동극활동
4. 동화짓기활동
5. 요리활동
6. 조형활동
7. 체험활동
8. 역할놀이활동
9. 협력교수활동
10. 신체활동 통합교육 실제

제6장 장애유아 통합교육 실제와 일반 유아 교육계획안

1 게임활동

※ □일반유아 ■장애유아

<table>
<tr><td>활동 유형</td><td colspan="2">신 체</td><td>활동명</td><td>훌라후프 돌리기</td></tr>
<tr><td>협력교수형태</td><td colspan="4">스테이션 교수(일반유아교사)</td></tr>
<tr><td>활동 자료</td><td colspan="4">훌라후프, 호루라기, 문자카드</td></tr>
<tr><td>활동 목표</td><td colspan="4">■ 훌라후프를 활용한 여러 가지 놀이 방법에 대해 알 수 있다.
□■ 훌라후프를 이용해 여러 가지 방법으로 돌리기를 할 수 있다.
□■ 활동 후 자신의 기분이나 느낌을 표현하고 친구들의 활동을 보고 평가할 수 있다.
□■ 신체의 유연성을 기른다.</td></tr>
<tr><td>자기결정기술</td><td colspan="4">선택 및 결정하기, 자기옹호, 자기평가, 자기 관찰</td></tr>
<tr><td>의사소통
상호작용
촉진</td><td colspan="4">• 장애유아에게 기회를 부여하고, 스스로 발화하기 어려워할 때 수준에 맞는 언어 모델링을 제시하여 모방하게 하며, 언어로 표현이 어려운 유아는 동작 모방이나 지시하기를 하게 한다.
• 친구들의 응원을 모방하도록 신체적 언어적 촉구를 준다.</td></tr>
<tr><td rowspan="3"></td><td colspan="3">예상되는 활동내용</td><td>준비물</td></tr>
<tr><td>도입</td><td colspan="2">◎ 훌라후프 돌리기를 할 것임을 알려주고 장소를 알려준다(목표설정)
◎ 선생님과 함께 해마당(바깥놀이터)으로 이동하기
◎ 훌라후프를 돌리는 여러 가지 방법에 대해 선생님과 함께 이야기를 나눈다(허리, 목, 손목, 발목, 무릎, 움직이면서..두개씩, 세 개씩).</td><td></td></tr>
<tr><td></td><td colspan="2">◎ 오늘 하는 훌라후프 예선에 대해 이야기를 나눈다(목표설정).
• 6명씩 나와 훌라후프 돌리기를 해요.
• 호루라기 소리에 맞추어 훌라후프를 돌려요.
• 선생님의 지시에 따라 돌리기를 해요.</td><td></td></tr>
</table>

활동 방법	전개	(앞으로 걷기, 뒤로 걷기, 춤추기, 박수치기, 돌기, 뛰기, 앉고 일어서기, 옆 친구 훌라후프 떨어뜨리기) ◎ 친구들이 잘 할 수 있도록 어떻게 응원할지 방법을 정하고 응원하도록 한다.(선택 및 결정하기, 자기옹호) (잘해라, 힘내라, 파이팅, 박수치기) ◎ 6명씩 앉은 순서대로 나와 게임하기 ◎ 5명이 남았을 때까지 예선을 한다. 5명을 뽑은 후 친구들과 함께 칭찬하기 ★ 적은 수를 돌리더라도 끝까지 하도록 도와주며, 다른 친구들이 할 때 응원을 하거나 지켜 보아주는 태도를 가질 수 있도록 도와준다.(자기평가, 자기관찰)	• 훌라후프 • 호루라기 • 지시판

		예상되는 활동내용	준비물
활동 방법	전개	★ "다음에 잘해 보자"라며 목표를 설정할 수 있도록 언어촉진을 한다.(목표설정) ★ 또한 도움이 필요할 때 교사나 친구의 도움을 요구하도록 촉진시켜 준다.(자기옹호)	
	정리	◇ 훌라후프를 하고 난 느낌을 이야기해본다.(재미있었던 점, 힘들었던 점)(자기평가, 자기관찰) ◇ 장애유아의 장점을 함께 이야기 해 본 후 칭찬해 준다	
유의점	• 규칙을 준수하며 경기에 임할 수 있도록 지도한다. • 훌라후프 사용 후 제자리에 정리할 수 있도록 지도한다.		
활동 평가	• 훌라후프를 활용한 여러 가지 놀이 방법에 대해 알게 되었는가? • 훌라후프를 이용해 여러 가지 방법으로 돌리기를 할 수 있었는가? • 활동 후 자신의 기분이나 느낌을 표현할 수 있는가?		
활동 모습 및 활동 자료	 [훌라후프를 돌리고 있는 유아들]		

<table>
<tr><td>활동 유형</td><td colspan="2">게 임</td><td>활동명</td><td>나는 아빠 나는 엄마</td></tr>
<tr><td>협력 교수 형태</td><td colspan="4">• 팀티칭
• 두 교사가 함께 게임을 진행하며 두 팀으로 나눌 때 한 팀씩 맡아 지원하며 또래 대장으로 뽑힌 유아가 적극적으로 활동하도록 돕는다.</td></tr>
<tr><td>활동 자료</td><td colspan="4">점수판, 유니바 set, 양복, 블라우스 각 2벌씩, 엄마, 아빠 구두 두 컬레 씩, 점수스티커(사과모양)</td></tr>
<tr><td>활동 목표</td><td colspan="4">□■ 공간을 이동하면서 몸을 다양하게 움직일 수 있다.
□■ 게임규칙을 이해하고 지키며 게임 할 수 있다.
□■ 게임을 통해 엄마, 아빠의 모습에 관심을 가질 수 있다.
□■ 게임활동을 하면서 장애유아와 일반유아가 서로 칭찬하고 격려할 수 있다.</td></tr>
<tr><td>자기 결정 기술</td><td colspan="4">선택 및 결정하기, 자기관찰, 자기평가, 목표설정, 목표달성, 자기옹호</td></tr>
<tr><td>의사소통 상호작용 촉진</td><td colspan="4">• 유아가 게임 규칙을 이해하고 있는지 확인하고 스스로 자신의 역할에 대해 확인할 수 있도록 신체적 촉구나 언어적 촉구를 한다.
• 교사는 유아의 활동을 잘 관찰하여 느낌을 표현할 때 어려워하는 단어를 알려주면서 표현을 도와 준다.</td></tr>
<tr><td rowspan="3">활동 방법</td><td colspan="3">예상되는 활동내용</td><td>준비물</td></tr>
<tr><td>도입</td><td colspan="2">◎ '어른되면' 노래를 율동하면서 부른다.
  -오늘은 '나는 아빠 나는 엄마'게임을 해 볼 거예요.
◎ 오늘의 활동에 대해 소개한다.
◎ 두 팀으로 나눈다.
  -먼저 두 팀으로 나누기로 해요. 선생님이 머리를 짚은 친구가 일어서서 다른 친구를 고르면 선택된 친구는 또 다른 친구들 선택해서 같은 팀이 되는 거예요.(선택 및 결정하기)</td><td>• 노랫말
• CD</td></tr>
<tr><td>전개</td><td colspan="2">◎ 팀 대장을 정하고, 대장과 함께 팀 이름을 정한다.
  -팀별로 대장을 정하고 대장과 함께 팀이름을 멋있게 만들어 보세요. 그리고 응원 방법도 정해보고 응원 연습도 해보세요.
★ 상호작용을 하며 의견을 조절할 수 있도록 도와주는 역할을 한다.(문제해결, 자기옹호)
◎ 응원 방법을 정하고 응원 연습을 한다.(선택 및 결정하기)
◎ 게임의 규칙과 약속을 함께 이야기 나누며 정한다.(목표달성)
  -친구들 응원이 너무 멋졌어요. 오늘이 게임은 어떤 규칙과 약속을 정하면 좋을까요?(목표달성)
    1) 차례를 지켜요.
    2) 앞 친구가 돌아올 때까지 기다려요.
    3) 게임 도중 실수를 하더라도 끝까지 할 수 있어요.
★ 장애유아와 일반유아 모두 규칙을 스스로 정해서 그것을 지킬 수 있도록 수용하고 격려해 준다.</td><td></td></tr>
</table>

<table>
<tr><td rowspan="3">활동 방법</td><td colspan="2">예상되는 활동내용</td><td>준비물</td></tr>
<tr><td>전
개</td><td>◎ 일반유아교사와 유아특수교사가 함께 게임활동을 소개한다.
• BAR 모둠 뛰기
• 엄마 · 아빠 옷과 구두 입고, 신기
• 걸어가서 반환점 돌아오기
• 엄마 아빠 옷과 구두 벗기
• 결승점으로 뛰어 오기
◎ 게임방법 대로 게임을 하고 규칙을 지키며 게임 한다.
◎ 양팀 선수들이 들어오면 승부를 확인하고 "어떤 친구가 약속을 잘 지키며 먼저 들어왔나요?" 아이들과 함께 이야기를 나눈 후 점수를 준다.
★ 게임 결과에 대해 그 과정을 칭찬해 준다.(자기평가, 자기관찰)
-약속을 잘 지킨 친구 칭찬해 준다.
-점수는 스티커로 표시한다.
◎ 자신과 친구들의 팀을 함께 응원한다.
-늦게 들어오는 친구도 끝까지 응원해 주도록 한다.</td><td>• 엄마, 아빠 옷과 구두
• 반환점
• 유니바
• 점수판</td></tr>
<tr><td>정
리</td><td>◎ 게임을 하고 난 후 기분과 느낌을 표현하고, 양 팀 선수들이 서로 앞으로 나와 악수한다.(자기평가, 자기관찰, 목표달성)
-'나는 아빠 나는 엄마'게임을 해 보니까 기분이 어땠어요? 네, 모두 엄마, 아빠처럼 의젓하고 멋졌어요. 그리고 늦게 들어오는 친구를 끝까지 응원해주는 모습이 좋았어요.</td><td></td></tr>
<tr><td>유의점</td><td colspan="3">• 승부에 연연하기보다는 게임을 통해 즐거움을 느낄 수 있도록 지도한다.
• 팀선정에 있어 소외되는 유아가 없도록 한다.</td></tr>
<tr><td>활동 평가</td><td colspan="3">• 공간을 이동하면서 몸을 다양하게 움직일 수 있는가?
• 게임규칙을 이해하고 지키며 게임 하였는가?
• 게임활동을 하면서 장애유아와 일반유아가 서로 칭찬하고 격려해주며 즐겁게 활동이 이루어졌는가?
• 게임을 통해 엄마, 아빠의 모습에 관심을 가졌는가?</td></tr>
<tr><td>활동 모습
및
활동 자료</td><td colspan="3"> 
〈엄마 옷과 아빠 옷을 입고 게임을 하는 유아들〉</td></tr>
</table>

<table>
<tr><td>활동 유형</td><td colspan="2">게 임</td><td>활동명</td><td>참새의 가을 나들이</td></tr>
<tr><td>협력교수 형태</td><td colspan="4">• 팀 티칭
• 두 팀으로 정하여 두 교사가 한 팀씩 맡아 지도한다.</td></tr>
<tr><td>활동 자료</td><td colspan="4">점수판, 노래판, 노래 CD, 참새모자, 날개, 허수아비 반환대(아이짐), 과자, 훌라후프, 호루라기, 게임 이름 표시판</td></tr>
<tr><td>활동 목표</td><td colspan="4">□■ 공간을 이동하면서 몸을 다양하게 움직일 수 있다.
□■ 게임규칙을 이해하고 지키며 게임을 할 수 있다.
□■ 게임활동을 하면서 장애유아와 일반유아가 서로 칭찬하고 격려할 수 있다.</td></tr>
<tr><td>자기 결정 기술</td><td colspan="4">선택 및 결정하기, 자기관찰, 자기평가, 목표설정, 목표달성, 자기옹호</td></tr>
<tr><td>의사소통 상호작용 촉진</td><td colspan="4">• 유아가 게임 규칙을 이해하고 스스로 자신의 역할에 대해 확인할 수 있도록 신체적 · 언어적 촉구를 한다.
• 교사는 유아의 활동을 잘 관찰하여 느낌을 표현할 때 어려워하는 단어를 알려주면서 표현을 도와 준다.</td></tr>
<tr><td rowspan="3">활동 방법</td><td colspan="3">예상되는 활동내용</td><td>준비물</td></tr>
<tr><td>도입</td><td colspan="2">◎ '허수아비/가을'노래를 율동하면서 부른다.
★ 청각장애 유아들을 위해 노래 카드를 제시해준다.
◎ 오늘은 게임활동을 소개한다.(목표설정)
－오늘은 우리가 참새가 되어 허수아비에게 날아갔다가 과자를 따 먹고 돌아 오는 게임을 할 거에요.
◎ 팀을 나눈다.(선택 및 결정하기)
• 두 명씩 이름을 부른다.
• 게임을 같이 하고 싶은 친구를 선택하여 두 팀으로 나눈다.</td><td>• 허수아비
• 가을노래판
• 게임이름판</td></tr>
<tr><td>전개</td><td colspan="2">◎ 대장을 정한다.
◎ 대장과 의논하여 팀 이름을 정한다.(자기옹호)
－어떤 이름을 정할지 대장과 함께 의논해 보세요.
• 응원을 정하고 응원 연습을 한다.
◎ 게임의 규칙과 약속을 정한다. (목표설정)
★ 서로 의논하여 규칙과 약속이 정해질 수 있도록 한다.(문제해결)
－게임을 재미있게 하려면 어떤 약속이 필요할까요?
◎ 일반유아교사와 유아특수교사가 시범을 보이며 게임방법을 소개한다. (목표설정)
• 참새모자와 날개옷을 입고 날아서 은행잎, 단풍잎 위에서 3번 돌기
• Bar 모둠 뛰기
• 훌라후프 통과하기
• 허수아비 주위를 한바퀴 돈 후 과자를 따먹고 제자리로 날아오기
◎ 게임 방법대로 규칙을 지키며 게임을 한다.(목표달성)</td><td>• 팀이름판
• 보드칠판
• 보드펜
• 참새모자
• 날개옷
• 바
• 훌라후프
• 과자
• 허수아비</td></tr>
</table>

<table>
<tr><td rowspan="3">활동 방법</td><td colspan="2">예상되는 활동내용</td><td>준비물</td></tr>
<tr><td>전개</td><td>◎ 양 팀 선수들이 들어오면 승부를 확인한다.
－어떤 유아가 규칙을 잘 지키며 결승점에 먼저 도착했는지 알아보고 점수를 준다.
◎ 자신의 팀을 응원한다.
－가을팀 잘해라!! / 허수아비팀 잘해라!!
★ 빨리 하는 것보다 규칙을 지키며 활동하는 것이 더 중요하다는 것을 알도록 한다.</td><td>• 점수판</td></tr>
<tr><td>정리</td><td>◎ 게임을 하고 난 후 기분, 느낌에 대해 이야기 나눈다.(자기평가, 자기관찰, 자기옹호)
★ 활동후 스스로 자기를 평가하고 다른 친구들이 생각, 느낌을 잘 들을 수 있도록 한다.
◎ 함께 게임을 한 친구들이 서로 앞으로 나와 악수를 한다.</td><td></td></tr>
<tr><td>유의점</td><td colspan="3">• 게임을 빨리 하는 것보다 규칙을 지키며 잘 하는 것을 유아들이 알도록 상황에 맞게 점수를 준다.</td></tr>
<tr><td>활동 평가</td><td colspan="3">• 공간을 이동하면서 몸을 다양하게 움직일 수 있는가?
• 게임규칙을 이해하고 지키며 게임을 할 수 있는가?
• 게임활동을 하면서 장애유아와 일반유아가 서로 칭찬하고 격려할 수 있는가?</td></tr>
<tr><td>활동 모습
및
활동 자료</td><td colspan="3">
[『참새의 가을 나들이』게임을 하는 유아들]

[게임 자료]</td></tr>
</table>

<table>
<tr><td>활동 유형</td><td colspan="2">과학활동</td><td>활동명</td><td>쑥프로젝트 활동</td></tr>
<tr><td>협력교수 형태</td><td colspan="4">• 평행교수
• 쑥이야기 나누기와 쑥 자세히 그리기 / 쑥캐기 그림그리기로 두 그룹으로 나누어 선택하여 활동한다.</td></tr>
<tr><td>활동 자료</td><td colspan="4">쑥, 쑥으로 만든 음식(과자, 사탕, 차, 떡, 등), 활동지, 색연필, 연필, 스카치 테이프</td></tr>
<tr><td>활동 목표</td><td colspan="4">□ 쑥에 관심을 가지고 쑥의 특성을 안다.
■ 쑥에 대해 관심을 가지고 관찰하는 태도를 가진다.
□■ 쑥으로 만들 수 있는 것들을 알아본다.
□■ 쑥에 대해 자세히 관찰하고, 그림으로 표현할 수 있다.
□ 쑥으로 자신의 생각을 글로 표현하고 동시로 지어본다.
■ 자신의 느낌을 간단한 말과 동작으로 표현한다.</td></tr>
<tr><td>자기결정 기술</td><td colspan="4">선택 및 결정하기, 목표설정(활동소개), 문제 해결, 자기평가, 자기관찰, 자기옹호, 목표달성(활동 후)</td></tr>
<tr><td>의사소통 상호작용 촉진</td><td colspan="4">• 경험에 대해 이야기 할 수 있도록 기억을 회상시키도록 도움을 준다.
• 떠올리지 못한 단어표현을 제시하여 스스로 문장표현을 하도록 도와준다.
• 충분히 표현할 수 있도록 기다려 주고, 발화의 시작을 어려워 할 때 첫 단어나 첫 어절을 제시해 촉구해 주며 모방하기를 하지 않을 때에라도 칭찬과 격려를 아끼지 않는다.</td></tr>
<tr><td rowspan="6">활동 방법</td><td colspan="3">예상되는 활동내용</td><td>준비물</td></tr>
<tr><td rowspan="5">도입</td><td colspan="2">• 여섯 모둠 중 세 모둠은 교실에서, 세 모둠은 특활실에서 활동하도록 한다.</td><td></td></tr>
<tr><td colspan="2">◎ 쑥에 대한 경험을 이야기 나눈다.</td><td></td></tr>
<tr><td colspan="2">-쑥을 본적 있나요?
-쑥을 캐 본 경험이 있나요?
-언제 쑥을 캐 보았나요?</td><td>• 쑥
• 활동지</td></tr>
<tr><td colspan="2">-어디에서 쑥을 캐 보았나요?
◎ 쑥으로 만든 음식을 먹어 본 경험을 자유롭게 이야기한다.
-쑥으로 만든 음식을 먹어본 적은 있나요?
-쑥으로 어떤 음식을 만들 수 있을까요?
-맛은 어땠나요?
-언제 먹어보았나요?
-각자가 준비해 온 음식을 소개한다.
◎ 쑥을 관찰한다.
-쑥을 눈으로 본 느낌
-쑥의 향기를 맡아본 느낌
-쑥을 만져본 느낌에 대해 이야기를 나눈다.</td><td>• 쑥으로 만든 음식</td></tr>
</table>

2 과학활동

※ □일반유아 ■장애유아

<table>
<tr><th></th><th colspan="2">예상되는 활동내용</th><th>준비물</th></tr>
<tr><td rowspan="8">활동 방법</td><td>도입</td><td>◎ 쑥 활동지를 소개한다.
–'쑥'하면 생각나요
–쑥으로 동시를 지어요
–쑥 관찰하기
–쑥을 보고 자세히 그리기
–쑥과 풀의 같은점 다른점
★ 어떤 모둠에서 어떤 주제를 다룰 것인지 유아들 스스로 정하고 활동지를 나누어준다(선택 및 결정하기, 목표설정).</td><td>• 쑥
• 활동지</td></tr>
<tr><td rowspan="7">전개</td><td>◎ 쑥을 활동지에 붙인다.
• 쑥을 제시해 주고 냄새를 맡아 보게 한다.
• 쑥을 관찰한다.
–어떤 냄새가 나나요? 또 다른 생각은 없나요?
• 각자 느낌을 말해본다(자기표현).</td><td rowspan="3">• 활동지
• 색연필
• 연필
• 스카치 테이프</td></tr>
<tr><td>◎ 쑥을 보고 활동지에 글과 그림으로 표현해 본다(자기평가 자기관찰).
• 활동지에 글과 그림으로 유아들이 쑥을 표현한다.</td></tr>
<tr><td>◎ 쑥과 풀의 다른점과 같은점을 알아본다.
• 몇가지 풀을 제시해 주고 풀과 쑥의 차이를 알아본다(크기, 색깔, 모양, 냄새).</td></tr>
<tr><td>◎ 쑥으로 만들 수 있는 음식에 대해 글과 그림으로 표현해 본다.
• 각자 준비해온 것들을 책상위에 올려놓고 활동지에 글과 그림으로 표현해본다.</td><td>• 쑥으로 만든 음식(쑥떡, 차, 사탕, 유과)</td></tr>
<tr><td>◎ 쑥을 보고 자세히 그리기를 한다.
• 쑥을 자세히 관찰한다(잎의 모양, 색, 줄기 등).
• 자세히 관찰한 쑥을 활동지에 붙인다.
• 붙인 쑥을 보고 자세히 그린다.</td><td rowspan="3">• 활동지
• 색연필
• 연필
• 스카치 테이프</td></tr>
<tr><td>◎ 쑥캐기 그림 그리기
• 쑥캐는 경험을 한 것을 이야기 나눈다(누가, 언제, 어디서, 어떻게 등).
• 자신의 경험을 그림으로 표현해본다</td></tr>
<tr><td>◎ 쑥에 관한 것들을 모아 동시를 지어본다.
–모양, 색, 냄새, 음식 등 모든 것들을 생각하며 그림과 글로 동시를 꾸며본다.
★ 청각장애유아들이 활동하면서 어려움을 느낄 때는 또래나 교사에게 도움을 요청하도록 (문제 해결, 자기옹호) 지도하고, 스스로 과제를 마칠 수 있도록 관심을 가지고 지도한다(목표달성).</td></tr>
</table>

		예상되는 활동내용	준비물
활동 방법	정리	◎ 모둠별로 만든 것을 발표한다(자기옹호, 자기평가, 자기관찰, 목표달성). • 자신의 것을 친구들 앞에서 이야기한다. ★ 자신감 있게 장애유아의 생각을 표현하도록 주의를 집중시켜준다. 장애유아가 언어를 잘 몰라 망설이고 있을 때 단어는 제시해 주고 이야기 할 수 있도록 도와준다. ◎ 친구들이 이야기를 듣고, 어떤 생각이 드는지 이야기를 나누고 칭찬해 준다. • 멋진 생각을 한 친구들을 칭찬해 준다. ◎ 내가 꾸민 쑥에 대한 이야기를 가정에서도 가족들에게 들려주도록 한다.	• 활동지
유의점	• 너무 많은 분량이 되지 않도록 하며 유아들이 스스로 선택하여 활동할 수 있도록 한다. • 문자는 교사나 또래의 도움을 받아 표현한다. • 활동지를 꾸민 후 주변을 깨끗이 정리하도록 한다.		
활동 평가	• 쑥에 대해 자세히 관찰하고, 그림으로 표현할 수 있는가? • 쑥에 대한 생각과 느낌을 그림으로 표현할 수 있는가? • 쑥에 대한 동시짓기를 할 수 있는가? • 쑥에 관심을 가지고 쑥의 특성을 알게 되었는가?		
활동 모습 및 활동 자료	 [쑥 프로젝트 활동 전 모둠을 나누는 유아들]	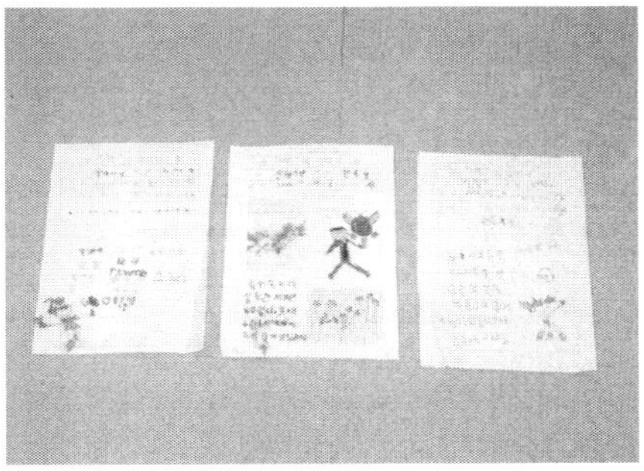 [쑥 프로젝트 활동지]	

<table>
<tr><td>활동 유형</td><td colspan="2">과학활동</td><td>활동명</td><td colspan="2">과일 속이 궁금해요</td></tr>
<tr><td>협력교수형태</td><td colspan="5">• 스테이션 교수 형태
• 유아특수교사 · 음률놀이 / 일반유아교사-과일화채 만들기 / 미술교사-과일속그리기</td></tr>
<tr><td>활동 자료</td><td colspan="5">연필, 스케치북, 수박, 참외, 복숭아, 토마토, 접시, 칼, 과일 속 그림 조작 카드</td></tr>
<tr><td>활동 목표</td><td colspan="5">■ 과일의 겉과 속이 다름을 관찰하여 이해할 수 있다.
□■ 과일의 겉과 속을 관찰 · 비교할 수 있다.
□■</td></tr>
<tr><td>자기결정기술</td><td colspan="5">자기관찰, 자기평가, 자기옹호, 선택 및 결정하기, 목표달성</td></tr>
<tr><td>의사소통
상호작용 촉진</td><td colspan="5">• 과일 이름 맞추기를 어려워하면 단어의 첫 음절만 제시하는 언어적 촉구를 주며 충분히 표현할 수 있는 기회와 시간적 여유를 제공한다.
• 관찰하면서 교사는 과일에 대해 간단한 문장으로 정보를 제공하며 유아는 교사의 발화를 모방하거나 듣고 이해하는데 도움을 받는다.</td></tr>
<tr><td rowspan="3">활동 방법</td><td colspan="4">예상되는 활동내용</td><td>준비물</td></tr>
<tr><td>도
입</td><td colspan="3">◎ 과일을 비밀주머니로 제시한 후 수수께끼를 통해 과일 이름을 맞추게 한다(목표설정).
-선생님이 비밀 주머니를 준비했어요. 어떤 친구가 나와서 한 번 만져볼까요?
-수수께끼를 듣고 과일 이름을 맞춘다(선택 및 결정하기).
-교사가 지명한 유아가 나와서 만지고, 냄새를 맡고 무엇인지 예상해 본다.
-교사가 비밀 주머니를 들고 다니며 유아들이 탐색해 볼 수 있게 해준다.
-유아들이 보지 않고 손만 넣어 만져보거나, 냄새 맡아 보고 느낌이 어땠는지, 무슨 냄새가 나는지 무엇과 같은지 표현하도록 한다(자기옹호, 목표달성).</td><td>• 각종 과일</td></tr>
<tr><td>전
개</td><td colspan="3">◎ 과일의 크기, 모양, 색깔, 겉모습, 속 모습, 닮은 과일 등에 대해 관찰하고 함께 이야기를 나눈다(목표설정).
-수박, 복숭아, 키위, 토마토... 여기있는 여러가지 과일 중에서 가장 큰 과일은 무엇일까요?
-색깔이 비슷한 과일은 무엇일까요?
-우리들이 먹는 과일들은 크기, 모양, 색깔들이 모두 달라요. 친구들이 과일의 특징에 대해 이야기를 나눈다(선택 및 결정하기).</td><td>• 활동지
• 과일
• 싸인펜
• 색연필</td></tr>
</table>

<table>
<tr><td rowspan="3">활동 방법</td><td colspan="2">예상되는 활동내용</td><td>준비물</td></tr>
<tr><td>전
개</td><td>◎ 직접 과일을 잘라보며 속과 겉, 색깔, 크기, 모양, 씨를 관찰하고 비교해 본다.
★ 여러 과일 중 유아 스스로 관찰하고 싶은 것을 선택하도록 기회를 주며 교사의 개입 비중을 최소화시켜 유아들끼리 활동할 수 있도록 중재한다(선택 및 결정하기).
-감씨앗의 모양은 어때요?
-○○랑 비슷한 모양의 씨앗을 가진 과일은 무엇일까요?
-그럼, 선생님이 준비한 과일을 직접 관찰해 보기로 해요. 속모양도 자세히 관찰해 보세요.
◇ 관찰한 것을 그림으로 자세히 그린다(목표설정).
-관찰한 것을 자세히 그려보기로 해요(자기평가, 자기관찰).
• 선, 점, 모양, 껍질 하나 하나 모두 표현할 수 있도록 촉진하고 격려해 준다.
★ 그리기에 어려움이 있어 잘 못 그릴 경우 (문제해결, 자기옹호) 청각장애 유아가 일반유아들이 하는 것을 보면서 자신의 것을 수정하도록 한다(자기평가, 자기관찰).</td><td>• 과일 속 그림 조작 카드</td></tr>
<tr><td>정
리</td><td>◎ 그린 것을 친구들 앞에서 소개하고 함께 감상한 후, 느낌이나 생각, 칭찬 등을 표현한다(목표설정).
-자기가 그린 그림에서 어떤 특징을 표현했는지 설명해 주세요.
-복숭아는 털이 있어요.
-수박에는 검정색 줄무늬가 있어요.
-토마토씨는 아주 작아요.
★ 스스로의 느낌이나 생각을 표현하는 것이 어려운 유아는 교사가 유아 수준에 맞는 발화의 길이로 모델링을 제시하여 모방하게 한다.</td><td></td></tr>
<tr><td>유의점</td><td colspan="3">• 관찰한 것을 그림으로 표현하는데 있어 어려워하지 않도록 격려한다.</td></tr>
<tr><td>활동 평가</td><td colspan="3">• 과일의 겉과 속을 관찰·비교할 수 있는가?
• 사물을 주의깊게 살피는 자세를 갖고, 관찰한 것을 그림으로 표현할 수 있었는가?</td></tr>
<tr><td>활동 모습
및
활동 자료</td><td colspan="3">
[과일 속을 그리고 있는 유아들]
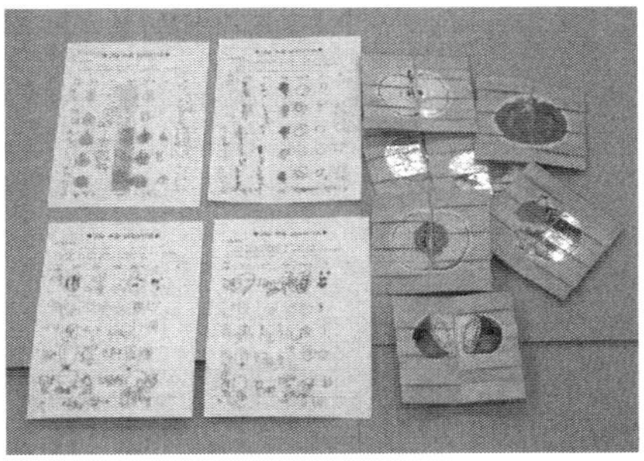
[유아들의 과일속 그리기 활동지와 과일 속 그림 조작 카드]</td></tr>
</table>

3 동극활동

※ □일반유아 ■장애유아

<table>
<tr><td>활동 유형</td><td colspan="2">동 극</td><td>활 동 명</td><td>호박꽃 이야기</td></tr>
<tr><td>협력교수 형태</td><td colspan="4">• 팀티칭
• 일반유아교사와 유아특수교사가 역할을 나누어 유아들에게 동화를 들려주며 함께 수업을 진행한다.</td></tr>
<tr><td>활동 자료</td><td colspan="4">가면머리띠, 실물화상기, 동극내용판</td></tr>
<tr><td>활동 목표</td><td colspan="4">□■ 하고 싶은 역할을 스스로 선택할 수 있다.
□ 다른 사람 앞에서 자신이 맡은 역할을 표현할 수 있다.
■ 다른 사람 앞에서 자신의 역할을 동작이나 말로 표현할 수 있다.
□■ 활동 후 자신의 기분이나 느낌을 표현하고, 친구들의 활동을 보고 평가할 수 있다.</td></tr>
<tr><td>자기결정 기술</td><td colspan="4">목표설정, 선택 및 결정하기, 자기 관찰, 자기 평가</td></tr>
<tr><td>의사소통 상호작용 촉진</td><td colspan="4">• 자신이 하고 싶은 역할을 문장으로 표현하도록 동사의 첫 음절을 제시하여 촉구하고, 단어 표현이 어려운 유아는 의성어로 표현하도록 한다.
• 장애유아가 하고 싶어하는 역할을 손님이나 동작으로 표현할 때 언어적 촉구를 주고, 작은 수의 어절이라도 대사로 표현할 수 있도록 중재해준다.</td></tr>
<tr><td rowspan="3">활동 방법</td><td colspan="3">예상되는 활동내용</td><td>준비물</td></tr>
<tr><td>도입</td><td colspan="2">◎ 오늘의 활동이 동극임을 소개한다(목표설정).
◎ 선생님과 친구들이 해설과 대사로 역할을 나누어 함께 읽는다.
－이번 시간에는 호박꽃 이야기 동화를 동극으로 표현해 볼 거예요. 먼저 선생님과 친구들이 역할을 나누어서 읽어보기로 해요.</td><td>• 동화책</td></tr>
<tr><td>전개</td><td colspan="2">◎ 대사 부분만 큰소리 · 작은 소리 등 감정을 넣어 읽고 동작표현을 해본다(자기평가, 자기관찰).
－이번에는 등장인물이 되어서 대사부분을 멋지게 읽어보도록 해봐요.
－등장인물의 대사를 소리조절(큰소리, 작은소리), 감정표현을 해서 구연해 보도록 해요.
★ 짧은 대사를 스스로 외워 말할 수 있도록 하고, 그 대사의 감정을 이해하여 큰 소리, 작은 소리 등으로 스스로 표현하도록 지도한다.
◎ 자기가 하고 싶은 역할을 선택한다(나팔꽃 아가씨, 꿀벌, 호박꽃 아줌마..) (선택 및 결정하기).
－친구들 앞에 나와서 역할극을 해 볼 꺼예요. 어떤 역할을 해 보고 싶은지 얘기해 보세요.
• 모둠별로 역할을 정해서 연습해 보는 시간을 갖는다.
◎ 가면머리띠를 쓰고 자기가 맡은 역할의 대사를 표현해본다(목표달성). (■ 장애유아는 동작도 가능하다)
• 친구들의 활동을 바른 자세로 보며 감상한다.</td><td>• 가면띠
• 동화내용</td></tr>
</table>

<table>
<tr><td rowspan="3">활동 방법</td><td colspan="2">예상되는 활동내용</td><td>준비물</td></tr>
<tr><td>전개</td><td>★ 다른 유아의 대사를 귀 기울여 잘 듣고 자신의 순서에 대사를 말할 수 있도록 지도한다.
◎ 자신이 맡은 역할을 동극으로 표현했을 때 느낌을 친구들 앞에서 이야기해 본다(자기옹호).
-동화를 읽을 때와 등장인물이 되어서 직접 표현해 보았을 때 어떤 차이가 있는지 이야기 해보세요.</td><td></td></tr>
<tr><td>정리</td><td>친구들이 한 활동을 보고 난 후 느낌이나 생각을 표현하고 칭찬해 준다.</td><td></td></tr>
<tr><td>유의점</td><td colspan="3">• 장애유아들이 자신감을 가지고 표현할 수 있도록 격려한다.
• 언어적인 표현이 부족할 때는 신체적인 표현으로 할 수 있도록 지원한다.</td></tr>
<tr><td>활동 평가</td><td colspan="3">• 하고 싶은 역할을 스스로 선택하였는가?
• 다른 사람 앞에서 자신이 맡은 역할을 표현할 수 있었는가?(동작포함)
• 활동 후 자신의 기분이나 느낌을 표현하였는가?</td></tr>
<tr><td>활동 모습
및
활동 자료</td><td colspan="3">
[모둠별로 역할을 정하여 『호박꽃 이야기』
동극을 발표하는 유아들]

[『호박꽃 이야기』동극자료]</td></tr>
</table>

<table>
<tr><td>활동 유형</td><td colspan="2">동 극</td><td>활 동 명</td><td>커다란 순무</td></tr>
<tr><td>협력 교수 형태</td><td colspan="4">• 평행 교수 일반유아교사–가을곡식으로 꾸미기/유아특수교사–커다란 순무
• 일반유아교사와 유아특수교사가 두 개의 학습집단으로 나눈 다음, 주어진 활동이 끝날 때까지 특정한 집단만 책임진다.</td></tr>
<tr><td>활동 자료</td><td colspan="4">동극 머리띠, 동화책, 큰 무 모형, 무대 배경판, 징, 핸드벨, 비디오 카메라, 대사내용 문자판(장애유아)</td></tr>
<tr><td>활동 목표</td><td colspan="4">□ 하고 싶은 역할을 스스로 선택할 수 있다.
■ 어떤 역할이 있는지 이해하고자신이 하고 싶은 역할을 선택할 수 있다.
□■ 동화에 관심을 가지고 동극으로 표현 할 수 있다.
□■ 다른 사람 앞에서 자신이 맡은 역할을 표현할 수 있다.
□■ 활동 후 자신의 기분이나 느낌을 표현하고, 친구들의 활동을 보고 평가할 수 있다.</td></tr>
<tr><td>자기 결정 기술</td><td colspan="4">선택 및 결정하기, 목표설정, 자기평가, 자기관찰, 자기옹호, 목표설정, 문제해결</td></tr>
<tr><td>의사소통 상호작용 촉진</td><td colspan="4">• 장애유아가 하고 싶어하는 역할을 손짓이나 동작으로 표현할 때 언어적 촉구를 주고, 작은 수의 어절이라도 대사를 표현할 수 있도록 중재해 준다.</td></tr>
<tr><td rowspan="3">활동 방법</td><td colspan="3">예상되는 활동내용</td><td>준비물</td></tr>
<tr><td>도입</td><td colspan="2">◎ 오늘의 활동을 소개한다(목표설정).
• 오늘은 재미있는 동화를 듣고 그것으로 동극을 표현해 볼 거예요.
◎ 테이블 동화를 들려준다.
• 자, 지금부터 동화를 들어볼까요?
◎ 동화를 보며 누가 나왔는지, 어떤 말을 했는지 이야기 나눈다.
• 동화에 누가 나왔지요? 어떤 말을 했었나요?</td><td>• 테이블
• 인형틀
• 등장인물그림 카드</td></tr>
<tr><td>전개</td><td colspan="2">◎ 어떤 역할을 하고 싶은지 하고 싶은 역할을 생각하여 선택한다(선택 및 결정하기).
★ 한 역할에 두 세 명의 유아가 하고자 할 때에는 유아들 서로가 방법을 제시하여 결정하도록 한다(할아버지, 할머니, 강아지, 친구, 고양이, 쥐, 해설).
–우리 역할을 나눠봐요. ○○는 누가 할까요?
◎ 또 다른 역할이 없는지 이야기 나눈다(해설, 무대, 효과음, 카다란 무, 해, 비 등).
–또 다른 역할을 하면 무엇이 좋을까요?
–누가 해 볼까요?
◎ 반은 관객, 반은 역할을 정해 머리띠를 쓰고 동극 연습을 한다(반대로 역할을 해 본다).
◎ 역할을 바꾸어 정해 본다.
★ 교사는 하고 싶은 역할이 많은 유아가 나오면 중재한다.</td><td>• 동극 머리띠
• 커다란 무 인형
• 배경판
• 대사내용
• 문자판
• 징
• 핸드벨</td></tr>
</table>

<table>
<tr><td rowspan="3">활동 방법</td><td colspan="2">예상되는 활동내용</td><td>준비물</td></tr>
<tr><td>전
개</td><td>◎ 맡은 역할대로 동극활동을 한다.
◎ 동극 후 소개연습을 한다.
• 저는 ○○역할을 맡은 ○○○입니다.
◎ 교실로 장소를 이동해 친구들 앞에서 동극활동을 한다.
• 무대를 꾸미고 배우는 준비한다.
• 관객은 바르게 앉아 극을 관람한다.
★ 유아들이 동화의 내용과 조금 다르게 창의적으로 표현한다면 허용해준다.</td><td></td></tr>
<tr><td>정
리</td><td>◎ 친구들의 활동을 보고 난 후 직접 동극 활동을 하고 난 후 느낌이나 생각을 표현하고 칭찬해 준다(자기옹호, 자기평가, 자기관찰).
-저는 ○○역할을 했는데 참 재미있었습니다.
-저는 ○○가 ○○을 한 것이 멋지다고 생각합니다.</td><td></td></tr>
<tr><td>유의점</td><td colspan="3">• 장애유아들이 자신감을 가지고 표현할 수 있도록 격려한다.
• 언어적인 표현이 부족할 때는 동작으로라도 표현할 수 있도록 지원한다.</td></tr>
<tr><td>활동 평가</td><td colspan="3">• 하고 싶은 역할을 스스로 선택할 수 있는가?
• 다른 사람 앞에서 자신이 맡은 역할을 표현할 수 있는가?
• 활동 후 자신의 기분이나 느낌을 표현하고, 친구들의 활동을 보고 평가할 수 있는가?</td></tr>
<tr><td>활동 모습
및
활동 자료</td><td colspan="3"> 
[『커다란 순무』동극을 하는 유아들]

[동극자료]</td></tr>
</table>

4 동화짓기활동

※ □일반유아 ■장애유아

<table>
<tr><td>활동 유형</td><td colspan="2">동화짓기</td><td>활 동 명</td><td>우리들이 만든 이야기</td></tr>
<tr><td>협력
교수형태</td><td colspan="4">• 스테이션 교수 형태 (일반교사)
• 일반유아교사는 동화짓기 활동을 유아특수교사는 다른 중그룹의 유아들과 함께 음률(유리믹스) 활동을 한다.</td></tr>
<tr><td>활동 자료</td><td colspan="4">그림자료, 이야기 그림책 도화지, 싸인펜, 색연필</td></tr>
<tr><td>활동 목표</td><td colspan="4">□ 환경문제에 대해 관심을 가지고 자신의 경험을 이야기 해 본다.
■ 환경 문제에 대해 관심을 가진다.
□ 그림을 보고 자신의 생각을 문장으로 이야기 해 본다.
■ 그림을 보고 자신의 생각을 그림이나 간단한 말로 표현해본다.
□■ 다른 사람의 생각을 존중하며 재미있게 이야기를 꾸며보고 서로 도우며 그림과 글로 표현해 본다.</td></tr>
<tr><td>자기
결정기술</td><td colspan="4">목표설정, 선택 및 결정하기, 자기옹호, 자기평가, 자기관찰.</td></tr>
<tr><td>의사소통
상호작용
촉진</td><td colspan="4">• 장애유아가 생각하지 못하는 단어가 있을 때 유아특수교사가 단어를 제시하여 스스로 문장을 구성하여 말할 수 있도록 촉구한다.
• 발화가 힘든 장애유아의 경우 신체로 자신의 의사를 표현하도록 하며 일반유아들이 끝까지 듣고 의사소통 할 수 있도록 지도한다.</td></tr>
<tr><td rowspan="3">활동 방법</td><td colspan="3">예상되는 활동내용</td><td>준비물</td></tr>
<tr><td>도
입</td><td colspan="2">◎ 환경과 관련된 그림을 보며 이야기나누기를 한다(목표설정).
• 아이 2명이 깨끗한 공원에 쓰레기를 함부로 버리는 장면을 보며 이야기나누기를 한다.
– 이 곳에는 발명이와 노아가 살고 있었어요. 발명이와 노아가 공원에 쓰레기를 함부로 버리고 있네, 공원에 쓰레기를 버리면 어떻게 될까요?
• 자신의 생각을 상황에 맞게 적절한 언어로 표현해 본다(자기옹호).
• 유아가 말한 의견을 교사는 글로 적어서 융판에 붙여준다.
★ 유아들이 모둠별로 의견을 나누며 갈등이 일어날 수 있으므로 이 부분을 교사가 잘 관찰해 문제를 스스로 조절하며 해결할 수 있도록 돕는다. 서로생각이 다를 수 있다는 것을 이해하고 다른 사람의 생각을 존중할 수 있도록 돕는다(문제 해결).</td><td>• 그림자료</td></tr>
<tr><td></td><td colspan="2">◎ 우리들이 이야기 나눈 것을 이야기 그림책으로 만들 것이라고 소개한다(목표설정).
– 친구들이 이야기를 열심히 재미있게 잘 해주었어요. 이제 그 이야기를 모아서 멋진 그림책을 만들어보기로 해요.
◎ 이야기의 제목을 함께 생각해서 정한다(선택 및 결정하기).
– 먼저 제목을 무엇이라고 하면 좋을지 한번 생각해봐요.</td><td></td></tr>
</table>

<table>
<tr><td rowspan="2">활동 방법</td><td>전
개</td><td>–와! 멋진 생각이네요 자! 3가지 제목 중에서 어떤 제목으로 하면 좋을까요? * 다수결로 정한다.
–그래요. 그럼 제목은 ( )로 하기로 해요.
• 장면의 그림에 대해 2장의 그림을 그리고 글을 적는다.
◎ 함께 꾸민 이야기를 그림과 글로 표현한다.
–모둠별로 이야기 나눈 것에 대해 생각해 보고 상황에 맞게 그림을 그리고 글도 적어보세요.
• 첫 장면에는 제목을 쓰고 지은이칸에는 함께 한 친구들을 적도록 한다. 모둠별로 나누어 글과 그림으로 꾸며본다.
• 함께 만든 이야기를 친구들에게 소개할 수 있도록 연습하여 본다.
• 모둠별로 만든 것을 순서에 따라 소개한다.
–한 모둠씩 나와서 만든 이야기를 소개해보기로 해요.
★ 치료교육교사: 장애유아가 자신의 생각을 자신있게 표현할 수 있도록 주의를 집중시켜 준다. 장애유아가 상황에 적절할 언어를 표현하기 힘들어 할 때 단어를 제시하여 문장으로 표현할 수 있도록 촉구한다.</td><td>• 활동지</td></tr>
<tr><td>정
리</td><td>◎ 만들어진 이야기들을 보면서 어떤 생각이 드는지 이야기 나누고, 칭찬해 준다.
◎ 만들어진 책은 유아들이 수시로 볼 수 있도록 벽면에 전시한다.
–오늘 우리가 만든 동화를 들으면서 어떤 생각이 들었나요?
–오늘 우리 친구들이 멋진 이야기 그림책을 만들고 환경에 대해 생각해 보았어요. 우리 친구들 지구를 깨끗하게 하려면 어떻게 해야하는지도 잘 알게 되었지요. 어머니 아버지께도 우리가 알아본 것들에 대해 이야기 해 드리고 우리가 할 수 있는 일들을 실천하도록 합시다.</td><td></td></tr>
<tr><td>유의점</td><td colspan="3">• 친구와 다른 의견을 긍정적으로 수렴할 수 있도록 교사들의 중재가 필요하다.</td></tr>
<tr><td>활동 평가</td><td colspan="3">• 환경문제에 대해 관심을 가지기에 충분한 활동이 이루어졌는가?
• 그림을 보고 이해한 것을 문장으로 이야기 할 수 있었는가?
• 그림을 보고 자신의 생각을 그림이나 간단한 말로 표현할 수 있는가?
• 자신의 생각과 친구의 생각을 조절하여 표현하였는가?

[릴레이 동화]</td></tr>
<tr><td>활동 모습
및
활동 자료</td><td colspan="3">
[함께 동화를 꾸미는 유아들]</td></tr>
</table>

5 요리활동

※ □일반유아 ■장애유아

<table>
<tr><td>활동 유형</td><td colspan="2">요리활동</td><td>활동명</td><td>과일화채 만들기</td></tr>
<tr><td>협력
교수 형태</td><td colspan="4">• 스테이션 교수형태
• A팀은 유아특수교사가 음률(유리드믹스) / B팀은 일반유아교사가 과일화채만들기 / C팀은 미술보조교사가 과일 속 자세히 그리기를 나누어 지도한다.</td></tr>
<tr><td>활동 자료</td><td colspan="4">여름과일(수박, 참외, 복숭아, 키위)</td></tr>
<tr><td>활동 목표</td><td colspan="4">□■ 여름과일로 할 수 있는 요리에 대해 안다.
□ 각 과일의 맛과 화채를 만들고 난 후 맛의 변화를 표현할 수 있다.
■ 맛의 변화에 대해 이해하고 다양한 방법으로 표현할 수 있다.
□■ 요리순서카드를 보고 과일화채를 만들 수 있다.</td></tr>
<tr><td>자기
결정기술</td><td colspan="4">목표설정, 선택 및 결정하기, 자기옹호, 자기평가, 자기관찰, 목표달성</td></tr>
<tr><td>의사소통
상호작용
촉진</td><td colspan="4">• 떠올리지 못한 단어표현을 제시해 주어 스스로 문장표현을 하도록 도와준다. 또한 중복장애 유아에게는 자신의 느낌을 동작과 함께 발성하도록 촉구한다.</td></tr>
<tr><td rowspan="3">활동 방법</td><td colspan="3">예상되는 활동내용</td><td>준비물</td></tr>
<tr><td>도입</td><td colspan="2">◎ 손을 깨끗이 씻고 모여 앉아 이야기를 나눈다
－여름철 과일에 무엇이 있을까?
－여름철 과일로 무엇을 만들 수 있을까요?(쥬스, 아이스크림, 과일화채, 과일사라다)
－그럼, 선생님과 함께 과일화채를 만들어 볼까요?(목표설정)</td><td>• 칠판
• 보드펜</td></tr>
<tr><td>전개</td><td colspan="2">◎ 준비된 재료를 살펴본다.
• 과일을 제시해주며 무엇인지 물어본다.
－과일화채를 만들기 위해 어떤 도구가 필요할까요?
－어떤 음료수를 넣으면 좋을까요?(선택 및 결정하기)
－무엇을 넣으면 더 맛있을까요?
★ 다양한 재료를 준비해 주고 자유롭게 선택하도록 해준다(선택 및 결정하기).
◎ 요리카드를 보며 과일화채를 어떻게 만드는지 이야기를 나눈다(자기옹호).
1. 수박을 반으로 잘라요.
2. 참외, 자두, 복숭아, 키위는 껍질을 벗겨요.
3. 모두모두 예쁘게 네모로 잘라요.
4. 큰 그릇에 담아요.
5. 과일 후르츠를 부어요.
6. 음료수를 부어 저어요.
7. 작은 그릇에 덜어 담아요.
8. 맛있게 먹어요.</td><td>• 여름과일(수박, 참외, 복숭아, 키위, 자두)
• 음료수
• 과일 후르츠
• 요리 카드</td></tr>
</table>

<table>
<tr><td rowspan="3">활동 방법</td><td colspan="2">예상되는 활동내용</td><td>준비물</td></tr>
<tr><td>전
개</td><td>◎ 요리카드를 보면서 자유롭게 과일화채를 만든다(자기평가, 자기관찰).
★ 유아들이 여러 과일 중 자기가 자르고 싶은 것을 선택하고 그것을 자르며 활동하게 한다(선택 및 결정하기).
★ 음료수를 다양하게 준비해서 자유롭게 선택해서 넣도록 한다(선택 및 결정하기).</td><td>• 요리도구 (빵칼, 접시, 큰볼, 도마, 국자행주, 음료수)
• 요리카드</td></tr>
<tr><td>정
리</td><td>◎ 자신이 만든 과일 화채를 맛보고 어떤 맛인지 표현하도록 한다(목표달성, 자기옹호, 자기평가, 자기관찰).
◎ 주변을 깨끗이 정리하도록 한다.
-손을 씻도록 한다.
-정리 정돈을 한다
◎ 자신이 만든 과일 화채는 점심 식사 후 나누어 먹도록 한다.</td><td></td></tr>
<tr><td>유의점</td><td colspan="3">• 칼을 안전하게 사용하여 재료들을 자른다(플라스틱 빵칼 사용).
• 너무 소란스럽지 않도록 유의한다.</td></tr>
<tr><td>활동 평가</td><td colspan="3">• 여름과일로 무엇을 만들 수 있는지 알 수 있는가?
• 과일 화채의 맛을 표현할 수 있는가?
• 요리순서도 카드를 보고 과일화채를 만들 수 있는가?</td></tr>
<tr><td>활동 모습
및
활동 자료</td><td colspan="3">
[과일화채를 만들고 있는 유아들]
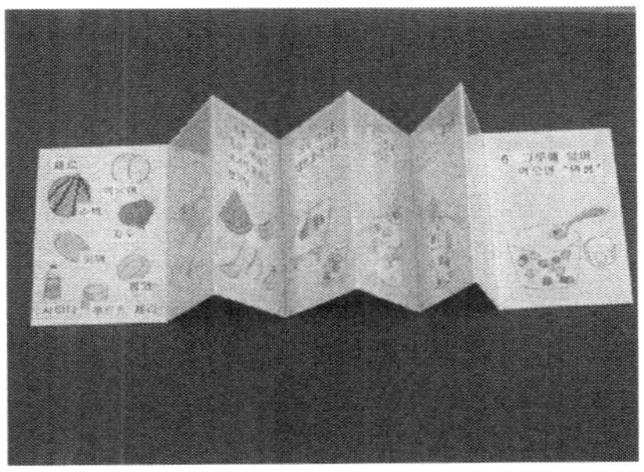
[과일화채 만들기 요리 순서도]</td></tr>
</table>

<table>
<tr><td>활동 유형</td><td colspan="2">요리활동</td><td>활동명</td><td>꼬마김밥, 꼬지만들기</td></tr>
<tr><td>협력
교수 형태</td><td colspan="4">스테이션 교수 형태 (일반유아교사)</td></tr>
<tr><td>활동 자료</td><td colspan="4">접시, 빵칼, 큰그릇, 꼬치, 햄, 단무지, 맛살, 당근, 오이, 메추리알, 계란, 김, 밥, 깨소금, 참기름약간, 요리카드</td></tr>
<tr><td>활동 목표</td><td colspan="4">□■ 요리 활동 순서에 따라 요리를 만들고, 눈과 손의 협응력을 기른다.
□ 패턴의 개념을 알고 추론을 통한 패턴 만들기를 할 수 있다.
■ 패턴에 대해 이해하고 패턴 만들기를 할 수 있다.
□■ 요리 도구를 안전하게 사용하여 요리하며 만든 음식을 다른 사람에게 대접하며 예의를 기른다.</td></tr>
<tr><td>자기
결정기술</td><td colspan="4">목표설정, 목표달성, 선택 및 결정하기, 자기옹호, 자기관찰, 자기평가, 문제해결 능력</td></tr>
<tr><td>의사소통
상호작용
촉진</td><td colspan="4">• 교사가 제시하거나 또래가 제시하는 발화를 스스로 모방하도록 촉진한다.
• 제시된 재료를 조사를 사용하여 단어와 단어를 연결하여 구를 만들어 표현하도록 촉구한다.
• 구어 표현이 어려운 장애 유아는 동작으로 표현할 수 있도록 신체적 언어적 촉구를 주고, 동작과 동시에 생리적 반응을 동반할 수 있도록 한다. 또한 단어와 구어로 자발 발화한 유아는 교사가 재구성한 문장을 모방한다.</td></tr>
<tr><td rowspan="3">활동 방법</td><td colspan="3">예상되는 활동내용</td><td>준비물</td></tr>
<tr><td>도
입</td><td colspan="2">◎ 오늘 만들 요리를 소개한다.
-오늘의 요리는 꼬마 김밥과 꼬지입니다.
★ 청각장애 유아들을 위해 말한 후 그림카드 또는 문자카드를 제시해 준다.
◎ 요리 활동 순서도를 보며 꼬마김밥과 꼬지를 만드는 방법에 대해 이야기를 나눈다(목표설정).
◎ A팀 B팀 두 팀으로 나누어 요리할 것이라고 이야기한다(선택 및 결정하기).
• 요리를 할 때 지켜야 할 약속을 이야기한다.
-A팀-꼬마 김밥 만들기 → 꼬지 만들기
-B팀-꼬지만들기 → 김밥만들기(스테이션)으로 나누어 요리하기.</td><td>• 요리 순서도</td></tr>
<tr><td>전
개</td><td colspan="2">◎ 손을 깨끗이 씻고, 앞치마를 두른 후 요리 활동을 시작한다.
★ 자신이 넣고 싶은 재료를 선택해서 활동하도록 한다(선택 및 결정하기).
〈꼬마 김밥〉
• 김을 쟁반에 올린다.
• 밥에도 소금과 참기름으로 양념을 넣어 간을 맞춘다.
• 김 위에 밥을 올린 후 살살 편다.
• 준비된 재료를 선택해 밥 위에 올린다.
• 손으로 꾹꾹 누르며 김밥을 만다.
• 다 싼 김밥을 큰 쟁반에 올린 후 손을 씻는다.</td><td>• 김밥 재료 (단무지, 맛살, 계란, 김, 밥, 햄, 당근)</td></tr>
</table>

<table>
<tr><td rowspan="3">활동 방법</td><td colspan="2">예상되는 활동내용</td><td>준비물</td></tr>
<tr><td>전개</td><td>〈꼬지〉
• 준비된 재료가 무엇이 있는지 확인한다(메추리알, 당근, 햄, 맛살, 오이).
• 꼬지를 한 손에 잡는다.
• 꼬지에 재료를 스스로 순서를 정한 후 꽂는다.
• 쟁반에 예쁘게 놓는다.
★ 장애유아들이 잘 만들지 못할 경우 도움을 요청하면 교사나 또래가 만드는 것을 보면서 만들도록 도와준다(문제해결, 자기옹호, 자기평가, 자기관찰).
★ 요리를 하면서 필요한 재료들을 친구들에게 말하며 전해 달라고 의사소통하도록 촉구한다.
◎ 유아들이 만든 김밥과 꼬지를 쟁반에 예쁘게 담는다.
• 교장선생님, 교감선생님, 동생들에게 나눠 줄 음식을 쟁반에 조금씩 나눠 담는다.</td><td>• 꼬지재료 (메추리알 당근, 맛살, 햄, 오이)</td></tr>
<tr><td>정리</td><td>◎ 정리 정돈을 한다.
◎ 친구들과 활동 후 느낌을 이야기 나눈다.
◎ 음식을 나눠 드리고 와서 점심으로 만든 꼬마김밥과 꼬지를 먹는다.</td><td></td></tr>
<tr><td>유의점</td><td colspan="3">• 같은 공간에 있는 A팀과 B팀이 시간을 지키며 스테이션이 이루어지도록 노력하되 융통성도 부여한다.
• 요리도구를 안전하게 사용할 수 있도록 주의한다.</td></tr>
<tr><td>활동 평가

활동모습
및
활동 자료</td><td colspan="3">
[김밥과 꼬지를 만드는 유아들]
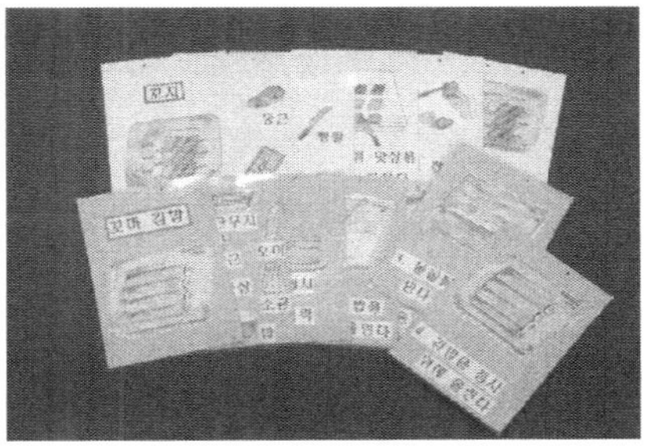
[요리순서도]</td></tr>
</table>

<table>
<tr><td>활동 유형</td><td colspan="2">요 리</td><td>활동명</td><td>송편 만들기, 송편신문 만들기</td></tr>
<tr><td>협력
교수형태</td><td colspan="4">스테이션 교수 형태 (유아특수교사)</td></tr>
<tr><td>활동 자료</td><td colspan="4">쌀가루, 소금, 물, 솔잎, 베, 찜통, 접시, 노랑콩가루, 흑설탕, 땅콩, 초코렛, 젤리, 밤, 콩, 깨, 건포도, 요리카드, 송편신문 활동지, 싸인펜, 색연필</td></tr>
<tr><td>활동 목표</td><td colspan="4">□■ 송편은 추석에 먹는 우리나라 음식임을 알고 관심을 가진다.
□■ 요리활동 순서에 따라 송편을 만들고 눈과 손의 협응력을 기른다.
□■ 송편 만드는 순서에 대해 알고, 말과 글, 그림 등 다양한 방법으로 표현할 수 있다.</td></tr>
<tr><td>자기
결정기술</td><td colspan="4">목표설정, 자기 옹호, 자기관찰, 목표설정, 자기평가</td></tr>
<tr><td>의사소통
상호작용
촉진</td><td colspan="4">• 떠올리지 못한 단어표현을 제시해 주어 스스로 문장표현을 하도록 도와준다. 또한 중복장애유아에게는 자신의 느낌을 동작과 함께 발성하도록 촉구한다.</td></tr>
<tr><td rowspan="4">활동 방법</td><td colspan="3">예상되는 활동내용</td><td>준비물</td></tr>
<tr><td>도
입</td><td colspan="2">〈송편 만들기〉
◎ 준비된 재료와 도구를 보며 무엇을 만들 수 있을지 생각하고 이야기를 나눈다(목표설정).
−식탁 위에 무엇이 있나요?
−오늘은 무슨 요리를 만들까요?
◎ 송편에 대해 소개한다.
◎ 요리카드를 보며 송편을 만드는 방법에 대해 이야기를 나눈다.</td><td>• 요리카드</td></tr>
<tr><td rowspan="2">전
개</td><td colspan="2">◎ 손을 깨끗이 씻고, 요리활동을 시작한다
★ 다양한 모양으로 만들 수 있도록 해준다.
★ 다양한 재료를 준비해 주어 유아가 자유롭게 선택해서 할 수 있도록 한다(선택 및 결정하기).
• 반죽을 조금 떼어요.
• 동그랗게 빚어요.
• 엄지손가락으로 꾹 눌러요.
• 속에 깨, 콩 등 넣고 싶은 것을 선택해 넣어요.
• 예쁘게 오므려요.
• 찜 솥 안에 넣고 쪄요.
★ 자기가 하던 것을 끝까지 하고 정리하도록 한다(목표달성, 자기평가, 자기관찰).
〈송편 신문 만들기〉</td><td>• 요리재료(쌀가루, 소금, 물, 솔잎, 베, 찜통, 접시, 노랑콩가루, 흑설탕, 땅콩, 초코렛, 젤리, 밤, 콩, 깨, 건포도)</td></tr>
<tr><td colspan="2">◎ 송편을 찌는 동안 자리를 정하고 의자에 앉도록 한다.
◎ 송편 신문을 소개한다.
• 송편 신문을 두 명씩 짝을 이루어 만든다(선택 및 결정하기).
★ 이해 갈등이 생길 경우 서로 잘 조절하는 시간을 주어 문제가 해결되도록 하고 서로 이해하고 수용하도록 중재한다.
−누구랑 짝을 지어볼까요?
• 함께 송편 신문을 만들어 본다(자기평가, 자기관찰).</td><td>• 송편신문 활동지
• 싸인펜
• 색연필</td></tr>
</table>

<table>
<tr><td rowspan="3">활동 방법</td><td colspan="2">예상되는 활동내용</td><td>준비물</td></tr>
<tr><td>전
개</td><td>★ 다양한 필기구를 선택하여 하도록 한다.
• 활동지를 나누어준다(송편 만들 때 필요한 것을 알려드려요/우리가 만든 송편 사진/순서를 알려 드려요/송편의 맛을 알려 드려요).</td><td>• 활동지</td></tr>
<tr><td>정
리</td><td>★ 송편만들기에서 느꼈던 자신의 생각이나 느낌을 말과 글과 그림으로 다양하게 표현할 수 있는 기회를 준다(선택 및 결정하기).
◎ 다 찐 송편은 접시에 담아 교실로 옮긴다(목표 달성).
◎ 요리활동을 한 후 느낌과 맛 등에 대해 이야기 나눈다(자기옹호, 자기관찰, 자기평가).
• 송편을 만들어 본 느낌이 어땠나요?
• 송편 만들기 중에서 어떤 부분이 조금 힘들었나요?</td><td></td></tr>
<tr><td>유의점</td><td colspan="3">• 송편을 찌면서 안전사고가 생기지 않도록 주의한다.
• 요리도구를 안전하게 사용하도록 주의한다.</td></tr>
<tr><td>활 동
평 가</td><td colspan="3">• 송편은 추석에 먹는 우리나라 음식임을 알고 관심을 가졌는가?
• 요리활동 순서에 따라 요리를 만들고 눈과 손의 협응력을 길렀는가?
• 송편을 만든 순서에 대해 상기하며, 언어나 그림으로 표현할 수 있는가?</td></tr>
<tr><td>활동 모습
및
활동 자료</td><td colspan="3">
[여러가지 재료를 넣어 송편을 만드는 유아들]

[짝과 함께 요리신문을 만드는 모습]
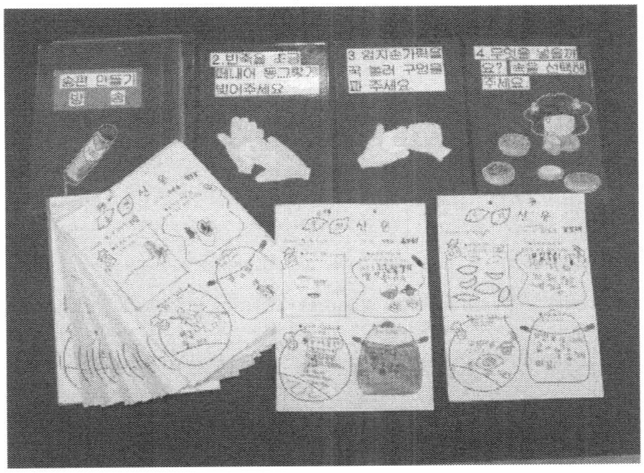
[송편 만들기 요리카드와 요리신문]</td></tr>
</table>

6 조형활동

※ □일반유아 ■장애유아

<table>
<tr><td>활동 유형</td><td colspan="2">조형활동</td><td>활동명</td><td>공룡꾸미기</td></tr>
<tr><td>협력 교수형태</td><td colspan="4">• 팀티칭
• 일반유아교사, 유아특수교사가 협력해 수업을 진행하며 본 활동시 모둠별로 나누어 평행교수형태로 팀티칭한다.</td></tr>
<tr><td>활동 자료</td><td colspan="4">신문, 잡지, 계란껍질, 계란포장지, 색종이, 크레파스, 싸인펜, 색연필, 색종이, 요쿠르트병, 요플레병, 재활용품, 가위, 풀, 본드</td></tr>
<tr><td>활동 목표</td><td colspan="4">□■ 친구들과 함께 서로 도우며 여러 가지 재료를 사용하여 다양하게 창의적으로 구성한다.
□■ 공룡 작품을 함께 감상해 보고 자신의 느낌을 적절한 언어로 표현해본다.
□■ 친구들의 생각을 바르게 앉아서 끝까지 듣는다.</td></tr>
<tr><td>자기 결정기술</td><td colspan="4">자기옹호, 선택 및 결정하기, 목표설정, 자기평가, 자기관찰</td></tr>
<tr><td>의사소통 상호작용 촉진</td><td colspan="4">• 장애 유아가 선택하고자 하는 물건에 대해 교사는 모델링을 해 주고, 친구들과 함께 협력하여 활동할 수 있도록 또래 중재를 통해 상호작용할 수 있도록 한다.</td></tr>
<tr><td rowspan="3">활동 방법</td><td colspan="3">예상되는 활동내용</td><td>준비물</td></tr>
<tr><td>도입</td><td colspan="2">◎ 공룡에 대해 수수께끼를 풀어본다(공룡 수수께끼).
－공룡 발자국 그림자료를 보여 주면서, 누구의 발자국일까요?
－옛날 옛날에 살던 동물이에요. 지금은 볼 수 없어요. 아주 크기도 하고 작은 것도 있어요. 날아다니기도 하고 물 속에서도 살았어요. 무엇일까요?
－네, 공룡은 먼 옛날에 살았지만 지금은 볼 수 없어요. 왜 그럴까요?
－우리 친구들은 어떤 공룡을 좋아하나요?
◎ 공룡의 다양한 종류를 볼 수 있는 비디오를 보며 이야기 나누기를 한다.</td><td>• 공룡발자국사진
• 공룡사진
• 공룡책
• 효과음
• 다이너소어 (앞 부분)</td></tr>
<tr><td>전개</td><td colspan="2">◎ 공룡그림을 보여주며 공룡에 대한 경험을 들어본다.
◎ 공룡 흉내내기를 해본다.
◎ 공룡그림을 보여주며 작업을 소개한다(목표설정).
－우리 친구들이 좋아하는 공룡을 만들어 보기로 해요.
－이렇게 커다란 공룡을 멋지게 꾸며볼 거예요 무엇으로, 어떻게 꾸며보면 좋을지 생각해서 말 해봐요.
－여기 선생님이 많은 재료를 준비했어요. 공룡그림은 4개가 있어요. 어떻게 나누어 꾸며보면 좋을지 이야기해봐요(선택 및 결정하기).
★ 꾸미는 방법을 정할 때 문제가 일어나면 해결할 수 있도록 한다(자기옹호, 문제해결).
★ 청각장애 유아가 선택하고자 하는 물건의 이름을 알려주고, 모방하도록 돕는다. 같은 모둠의 일반유아들이 청각장애 유아가 함께 듣고 활동할 때 기다릴 수 있도록 안내한다.</td><td>• 공룡그림
• 계란껍질
• 신문
• 잡지
• 병뚜껑 등</td></tr>
</table>

<table>
<tr><td>활동 유형</td><td colspan="2">조형활동</td><td>활동명</td><td>우리가 만든 여러 가지 운동기구들</td></tr>
<tr><td>협력 교수형태</td><td colspan="4">• 팀티칭
• 두 교사가 공동으로 수업을 진행한다.</td></tr>
<tr><td>활동 자료</td><td colspan="4">운동경기 그림자료나 사진자료, 여러 가지 운동기구, 여러 가지 종류의 폐품류, 재활용품, 본드, 스타킹, 옷걸이</td></tr>
<tr><td>활동 목표</td><td colspan="4">□■ 여러 종류의 운동경기에 관심을 가지고, 흥미를 느낄 수 있다.
□■ 운동 경기에 사용되는 운동기구의 종류에 대해 이해하고 안다.
□■ 폐품을 재활용하여 여러 가지 운동 기구를 창의적으로 만들 수 있다.</td></tr>
<tr><td>자기 결정기술</td><td colspan="4">목표 설정, 자기관찰, 자기평가, 자기옹호, 선택 및 결정하기, 목표달성,</td></tr>
<tr><td>의사소통 상호작용 촉진</td><td colspan="4">• 장애유아가 선택하고자 하는 재료와 물건에 대해 교사는 모델링을 해주고 친구들과 협력하여 활동할 수 있도록 또래 중재를 통해 상호작용하게 한다.</td></tr>
<tr><td rowspan="3">활동 방법</td><td colspan="3">예상되는 활동내용</td><td>준비물</td></tr>
<tr><td>도입</td><td colspan="2">◎ 여러 가지 운동 경기 종류를 알아본다.
–알고 있는 운동경기는 어떤 것이 있나요?
• 장애유아가 친구들에게 운동경기 도구를 이용하여 소개한다.
◎ 어떤 운동경기들이 있는지 그림자료나 시진자료를 보면서 이야기 나눈다(수영, 매트운동, 스키, 골프, …등).
★ 일반유아교사와 특수유아교사가 발문을 주고 받으며 장애유아들이 준비해 온 실물을 가지고 장애유아들이 표현할 수 있는 기회를 준다.
◎ 여러 가지 운동기구를 탐색해 보며 이야기 나눈다.
–너희들이 집에서 가져온 것들을 소개해 줄 수 있겠니?
• 가져온 운동기구를 보여주면서 종류와 사용방법을 말한다.
★ 수업참여도를 높이기 위해 청각장애 유아들이 준비해 온 운동기구를 소개할 수 있는 기회를 준다.
◎ 운동경기에 필요한 운동기구에는 어떤 것들이 있는지 이야기를 나눈다.
–야구할 때는 야구방망이, 야구공, 글러브…</td><td>• 그림자료
• 사진자료
• 운동기구 (아령, 볼링, 배드민턴, 인라인 스케이트 등)
• 구체물</td></tr>
<tr><td>전개</td><td colspan="2">◎ 유아가 만들 수 있는 운동기구를 만든다.
• 준비한 여러 종류의 폐품과 재활용품을 보여주며 어떤 것들을 만들지 모둠별로 결정한다(목표설정, 자기관찰, 선택 및 결정하기).
–볼링공, 축구공, 줄넘기…
• 모둠별로 생각 모으기를 하여 만들 것을 결정한다(자기옹호, 문제해결).
• 결정이 된 모둠은 나와서 준비물을 가져간다.
★ 작업 시작 신호와 함께 일반유아교사와 유아특수교사는 세 모둠씩 나누어서 모둠 친두들 모두 적극적으로 참여하도록 지도해준다.
–좋아요. 그럼 모둠별로 꾸미고 싶은 공룡그림과 재료를 도우미가 나누어 줄 거예요
–순서를 정하여 모둠별로 그림과 다양한 재료를 받아 정해진 자리로 이동한다.
◎ 공룡 그림을 서로 의논해서 멋지게 꾸민다.</td><td>• 여러 종류의 폐품류
• 재활용품, 휴지심, 스타킹
• 여러가지 폐품재료
• 다양한 필기구
• 색종이
• 풀
• 가위</td></tr>
</table>

활동 방법		-다양한 자료를 자유롭게 선택해서 꾸미고 필기구를 선택해서 색칠도 한다.	
	정리	◎ 꾸며진 공룡의 이름을 친구들과 의논하여 정하고 발표하는 시간을 가진다(문제해결, 선택 및 결정하기, 자기옹호). -유아들은 자신들이 꾸민 공룡의 이름을 의논하여 정해본다. -자, 완성한 공룡을 가지고 나와서 친구들 앞에서 소개하는 시간을 가지겠습니다(자기평가, 자기관찰, 목표달성, 자기옹호). -유아들은 모둠별로 나와서 자신들이 정한 이름을 소개해 본다.	• 완성된 공룡 그림
유의점	• 모둠별로 협동이 잘 이루어질 수 있도록 한다. • 다 완성된 작품은 교실에 전시한다.		
활동 평가	• 친구들과 협동하여 꾸미기가 이루어졌는가? • 여러 가지 재료를 이용하여 창의적인 표현이 이루어졌는가? • 활동이 끝난 후 자신의 기분이나 느낌을 자연스럽게 표현할 수 있는가?		
활동 모습 및 활동 자료	 [공룡에 대해 팀티칭 수업을 하는 일반유아교사와 유아특수교사]  [다양한 재료를 선택하여 공룡을 꾸미는 선생님과 유아들]		
	  [유아들이 만든 공룡작품]  [공룡에 대한 이야기 나누기 자료]		

<table>
<tr><td rowspan="3">활동 방법</td><td colspan="2">예상되는 활동내용</td><td>준비물</td></tr>
<tr><td>전개</td><td>★ 유아들 스스로 선택할 수 있는 것들을 제시한다.
자기가 좋아하고, 하고 싶어하는 것을 선택할 수 있는 기회를 주며 선택하고 수행할 때까지 기다린다.
◎ 다양한 재료들을 활용하여 운동기구를 만든다(배드민턴채, 공, 줄넘기, 아령, 축구공, 등).
★ 결과물이 어떠하든지 그 과정 속에서 유아가 한 것을 칭찬해 주고 일반 유아들이 장애유아들도 잘 할 수 있다는 것을 보도록 촉진한다(목표달성, 자기평가, 자기관찰).
★ 장애유아들이 의사소통 (요구, 반응)할 수 있는 기회를 중재해준다(자기옹호).
◎ 결과물을 마무리하고 흩어진 재료들을 정리한다.</td><td>요쿠르트병, 병뚜껑 다 쓴 싸인펜, 옷걸이, 신문지, 마라카스, 계란판)</td></tr>
<tr><td>정리</td><td>◎ 만든 운동기구를 소개한다(자기옹호).
• 모둠별로 나와 만든 운동기구 시범을 보인다.
−지금부터 우리 모둠이 만든 운동기구를 소개하겠습니다.
−저희 모둠에서는 ○으로 ○을 만들었습니다.
◎ 만든 모둠에서 역할을 나누어서 만든 운동기구를 사용하여 놀이 시범을 보인다.
◎ 모둠별 소개와 시범이 끝나면 운동기구를 한자리에 두고 전시한다.</td><td>모둠에서 만든 운동기구</td></tr>
<tr><td>유의점</td><td colspan="3">• 스스로 선택하고 결정할 수 있는 기회를 많이 준다.
• 활동 후 정리정돈까지 잘 할 수 있도록 지도하며 결과물에 대한 생각, 느낌을 표현할 수 있도록 기회를 준다.</td></tr>
<tr><td>활동 평가</td><td colspan="3">• 운동경기의 이름을 말할 수 있는가?
• 운동경기에 사용되는 운동기구를 말할 수 있는가?
• 폐품, 재활용품 등을 이용하여 운동기구를 만들 수 있는가?</td></tr>
<tr><td>활동 모습 및 활동 자료</td><td colspan="3">
[팀티칭으로 운동기구를 만드는 모습]

[모둠별로 운동기구를 만드는 유아들]

[이야기 나누기 자료와 유아들이 만든 운동기구들]</td></tr>
</table>

<table>
<tr><td>활동 유형</td><td colspan="2">조형활동(협동학습)</td><td>활동명</td><td>가을 곡식으로 꾸미기</td></tr>
<tr><td>협력
교수형태</td><td colspan="4">평행 교수 (일반유아교사)</td></tr>
<tr><td>활동 자료</td><td colspan="4">쌀, 검은 콩, 노란 콩, 팥, 녹두, 율무, 조, 본드, 하드보드지 그림판(나뭇잎, 코스모스, 잠자리, 허수아비)</td></tr>
<tr><td>활동 목표</td><td colspan="4">□■ 친구들과 함께 협력하여 여러 가지 곡식으로 다양하게 붙이고 꾸밀 수 있다
□■ 친구들과 협동하여 작품을 완성 할 수 있다
□ 자신의 생각 느낌, 경험을 다른 사람들 앞에서 바른 자세로 표현 할 수 있다.
■ 활동을 하고 난 후 자신의 느낌을 표현할 수 있다.</td></tr>
<tr><td>자기
결정기술</td><td colspan="4">목표 설정, 자기 옹호, 선택 및 결정하기, 자기평가, 자기 관찰, 문제 해결, 목표달성</td></tr>
<tr><td>의사소통
상호작용
촉진</td><td colspan="4">· 장애 유아가 선택하고자 하는 물건에 대해 교사는 모델링을 해 주고, 친구들과 함께 협력하여 활동할 수 있도록 또래 중재를 통해 상호작용하게 한다.</td></tr>
<tr><td rowspan="3">활동 방법</td><td colspan="3">예상되는 활동내용</td><td>준비물</td></tr>
<tr><td>도
입</td><td colspan="2">◎ 가을 곡식의 이름과 색깔, 모양, 크기에 대해 이야기를 나눈다.
• 가을 곡식에는 어떤 것이 있을까요?
◎ 곡식을 소개한다
• 콩은 무슨 색일까요?
• 콩과 좁쌀 중에 어떤 것이 더 클까요?</td><td>• 가을곡식
• 그림책</td></tr>
<tr><td>전
개</td><td colspan="2">◎ 하드보드지 판의 밑그림을 소개한다.
-이건 무슨 그림일까요?
-잠자리, 코스모스, 허수아비, 나뭇잎, 은행잎
◎ 가을 곡식을 이용해 어떻게 꾸밀지 이야기 나눈다(선택 및 결정하기, 목표설정).
★ 여러 가지 곡식을 준비해주어 선택의 폭을 넓혀준다.
◎ 가을 곡식을 붙이는 방법과 약속을 소개한다.(목표설정).
-본드 사용법과 사용시 유의점
◎ 밑그림과 모둠의 대장을 유아들이 정한다.
◎ 모둠별로 이동하고 활동한다.
-모둠 이름을 정한다(선택 및 결정하기).
-친구들과 무엇을 어떻게 붙일지 의논한다(자기옹호, 문제해결, 선택 및 결정하기).
★ 친구들과 협력하여 활동하되 자신이 원하는 것을 잘 표현하도록 도와주며 다른 친구의 생각을 존중해 주는 태도를 길러준다.
◎ 의논한 것을 토대로 조형작품을 꾸민다.
◎ 완성된 작품을 융판에 붙인다.</td><td>• 쌀
• 검은콩
• 노란콩
• 팥
• 녹두
• 조
• 율무
• 본드
• 하드보드지 그림판
• 싸인펜</td></tr>
</table>

<table>
<tr><td rowspan="3">활동 방법</td><td colspan="2">예상되는 활동내용</td><td>준비물</td></tr>
<tr><td>전개</td><td>◎ 주변을 정리 정돈한다.
◎ 완성된 작품을 어떻게 소개할지 의논한다(목표달성, 자기옹호).
－저희 모둠에서는 ○○○을 꾸며 보았습니다. 사용한 곡식으로는 ○○과 ○○, ○○입니다. 함께 한 친구들은 ○○○, ○○○, ○○○입니다.</td><td>• 곡식꾸미기 완성품</td></tr>
<tr><td>정리</td><td>◎ 정리 정돈 / 시간임을 알린다.
－정리정돈을 한다.
◎ 친구들 앞에서 작품을 소개하는 시간을 갖는다. (자기관찰, 자기평가)
◎ 조형활동을 한 후 평가한다.
－느낌에 대해 이야기한다.</td><td></td></tr>
<tr><td>유의점</td><td colspan="3">• 모둠별 활동시 장애유아가 소외되지 않도록 교사는 적절한 중재를 하며 지도하도록 한다.
• 본드 사용법을 잘 알려주고 환기를 하여 위험상황이 생기지 않도록 주의한다.</td></tr>
<tr><td>활동 평가</td><td colspan="3">• 친구들과 함께 협력하여 필요한 재료를 찾아 오리고 붙이며 다양하게 구성할 수 있는가?
• 활동 후 자신의 기분이나 느낌을 표현해보고 친구들과 함께 이름을 지으며 작품을 보고 평가할 수 있는가?</td></tr>
<tr><td>활동 모습
및
활동 자료</td><td colspan="3">
[모둠별로 곡식 꾸미기를 하는 유아들]

[유아들의 작품]</td></tr>
</table>

<table>
<tr><td>활동 유형</td><td colspan="2">음악을 통한 조형활동</td><td>활동명</td><td>얼굴 그리기</td></tr>
<tr><td>협력
교수형태</td><td colspan="4">• 팀티칭
• 유아특수교사는 일반유아교사의 피아노 반주나 노래에 맞게 그림을 그린다.
• 유아특수교사-피아노, 일반유아교사 북장단, 유아 · 손가락으로 그림 그리기</td></tr>
<tr><td>활동 자료</td><td colspan="4">칠판, 매직, 북, 피아노, 연필, 종이, 노래판</td></tr>
<tr><td>활동 목표</td><td colspan="4">□■ 전래동요를 듣고 즐거움을 느낀다.
■ 노랫말을 듣고 그림으로 표현할 수 있다.
□ 노랫말을 듣고 부르면서 그림으로 표현할 수 있다.</td></tr>
<tr><td>자기
결정기술</td><td colspan="4">목표설정, 자기평가, 자기관찰, 자기옹호, 문제해결, 목표달성</td></tr>
<tr><td>의사소통
상호작용
촉진</td><td colspan="4">활동에 대해 교사는 언어적 촉진을 해주고, 또래들과 함께 활동하며 상호작용을 하게 한다.</td></tr>
<tr><td rowspan="3">활동 방법</td><td colspan="3">예상되는 활동내용</td><td>준비물</td></tr>
<tr><td>도입</td><td colspan="2">◎ 유아특수교사가 어떤 활동을 할지 소개한다(목표설정).
-오늘은 노래를 듣거나, 부르며 그림 그리기를 할거예요.
◎ 유아특수교사가 전래동요를 들려주며 얼굴 그리기 시범을 보인다.
♬ 아침에도 땡 저녁에도 땡/
창문을 열었더니 비가 오드래/
아이고 무서워 지렁이가 두 마리/
해골바가지
-이게 뭘까?
-어떤 얼굴이 되었나요?</td><td>• 노래카드</td></tr>
<tr><td>전개</td><td colspan="2">◎ 노랫말을 다 같이 보며, 읽어본다.
-우리 다같이 노랫말을 읽어보자
-그래요. 코가 없어요. 어떻게 하면 좋을까요?(문제해결, 자기옹호, 자기평가, 관찰)
◎ 피아노에 맞춰 노래를 부르며 얼굴을 그린다(문제해결, 자기결정, 자기평가, 자기옹호, 목표달성).
◎ 다같이 노래를 부르며 손바닥에 얼굴 그리기를 한다(목표달성).
-유아특수교사는 북장단을 일반유아교사는 피아노를 친다.
-노래를 부르며 손바닥에 얼굴 그리기를 한다.
◎ 모둠별로 나누어 앉아서 도화지에 얼굴 그리기 활동을 한다(목표달성, 자기관찰, 자기옹호, 자기평가, 문제해결).
-여러 번 반복하여 그린다.</td><td>• 노래판
• 칠판
• 매직
• 피아노
• 북
• 종이
• 싸인펜
• 색연필</td></tr>
</table>

<table>
<tr><td></td><td colspan="2">예상되는 활동내용</td><td>준비물</td></tr>
<tr><td>활동 방법</td><td>정리</td><td>◎ 모둠별로 활동한 것을 친구들 앞에 나와 보여 주면서 노래를 부른다.
• 우리 친구들이 그린 '해골'을 가슴 앞으로 들어서 다른 친구들에게 보여줄까요.
◎ 활동할 때 쓴 준비물을 제자리에 정리하고, 느낌이나 생각을 표현하는 시간을 가진다.
• 오늘 얼굴 그리기를 하면서 기분이나 느낌이 어땠나요?(자기평가, 자기관찰)</td><td>• 완성된 얼굴그림</td></tr>
<tr><td>유의점</td><td colspan="3">• 일반유아교사와 유아특수교사가 적절히 역할을 나누어 음악을 통한 조형활동을 하도록 한다.
• 장애유아들이 활동을 잘 이해하고 할 수 있도록 또래 교수자를 짝지어 주기도 한다.</td></tr>
<tr><td>활동 평가</td><td colspan="3">• 전래동요를 듣고 즐거움을 느끼는가?
• 노랫말을 그림으로 표현할 수 있는가?</td></tr>
<tr><td>활동 모습
및
활동 자료</td><td colspan="3">

[『얼굴 그리기』 노래판과 유아들 활동지]</td></tr>
</table>

7 체험활동

※ □일반유아 ■청각장애유아

<table>
<tr><td>활동 유형</td><td>체험학습</td><td>활동명</td><td>부산항 견학(관공선 탑승)</td></tr>
<tr><td>협력
교수형태</td><td colspan="3">팀티칭 / 부산 지방 해양 수산청, 부산 항만공사 협조</td></tr>
<tr><td>활동 자료</td><td colspan="3">• 부산 항만공사–관공선 한 척, 부산 구화 학교 버스 세 대
• 부산 해운항만공사 콘테이너 부두</td></tr>
<tr><td>활동 목표</td><td colspan="3">□ 바다에 관심을 가지고 바다의 특성을 이해한다.
■ 바다에 대해 관심을 가진다.
□■ 부두에서 하는 일에 관심을 갖고 이해할 수 있다.
□ 여러 가지 배들의 역할을 알 수 있다.
□■ 배를 타본 경험을 다양한 방법으로 표현할 수 있다.
□ 부산의 지역적 특성을 이해하고 부산에 대해 자부심을 가진다.</td></tr>
<tr><td>자기
결정기술</td><td colspan="3">자기옹호, 자기평가, 자기관찰, 목표설정</td></tr>
<tr><td>의사소통
상호작용
촉진</td><td colspan="3">• 새로운 것에 대한 호기심을 다양하게 표현하도록 주의를 기울여 준다.
• 체험학습 활동을 함께 한 모둠의 아이들과 배를 타본 경험에 대해 이야기할 때 “너는 어떠했니?”라는 언어 모델링을 제시하도록 지원해준다.</td></tr>
<tr><td>활동 모습</td><td colspan="3">
[관공선을 타고 부산항을 견학하는 유아들]</td></tr>
</table>

8 역할놀이활동

※ □일반유아 ■청각장애유아

<table>
<tr><td>활동 유형</td><td colspan="2">역할놀이</td><td>활동명</td><td colspan="2">즐거운 마트놀이</td></tr>
<tr><td>협력
교수 형태</td><td colspan="5">• 팀티칭 / 일반유아교사는 소그룹이야기 나누기(사고 싶은 물건 계획하기)를 지도하고, 유아특수교사는 자유선택활동 중재를 하되, 청각장애유아들이 무엇을 계획하였는지 한번에 확인하며 상기시켜준다.
• 평행교수 / 스테이션 교수 형태</td></tr>
<tr><td>활동 자료</td><td colspan="5">코너별 물건(장난감류, 의류, 건어물류, 과자류, 음료류, 야채류, 채소류 등), 종이컵, 영수증, 계산기, 조끼, 간판, 가격표, 마트 간판, 코너별 안내판, 종이돈, 지갑, 쇼핑백</td></tr>
<tr><td>활동 목표</td><td colspan="5">□ 경제 생활에 관심을 가지고 필요한 물건이 무엇인지를 잘 계획해서 구매하는 태도를 기른다.
□■ 물건을 사고 팔 때 지켜야 할 약속을 알고 실천한다.
□ 수의 기초 개념을 이해하고 화폐의 역할을 안다.
■ 화폐의 기능에 대해 안다.</td></tr>
<tr><td>자기
결정 기술</td><td colspan="5">목표설정, 선택 및 결정하기, 목표달성, 자기옹호, 자기관찰, 자기평가, 문제해결능력</td></tr>
<tr><td>의사소통
상호작용
촉진</td><td colspan="5">• 자신이 하고자 하는 역할을 구어/동작표현으로 충분히 의사표현을 할 수 있도록 시간을 제공한다.
• 교사는 유아들의 활동시 세밀히 관찰을 하며 자신의 느낌 말하기에서 어려워하는 느낌의 형용사를 제시하여 모방하여 발화하게 한다. 단어나 구로 자발 발화한 유아는 교사가 재구성한 간단한 문장을 모방하여 반복한다.</td></tr>
<tr><td rowspan="3">활동 방법</td><td colspan="4">예상되는 활동내용</td><td>준비물</td></tr>
<tr><td>도입</td><td colspan="3">◎ 오늘은 친구들과 함께 마트놀이를 함을 알려준다. (목표설정)
◎ 자유선택활동 시간에 미리 정한 A, B팀 중에서 물건을 사는 사람과 파는 사람을 정한다(선택 및 결정하기).
◎ 사는 사람은 특수교사와 함께 컴퓨터실로 장소를 이동하고, 파는 사람은 마트 코너를 꾸민다.
★ 평행 교수(유아 스스로 선택, 결정하도록 도와주며 표에 기록하도록 한다)</td><td>• 활동표
• 이름표</td></tr>
<tr><td>전개</td><td colspan="3">◎ 팀별로 이야기 나누기를 한다.
〈물건 사는 사람〉 (유아특수교사)
• 어떤 물건을 파는지 코너별 간판을 보며 이야기를 나눈다.
• 꼭 사야 할 물건을 계획한다(선택 및 결정하기).
• 3가지 정도로 정해서 메모지에 적는다.
• 물건을 살 때 지켜야 할 예절에 대해 이야기를 나누며 알아본다.
–다른 손님들을 방해하지 않기
–뛰거나 떠들지 않기
–사지 않는 물건을 함부로 만지지 않기
–손님이 적은 코너를 선택하여 물건사기
–계산대에서 차례를 지켜서 계산하기 등</td><td>• 코너별 안내판</td></tr>
</table>

		예상되는 활동내용	준비물
활동 방법	전개	• 물건을 사는 방법과 돈을 내는 방법에 대해 이야기를 나눈다. • 다섯 명씩 3~5분 정도의 시간 간격을 두고 마트놀이 교실로 내려간다. ★ 유아들이 스스로 정하고 생각해 표현하도록 수용하고 약속을 꼭 지키도록 상기시킨다(목표 달성, 자기 옹호). 〈물건 파는 사람〉 (일반유아교사) • 어떤 가게에서 일하고 싶은지 역할을 정한다. (선택 및 결정하기) (과자코너/야채코너/건어물코너/과일코너/의류코너/문구코너/인사도우미/계산대/감시 경찰/시식코너) • 파는 사람이 지켜야 할 예절에 대해 이야기를 나누며 알아본다. −손님에게 인사 잘하기 −손님에게 친절한 태도로 대하기 −손님에게 웃음진 얼굴로 대하기 −손님에게 최고라는 생각이 들도록 행동하기 • 파는 사람임을 알려주려면 어떻게 해야할지 이야기 나눈다(옷을 입어요. 모자써요. 이름표를 달아요.). • 조끼를 입고 자신이 맡은 가게로 가서 물건을 잘 보이게 진열한다. ★ 같은 것을 하고자 하는 유아들의 갈등상황을 유아들 스스로 해결할 수 있도록 적절한 발문 등으로 중재한다(문제 해결, 선택 및 결정하기). ★ 물건을 진열할 때도 유아들에게 자율성을 주며 활동에 참여하지 않는 유아들이 다른 역할이나 활동(안내요원, 경비아저씨)을 선택할 기회를 준다. ◎ 음악과 함께 마트놀이를 시작한다. • 손님이 오기를 기다리다가 손님이 오면 맡은 역할대로 물건을 팔거나, 인사를 하거나, 계산하며 활동한다. ★ 두 교사는 같은 공간에서 사는 팀/ 파는 팀 유아들을 나누어서 중재한다. ★ 〈팀티칭〉 두 교사는 유아 개개인을 잘 관찰해 코너별로 나누어 사는 유아, 파는 유아 모두를 지도해준다. ★ 물건을 사는 팀 유아들이 계획한 물건을 선택하도록 도와주며, 유아 스스로 활동에 참여해 물건을 선택하고 사도록 한다(선택 및 결정하기). ★ 혼자 활동하기가 힘든 경우 교사나 또래의 도움을 요청하도록 한다. 또한 함께 정한 규칙을 잘 지킬 수 있도록 돕는다(자기옹호, 규칙지키기). ◎ 사는 사람은 물건을 사고 영수증과 물건을 챙긴다. ◎ 파는 사람 중 계산대에 있는 사람은 물건 값을 잘 계산하고, 영수증을 잘 적어준다(종료음악이 나오면 활동을 정리한다). ★ 파는 유아팀들도 자신의 물건을 잘 팔기 위해 표현하도록 도와준다. 계산하는 것을 두 교사 중 한 명이 도와준다. ◎ 파는 사람과 사는 사람의 역할을 바꾸어 이야기나누기를 한 후 위와 같이 활동을 한다. ◎ 정리 음악이 나오면 함께 마트놀이를 했던 곳을 정리하고 구입한 물건들은 개인 사물함 속에 정리해 둔다. ★ 상황에 맞는 대화를 주고 받을 수 있도록 언어 모델링을 제시해 준다.	• 가격표 • 간판 • 조끼 • 코너별 물건 • 종이컵 • 영수증 • 노래CD • 녹음기

		예상되는 활동내용	준비물
활동 방법	정리	◎ 마트놀이를 마친 유아들을 A, B팀으로 나누어 유아특수교사와 일반 유아교사가 함께 이야기 나누를 나눈다. 〈평행교수〉 • 마트에서 산 물건을 들고 자리에 앉는다. • 마트놀이를 마치고 난 느낌에 대해 이야기를 나눈다. • 산 물건들을 친구들에게 소개하고, 얼마의 돈을 쓰고 얼마가 남았는지 이야기 한다. • 마트 놀이를 하기 전 계획한 것과 다르게 물건을 산 사람이 있는지 확인하고 그 이유에 대해 생각하고 이야기 나눈다(자기옹호). • 산 물건을 어떻게 쓸 지 알아본다. • 마트놀이를 하면서 느낀 점이나 생각에 대해 이야기를 나눈다. ◎ 모두 모여서 "시장놀이" 노래를 부르며 활동을 마친다.	• 노래카드 • 노래CD
유의점	• 스테이션 수업시 시간을 준수하여 이동한다. • 사는 팀 유아들을 내려보낼 때 시간 간격을 두고 보내도록 한다.		
활동 평가	• 물건을 사고 팔 때 지켜야 할 좋은 구매 태도를 알고 실천하였는가? • 수의 기초 개념을 이해하고 화폐의 역할을 알게 되었는가?		
활동 모습 및 활동 자료	 [물건을 사고 있는 유아들]  [계획표를 보며 무엇을 살까 고민하는 유아]  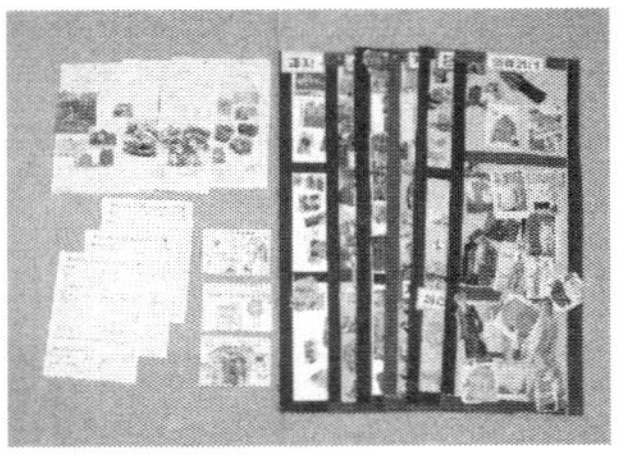 [마트놀이에 필요한 활동지와 이야기 나누기 자료]		

9 협력교수활동

※ □일반유아 ■청각장애유아

학급명	노아반 · 발명가반	유아 연령	만5세	지도 교사	정혜연(유아특수교사) 김화영(일반유아교사)	일 시	2004년 11월 23일(화)
생활 주제	지구와 우주	주 제	신나는 우주여행	소주제	노아와 발명이의 신나는 우주여행		
목 표	□ 지구의 모습, 지구에서 일어나는 여러 가지 자연현상에 관심을 가지고 관찰하는 태도를 기른다. ■ 지구의 여러 가지 모습에 대해 관심을 가진다. □■ 지구가 있는 태양계 및 우주에 대한 호기심을 갖고 탐구하는 경험을 기른다. ■ 우주 여행에 대하여 관심을 가진다. □ 우주 여행에 대한 구체적인 개념에 대해 이해하고, 관심가진다.						
일일 시간표	13:20~13:50 등원 (부산구화학교로 이동) 13:50~14:00 정리 정돈 14:00~14:10 이야기 나누기 14:10~14:40 작은 모임 (I.게임활동 II.조형활동 III.요리활동) 14:40~14:50 평가 및 귀가						

시 간	활동목표	활동내용	준비물 및 유의점	협력 교수 형태	자기 결정 기술
13:20~13:50 등원 및 이동하기	• 질서를 지켜서 계단을 오르내린다. • 대상과 상황에 따라 적절하게 인사한다. • 날짜에 관심을 가진다. • 버스에서 안전하게 앉아 이동 할 수 있다.	◎ 등원 및 이동하기 • 차선별로 등원하는 원아들을 반갑게 맞이한다(신발 정리, 실내화 신기, 계단 좌측 통행지도) • "선생님 사랑합니다." "사랑합니다" • 출석카드에 도장을 찍은 후 가방을 메고 줄을 선다. • 질서를 지키며 차선별로 안전하게 차를 탄다. • 차에서 내려 신발을 정리하고 부산구 화학교 영역실로 이동한다. • 가방을 사물함에 정리하고 모둠별로 자리에 앉는다. ♥ 교사는 유아들에게 오늘의 일정에 대해 충분한 안내를 해주며(목표설정) 유아스스로 소지품을 정리하고 자리에 앉을 수 있도록 돕는다. ♥ 두 모둠으로 나누어 1호차는 특수교사, 2호차는 일반교사가 유아들을 안전하게 이동할 수 있도록 돕는다.	• 출석카드, 도장 • 차량2대 • 청각장애유아도 대천으로 등원하여 함께 이동하되 모둠별로 통합해 1호차 2명 ,2호차 2명 타도록 배치한다.	팀티칭 교수	
13:50~14:00 정리 정돈	• 자기 주변을 깨끗이 하는 습관을 기른다.	◎ 정리정돈하기 • 차례를 지켜 교실로 이동한다. • 소지품을 제자리에 정리정돈한다. • 모둠별로 책상에 앉는다. • 캐논 변주곡(가야금)을 들으며 차례대로 나와 이야기 나누기 자리에 앉는다. ♥ 청각장애유아들이 구석에 배치되지 않도록, 2명씩 같이 앉지 않도록 배치하며 윤지가 포함된 모둠은 카페트 앞줄에 앉도록 배치해준다.	• 카세트 • 테이프 • 모둠 표시판	팀티칭 교수	• 자기 평가 • 자기 관찰

시 간	활동목표	활동내용	준비물 및 유의점	협력 교수 형태	자기 결정 기술
14:00~ 14:10 이야기 나누기	• 온몸 깨우기를 통해 긴장감을 해소하고, 즐거움을 느낀다. • 바른 자세로 예의 바르게 인사한다. • 오늘의 날짜와 날씨에 관심을 가진다. • 하루 일과에 대해 알고 실천한다. • 자신의 생각과 느낌을 다른 친구앞에서 말이나, 글, 그림등으로 다양하게 표현할 수 있다. • 하고 싶은 일을 선택하여 해본다.	◎ 온몸 깨우기 • 캐논 변주곡을 들으며 온몸 깨우기를 교사와 함께 한다. ◎ 인사나누기 • 인사굿 장단에 맞춰 인사하기(발명가반 친구 1명, 노이반 친구 1명이 작은 선생님이 되어 장단을 쳐 준다) • 오늘의 날짜와 날씨를 알아본다. • 오늘은 2004년 11월 23일 화요일입니다. • 오늘의 활동 알아본다. 등원 ↓ 이야기나누기 ↓ 작은 모임 ↓ Ⅰ. 게임활동 / Ⅱ. 조형활동 / Ⅲ. 요리활동 ↓ 평가 및 귀가 ◎ 이야기 나누기 〈활동 선택하기〉 • "노아와 발명이의 신나는 우주여행"책을 회상하며 이야기 나눈다. • 오늘의 작은 모임 3가지 활동을 소개한다(목표설정). - 게임활동, 조형활동, 요리활동 • 3가지 활동을 보고 자신이 하고 싶은 영역을 선택하여 결정한다(선택 및 결정하기). • 활동이 이루어지는 장소와 선생님, 대장 친구를 소개한다. • 활동장소 Ⅰ. 다니엘반 교실 Ⅱ.영역실 Ⅲ.요리실로 이동한다. ♥ 두 교사는 인사나누기를 할 때 청각장애유아 1명, 일반 유아 1명을 작은 선생님으로 하고 싶어 손든 유아 중 선택해 함께 인사 노래를 한다(자기옹호). ♥ 모든 유아들이 오늘의 활동을 잘 알 수 있도록 소개하고, 청각장애유아들에게는 그림카드나 문자카드를 제시해준다. ♥ 모든 유아들이 활동을 선택할 때 충분히 기다려준다.	• 녹음기, 테잎, CD • 노래판 • 북, 북채 • 롤리팝드럼 • 날짜판 • 우리가 만든 책 • 우리가 만든 책 • 활동 이름 카드 • 바구니, 이름표	• 팀 티칭	• 목표 설정 • 자기 평가 • 자기 관찰 • 자기 옹호

시 간	활동목표	활동내용	준비물 및 유의점	협력 교수 형태	자기 결정 기술
14:10 ~14:40 I.게임	• 우주여행에 대하여 관심을 가진다. • 공간을 이동하면서 몸을 다양하게 움직인다. • 협력하여 게임에 참여하는 경험을 가진다. • 게임규칙을 이해하고, 규칙을 지킬 수 있다.	◎ 게임 [신나는 우주여행] – II 수준 • 게임 방법에 대해 이야기 나눈다. • 신나는 우주여행 게임 도구를 소개한다(우주선, 행성, 깃발, 운석, 훌라후프). – 우주선을 타고, 운석을 지나가고 싶은행성을 골라 깃발을 꽂고 돌아오는 게임임을 알려준다(목표설정). – 게임의 규칙에 대해 이야기 나누고, 규칙을 정한다(선택 및 결정하기). • 편을 나누어 앉고, 팀 이름을 정한다(선택 및 결정하기, 자기 옹호). • 양 팀에서 한 명씩 나와 시범을 보인다. • 우주선을 메고, 출발선에 선다. • 출발신호가 울리면 출발한다. – 지구의 대기권(훌라후프 통과)을 벗어나, 운석을 통과하여(바 뛰어 넘기), 가고 싶은 행성 (수성, 목성, 토성, 명왕성)에 우리팀의 깃발을 꽂고 먼저 들어온 팀이 이기게 된다(훌라후프 통과 →바 뛰어 넘기 →깃발 꽂기→ 바 뛰어 넘기 → 훌라후프 통과 →먼저 도착한 팀에 별을 붙인다). • 게임을 한다. – 열심히 하는 친구들에게 힘차게 응원해 준다. • 게임이 끝난 후 평가를 한다(목표달성, 자기옹호, 자기평가, 자기관찰). ♥ 또래대장은 교사가 지정해주고, 유아스스로 팀을 나눠, 이름을 의논해 정하고 규칙을 정하는 등의 유아들이 생각해서 표현하는 다양한 기회를 제공해준다. 게임을 하면서 빨리오는 것보다 규칙을 지키며 게임을 하는 것이 더 중요하다는 것을 알도록 해주고 활동 후 스스로 자기를 평가하고 다른 친구들의 생각 · 느낌도 들을 수 있다.	• 우주선, 행성, 깃발, 운석, 훌라후프, 바 • 점수판 • 호루라기 • 아이짐 도구	• 스테이션 교수 (일반유아 교사)	• 목표설정 • 선택 및 결정하기 • 자기평가 • 자기관찰 • 자기옹호 • 목표달성

시 간	활동목표	활동내용	준비물 및 유의점	협력 교수 형태	자기 결정 기술
14:10~ 14:40 II. 조형 활동	• 태양계에 대해 관심을 가진다. • 재료와 도구를 이용하여 우주선을 꾸밀 수 있다. • 다른사람과 협동하여 작품을 완성하는 경험을 가진다. • 주변을 깨끗이 하는 습관을 기른다.	◎조형 [내가 가고 싶은 우주]- I 수준 • 모둠대장을 정한다.(선택 및 결정하기) • 모둠별로 모여 앉는다. • 그림자료를 보며 우주의 태양계에 대해 알아본다. • 준비된 여러 가지 재료들을 탐색해 본다. • 재료와 도구를 이용해 우주선 및 태양계 꾸미는 방법을 소개한다.(목표설정) • 협력하여 태양계를 꾸민다. • 준비된 휴지심과 색종이로 만든 본을 이용하여 각자 우주선을 만든다.(자기평가, 자기관찰, 목표달성) • 가고 싶은 행성에 완성된 우주선을 붙인다(선택 및 결정하기). • 주변을 정리 정돈한다. • 완성된 작품을 친구들에게 소개한 후 게시판에 전시한다(자기옹호, 자기평가, 자기관찰). ♥ 또래 교수가 이뤄지는 활동영역이므로 유아의 역할이 활성화될 수 있도록 지지해주어야 한다. 활동시 문제 상황이 발생하면 보조교사에게 대장유아가 도움을 청하도록 한다. 스테이션 시간을 보조교사가 5분전에 정리할 수 있게 대장유아에게 알려 다른 유아들이 알도록 해주어야한다. ♥ 또래 유아 2명을 모둠에서 대장으로 정해 일반교사가 미리 활동방법에 대해 자세히 설명해주어 작은 선생님의 역할을 하게 하는 것이다(또래 교수). 이때 보조교사는 협조자 역할을 한다.	• 활동순서표 • 활동지 • 휴지심, 색종이, 싸인펜, 색연필, 테이프, 가위, 풀	• 스테이션 교수 (또래 대장 유아 • 보조 교사	• 목표 설정 • 선택 및 결정 하기 • 문제 해결 • 자기 관찰 • 자기 옹호 • 목표 달성 • 자기 평가
14:10~ 14:40 III. 요리		◎ 요리활동 [맛있는 우주]- II 수준 • 오늘 요리활동의 이름을 소개해준다(목표설정). - 자신이 가고 싶은 우주에 대해 이야기 나누기를 한다(자기옹호, 자기관찰). • 요리 재료와 도구를 소개한다. - 다양한 모양(별, 동그라미, 세모, 네모)의 식빵, 잼, 케찹, 액체 초콜릿(검은색, 분홍색), 젤리, 꿈틀이, 건포도, 별사탕, 호일 접시, 숟가락 • 만드는 방법에 대해 이야기 나눈다. - 어떻게 맛있는 우주를 만들까?(이야기나누기) - 모양 식빵 안에 잼 등 선택해 펴 바르기 - 그 위에 여러 재료로 장식하기 - 호일 접시 위에 올려 우주 꾸미기			

시 간	활동목표	활동내용	준비물 및 유의점	협력 교수 형태	자기 결정 기술
14:10~ 14:40 III. 요리	• 요리활동에 사용하는 재료와 도구에 대해 관심을 가진다. • 여러 가지 재료와 도구를 활용하여 창의적으로 만들고 꾸며 본다. • 눈과 손의 협응력을 기른다. • 자신이 한 활동을바르게 정리한다. • 주변을 깨끗이 하는 습관을 가진다.	• 요리하기 –손을 씻는다. –요리를 시작한다. –쟁반에 예쁘게 담는다. –정리정돈을 한다. ◎ 요리일기 • 유아가 만든 것을 사진으로 찍는다. • 활동지에 사진을 붙인다. • 요리 일기를 쓴다(자기평가, 자기관찰, 목표 달성). [요 리 일 기 / 요리제목: / 2004년 ○월 ○일 ○요일 이름:○○○ / 사 진 / 〈재료〉 / • 맛있는 우주를 만들고 나서 기분, 느낌을 써보세요.] • 다 만든 요리일기는 교실 벽면에 게시한다. • 자신의 주변을 정리정돈 한 후 영역실로 이동하기(게임활동팀, 조형활동팀, 요리활동팀) ♥ 활동정리시간임을 5분전에 알려주어 유아들이 시간을 두고 정리할 수 있도록 하고, 영역실로 이동해 먼저 온 유아는 자리에 앉아 기다린다.	• 요리활동이름카드 • 비디오, TV • 재료 • 도구문자 • 카드 • 다양한 모양식빵, 케찹, 포도·딸기잼, 허니머스타드 소스, 액체 초콜릿(검정, 분홍색), 젤리, 꿈틀이, 별사탕, 레인보우 • 호일 접시 • 숟가락 • 즉석카메라 2대 • 활동지, 풀, 싸인펜, 색연필 • 결과물	• 스테이션 교수 (유아 특수 교사)	• 목표 설정 • 선택 및 결정 하기 • 문제 해결 • 자기 관찰 • 자기 옹호 • 자기 평가 • 목표 달성
14:40~ 15:50 평가 및 귀가	• 하루일과에 대해 회상하고 평가한다. • 자신의 느낌을 다른 사람에게 이야기 할 수 있다. • 상황에 맞게 예의 바르게 인사한다. • 교통안전을 지킨다. • 차례를 지킨다.	◎ 일과 평가 • 오늘의 활동에 대해 회상한다. • 작은 모임별로 어떤 활동을 했는지 소개한다. • 가장 재미있었던 활동을 알아본다. • 내일의 활동을 소개한다. ◎ 귀가 지도 • 예의 바르게 인사 나눈다. • 1호차, 2호차, 모둠별로 이름을 부른다. • 옷을 단정히 입고, 가방을 메고 차례를 지켜 내려간다. • 실내화를 바르게 정리한다. • 안전하게 차를 탄다 ♥ 청각장애유아에게 발표할 기회를 주고, 자신의 생각을 표현할 수 있도록 기다려준다.	• 청각장애유아는 학교에서 엄마와 함께 귀가, 일반유아는 1, 2호 차에 차선별로 타서 귀가한다.	• 팀 티칭 교수	• 자기 관찰 • 자기 평가

시 간	활동목표	활동내용	준비물 및 유의점	협력 교수 형태	자기 결정 기술
평 가	• 지구의 모습, 지구에서 일어나는 여러 가지 자연현상에 관심을 가지고 관찰하는 태도를 기를 수 있었는가? • 지구가 포함되어 있는 태양계 및 우주에 대한 호기심을 갖고 탐구하는 경험을 길렀는가? • 우주 여행에 대하여 관심을 가졌는가?				
평 가	• 일과운영에 대한 평가				
	• 협력교수에 대한 평가				
	• 자기결정에 대한 평가				

10 신체활동 통합교육 실제

1) 공 · 풍선을 이용한 신체활동의 실제

(1) 활동명: 동물(캥거루, 거북이)이 되어 봐요!

▶ 활동목표: 동물 흉내를 낼 수 있다.

▶ 활동방법

① 출발선 맞은 편에 오뚝이를 세운다.

② 두 편으로 마주보고 앉는다.

③ 둥근 것은 무엇일까 생각해 보고 '공'을 유도한다.

④ 공을 갖고 무엇을 할 수 있는지 이야기 나눈다.

⑤ 게임 방법과 규칙을 설명한다.

- 밴드를 하고 밴드 안에 공을 넣는다.
- 캥거루처럼 뛰어서 오뚝이를 돌아온다.
- 거북이처럼 기어서 오뚝이를 돌아온다.
- 돌아와서 공을 다음 아동에게 전달한다.

▶ 활동의 적용

- 시각장애 유아: 줄을 이용하여 돌아오도록 환경을 구성한다.

• 청각장애 유아: 걸을 수 없는 아동은 등에 공을 넣어 거북이가 되어 오뚝이를 돌아온다.

(2) 활동명: 풍선놀이

▶ 활동목표

우리 신체의 각 부분을 이용하여 풍선을 치고, 받고, 튕기면서 대·소근육의 조작적 운동능력을 향상시키고 눈과 손의 협응력을 증진시킨다.

▶ 준비물: 1인당 풍선(혹은 수소 풍선), 북, 음악

▶ 활동방법

① 한 사람이 한 개의 풍선을 갖는다.

② 풍선을 두 손으로 잡아보고, 가슴에 대어보고, 팔과 겨드랑이 사이에 끼어보고 다리사이에도 끼어보게 한다.

③ 풍선을 손으로 높이 쳐 보고 머리, 어깨, 팔꿈치, 배, 무릎, 발로 쳐 보게 한다.

④ 풍선을 바닥에 떨어뜨리지 않고 몇 개까지 칠 수 있나 교사와 함께 숫자를 세며 쳐 본다.

⑤ 풍선을 겨드랑이 혹은 무릎 사이에 끼고 맞은편 벽까지 엉덩이를 벽에 갖다 대고 온다. 두 개의 조로 나누어 게임을 진행할 수도 있다.

⑥ 풍선을 위로 치면서 바닥에 떨어뜨리지 않고 일정한 지점가지 가기를 한다. 누가 먼저 갈 수 있나 게임을 할 수도 있다.

⑦ 3~5명의 원형으로 서서 한 개의 풍선을 치면서 떨어뜨리지 않고 오래 치기를 한다. 신체의 어느 부위를 사용해도 좋다. 교사의 신호에 맞추어 각 조별로 오래 치기 게임을 할 수도 있다.

⑧ 여러 가지 방법의 이동 운동(걷기, 달리기, 건너뛰기, 스키핑, 구르기 등) 하다 교사의 언어적 지시에 따라 모양 만들기 놀이를 한다.

▶ 활동의 적용

• 시각장애 유아: 풍선을 이용하여 이동 운동을 하는 경우, 풍선에 실을 달아 교사가 풍선이 다른 곳으로 달아나지 않도록 실로 묶은 풍선을 아동의 적절

한 위치에 두게 하고 목표지점까지 가도록 한다.

- 지체부자유 유아: 이동운동을 할 경우, 풍선을 다루기가 힘겨운 아동이라면 머리나 손에 풍선을 연결하여 이동운동을 하도록 돕는다.

(3) 활동명: 물풍선 전달하기

▶ 활동목표: 물건을 조심스럽게 다룬다.

▶ 준비물: 물 풍선 20개, 바구니 4개, 호루라기

▶ 활동방법

① 양편으로 마주 보고 선다.

② 양 쪽에 풍선이 든 바구니를 놓고 끝에서 빈 바구니를 놓는다.

③ 양편에서 한 명씩 나와서 만져보고 풍선 안에 무엇이 있는지 느낌이 어떤지 이야기한다.

④ 어떤 게임을 할 수 있는지 생각해 보고 게임방법과 규칙을 정한다.

- 풍선을 한 개씩 옆사람에게 전달하여 마지막 사람은 바구니에 담는다.
- 신호에 맞추어 시작하고 다시 신호가 울리면 멈춘다.
- 끝난 후 터뜨리지 않고 전달된 풍선이 모두 몇 개인지 세어 많은 편이 이긴다.

⑤ 신호에 맞추어 시작한다. 멈추는 신호가 울릴 때까지 계속한다.

▶ 활동의 적용

- 시각장애 유아 : 목표 지점까지 줄 등을 이용하여 아동이 그 줄을 잡고 목표 지점까지 다녀올 수 있도록 환경을 설정한다.
- 지체부자유 유아 : 물이 든 풍선을 사용함으로써 아동이 풍선을 옮기기가 어려울 경우, 수레같은 보조도구를 사용하여 풍선을 옮기도록 한다.

(4) 활동명: 공 사세요

▶ 활동목표: 다양한 기구를 이용한 놀이 경험을 한다.

▶ 준비물: 위가 뚫린 모자 4개, 공 2개, 오뚝이 2개, 점수판

▶ 활동방법

① 마닐라지로 위가 뚫린 마술사 모자를 만들고 놀이시간에 함께 꾸민다.

② 출발선 맞은 편에 오뚝이를 세운다.

③ 두 편으로 마주보고 앉는다.

④ 둥근 것은 무엇이 있을까 생각해 보고 '공'을 유도한다.

⑤ 마술사 모자와 공으로 어떤 게임을 할 수 있을지 이야기 나눈다.

⑥ 게임 방법과 규칙을 설명한다.

- 모자를 쓰고 공을 모자 위에 올려놓는다.
- 손을 대지 않고 오뚝이를 돌아온다.
- 공이 떨어지면 그 자리에서 올려놓고 다시 시작한다.
- 돌아와서 공을 다음 아동에게 전달한다.

▶ 활동의 적용

- 시각장애 유아: 줄을 이용하여 돌아오도록 환경을 구성한다.
- 지체부자유 유아: 몸을 제대로 가누지 못한다면 모자와 공에 찍찍이를 붙여 공이 떨어지지 않도록 환경을 구성한다.

(5) 활동명: 슛 골인!

▶ 활동목표: 다양한 놀이 기구를 활용한다

▶ 준비물: 축구공, 축구골대, 점수판

▶ 활동방법

① 실외에 축구골대를 세우고 3m 정도 거리로 차는 곳을 표시한다.

② 양편으로 마주보고 앉는다.

③ 축구경기를 본적이 있는지 어떤 규칙이 있는 게임인지 이야기 나눈다.

④ 게임방법과 규칙을 정한다.

- 한 명씩 공을 찬다.
- 골대 안으로 들어가면 축구공 그림을 점수판에 붙인다.
- 표시된 곳을 찬다.
- 공을 제자리에 놓고 자기 자리로 간다.

▶ 활동의 적용

• 지체부자유 유아: 공을 차는 위치를 가까이 한다.

(6) 활동명: 공 나르기

▶ 활동목표: 협동하여 함께 일을 한다.

▶ 준비물: 공 2개, 오뚝이 2개

▶ 활동방법

① 출발선 맞은 편에 오뚝이를 놓는다.

② 두 편으로 마주 보고 앉는다.

③ 공을 손을 대지 않고 나르는 방법에 대해 생각해 본다.

④ 게임 방법과 규칙을 정한다.

• 두명씩 짝이 되어 공을 가슴과 가슴 사이에 낀다.

• 떨어뜨리지 않고 오뚝이를 돌아온다.

• 떨어뜨리면 그 자리에서 다시 시작한다.

• 돌아와서 다음 친구들에게 공을 준다.

⑤ 공을 떨어지지 않게 하려면 어떻게 해야 할까 이야기 나눈다.

⑥ 두 명의 유아가 시범을 보인다.

⑦ 두 명씩 짝을 지어 양편의 수를 확인한다.

⑧ 처음 두 사람씩 나와 신호에 맞추어 출발하고 연속해서 할 수 있도록 다음 유아들은 미리 준비한다.

(7) 활동명: 바구니에 공을 넣어 봐요

▶ 활동목표: 바구니에 공을 넣을 수 있다.

▶ 준비물: 바구니, 공(노랑, 파랑, 초록, 빨강 각 한 개씩), 색상별로 된 발판 여러개

▶ 활동방법

① 바구니 4개를 출발선 맞은 편에 둔다.

② 바구니 맞은 편에 팀별로 앉는다.

③ 게임 방법과 규칙을 설명한다.

④ 자신이 공 색과 같은 색의 발판을 밟고 가도록 한다.

⑤ 자신의 공색과 같은 색의 바구니에 공을 넣고 돌아온다.

⑥ 다음 아동은 공을 넣고 온 아동이 손바닥을 마주치면 출발한다.

▶ 활동의 적용

- 시각장애 유아: 발판의 재질을 다르게 하여 (사포, 압박기둥) 촉각을 이용하여 움직이게 한다.

(8) 활동명: 공을 하늘로 던져요

▶ 활동목표

- 공을 위로 던질 수 있다.
- 교사가 제시하는 몸짓(비이동 운동)을 공이 공중에 떠 있는 동안 할 수 있다.

▶ 준비물: 공

▶ 활동방법

① 아동들과 순서를 정한다.

② 공을 위로 던지는 연습을 해본다.

③ 교사와 몸짓에 대한 규칙을 정한다.

④ 여러 가지 리듬 막대로 한번 두드리면 점프를 한다.

⑤ 몸짓을 종을 치면 박수치기

- 교사는 언어적 지시와 함께 소리를 제공 할 수 있어야 한다.

⑥ 자신의 활동이 끝나면 다음 아동에게 공을 전달한다.

▶ 활동의 적용

- 시각장애 아동: 공에 종을 넣어서 소리로 구분할 수 있도록 한다. 일정한 공간을 제시하여 그 안에서 활동 할 수 있도록 한다.
- 지체부자유 유아: 일어나서 할 수 없는 아동에 대해서는 앉아서 할 수 있도록 한다.

(9) 활동명: 공 전달하기

▶ 활동목표

- 공을 옆의 아동에게 전달할 수 있다.
- 공 전달하기 규칙을 알 수 있다.

▶ 준비물: 공 2개, 목표물 2개, 점수판

▶ 활동방법

① 사과팀과 바나나팀으로 나눈다.
② 교사는 팀별로 공을 가지고 자유자재로 사용할 수 있도록 한다.
③ 공 전달하기 규칙을 정한다.
④ 아이들과 원하는 순서대로 줄을 선다.
⑤ 교사가 지시하면 공을 전달하여 목표물을 돌아올 수 있다.
⑥ 점수판에 매긴다.
⑦ 게임을 마친 후 아이들에게 소감을 물어본다.

▶ 활동의 적용

- 시각장애 아동: 게임이 시작되기 전 목표물까지 발걸음 수를 교사와 세어 볼 수 있게 한다.
- 지체부자유 아동: 아동이 이동하기 가장 쉬운 방법으로 활동을 고안한다.

(10) 활동명: 블록 쓰러뜨리기

▶ 활동목표

- 공을 발로 처서 같은 팀에게 전달할 수 있다.
- 게임의 규칙을 이해할 수 있다.

▶ 준비물: 공, 블럭

▶ 활동방법

① 축구에 대해 아이들과 이야기를 나눈다.
② 사자팀과 코끼리 팀으로 나눈다.
③ 교사는 게임과 규칙을 설명한다.
④ 공을 교사가 던진다.

⑤ 아이들을 같은 팀에게 공을 발로 전달한다.

⑥ 블록을 쓰러뜨린다.

▶ 활동의 적용

• 시각장애 아동: 블록의 위치를 직접 가르쳐 준 후 언어로 지시한다. 공 안에 방울을 넣는다.

• 지체부자유 아동: 발의 사용이 어려울 경우 다른 신체를 사용하여 게임에 참여 할 수 있도록 한다.

⑾ 활동명: 물 속에서 공 튀기기

▶ 활동목표

• 수면 위에 공을 튀길 수 있다.

• 팔과 손에 가해지는 힘의 변화에 따라 공이 튀기는 속도와 힘, 물이 튀는 정도가 달라짐을 안다.

▶ 준비물: 중간 크기의 비치볼

▶ 활동방법

① 선 자세에서 양손으로 가슴 위치에 공을 잡는다.

② 물 위에 공을 튀긴다.

③ 흐르는 공을 잡는다.

④ 다양한 위치에서 공을 떨어 뜨린다.

▶ 활동의 적용

• 시각장애 아동: 비치볼에 방울을 넣어서 활동한다.

• 지체부자유 아동: 튜브를 이용해서 활동한다.

⑿ 활동명: 공 굴리기

▶ 활동목표: 적절한 방향과 속도를 조절하면서 공을 굴릴 수 있다.

▶ 준비물: 공, 상자

▶ 활동전

• 유아들이 원으로 앉을 수 있도록 종이 테이프로 바닥에 원을 표시해 놓는다.

• 유아들을 표시해 놓은 원 위에 앉도록 한다.
• 상자 속에 담은 공을 유아들에게 보여 주고 무엇인지 알아맞히도록 한다.

▶ 활동방법

① 공을 유아들에게 보여주고 공 굴리기를 할 것임을 이야기한다.
② 공이 데굴데굴 영이에게 간다.
③ 친구의 이름을 부르며 그 친구에게 공을 굴리도록 한다.

▶ 활동의 적용

• 시각장애 아동: 공에 방울을 넣어서 공의 위치를 알 수 있도록 한다.
• 지체부자유 아동: 다리, 머리로 공을 굴릴 수 있도록 한다.

⒀ 활동명: 막대로 공굴려 넣기

▶ 활동목표

• 일정한 지점에서 공을 던질 수 있다.
• 막대를 조작하여 활동을 할 수 있다.

▶ 준비물: 막대기 2개(긴 막대기 밑에 못을 박은 후 양말이나 스타킹으로 잘 감싸서 둥글게 만든다), 작은 고무공 2개, 바구니로 만든 목표물 2개.

▶ 활동방법

① 출발선을 정하고 출발선에서 2m정도 떨어진 곳에 바구니 2개를 놓아서 목표물을 든다.
② 유아를 2조로 나누고, 각조에서 한명씩 나와 차례로 한다.
③ 출발 신호와 함께 막대기로 공을 굴려 목표지점에 바구니에 공을 넣는다.
④ 먼저 반환점을 돌아오는 사람이 이기는 것이다.

▶ 활동의 적용

• 시각장애 아동: 바깥 놀이에서 동그라미를 그려놓거나 땅을 파서 구멍을 만들어 놓고 할 수 있다.
• 지체부자유 아동: 막대기로 굴리기가 어려우면 손으로 굴리도록 한다.

2) 매트를 이용한 놀이활동의 통합교육 실제

(1) 활동명: 모서리를 따라 걸어보아요!

▶ 활동목표

- 리듬에 맞추어 보폭을 조절하면서 걸을 수 있다.
- 신체의 순발력과 민첩성을 기를 수 있다.
- 교사의 지시에 따라 차례를 지켜 활동을 할 수 있다.
- 다양한 신체표현을 할 수 있다.

▶ 준비물: 매트, 리듬막대

▶ 활동방법

① 놀이환경을 구성한 후 교사는 유아들에게 활동의 방법과 규칙에 대하여 설명한다.

② 네 명의 유아를 매트 모서리에 세운다.

③ 교사가 노래 "다같이 걷다가…"를 시작하면 리듬에 맞추어 보폭을 조절하면서 매트 주위를 걷는다.

④ 교사가 노래의 끝부분을 변경하여 "다같이 걷다가 ○○는 앞으로 굴러"라고 말하면 유아는 매트의 대각선으로 굴러서 다시 노래에 맞추어 걷는다.

⑤ 같은 방법으로 두발 뛰어 매트 건너오기, 앙감질로 매트 건너오기, 뒤로 구르기, 옆으로 구르기, 병정처럼 걸어보기 등 다양한 신체표현을 유도할 수 있다.

⑥ 한 아동이 매트 위에서 신체표현을 하고 나면 교사는 노래를 부르면서 자연스럽게 유아들의 보폭을 정리해 준다.

⑦ 놀이에 참여한 유아들이 모두 골고루 신체표현을 할 수 있도록 교사는 기회를 균등하게 부여한다.

▶ 활동의 적용

- 시각장애 유아: 매트 주변에 바닥과는 촉감이 다른 재질로 안내선을 만들어 유아가 그 선을 밟으면서 놀이를 할 수 있도록 한다. 매트 위에서 신체표현을 할 때는 교사가 유도하는 방향에서 소리나는 물체를 흔들어 주어 유아가

방향감각을 잃지 않도록 한다.

• 청각장애 유아: 교사가 청각장애 유아로 하여금 신체표현을 유도할 때는 지시내용이 담긴 그림카드나 낱말카드를 보여준다.

• 지체장애 유아: 상체에 장애가 있을 경우에 교사는 주로 발을 이용할 수 있는 신체표현을 유도한다. 하체에 장애가 있을 경우에는 보조교사의 도움을 받아 휠체어나 보조장비를 착용한 채로 활동에 참여시키되 매트 위에서 신체표현을 할 때는 약간의 보조를 받아 손으로 기어오기나 옆으로 구르기 등의 활동을 유도한다.

(2) 활동명: 미끄럼 타기

▶ 활동목표

• 다리의 근력을 기른다.

• 깡총 뛰어 계단을 오를 수 있다.

• 옆으로 회전하며 미끄럼을 탈 수 있다.

▶ 준비물: 여러 장의 매트, 끈, 콩을 붙인 보도 블록

▶ 활동전 준비

① 매트를 계단 모양으로 쌓는다.

② 마지막 매트를 한쪽으로 기울인다.

③ 한쪽을 계단으로, 한쪽은 미끄럼틀이 되게 한다.

④ 줄로 마지막 매트를 고정시킨다.

▶ 활동방법

① 순서를 정하고 줄을 선다.

② 한 명씩 계단을 양발을 모아 뛰면서 오른다.

③ 계단을 마지막 층을 오르면 옆으로 눕는다.

④ 옆으로 구른다.

▶ 활동의 적용

• 시각장애 유아: 계단을 더 여러 층으로 하여 보행연습을 같이 실시 할 수 있다. 계단의 시작에 시트지 위에 콩을 붙인 보도블럭을 붙여주고 처음에는 보

도블럭을 밟고 계단 오르기 연습을 할 수 있다. 처음에는 걸어서 오르기를 하고, 나중에 계단이 인지되었을 때는 두발 모으고 뛰기를 할 수 있다. 미끄럼을 탈 때는 교사의 보조로 할 수 있다.

- 지체장애 유아: 다리의 근력을 강화시키기 위해 계단 오르기를 연습할 수 있다. 혹 넘어지더라도 바닥에 매트를 깔아 위험하지 않다. 미끄럼 면은 걷기로 이용할 수 있다

(3) 활동명: 성을 지켜라

▶ 활동목표

- 매트 위의 친구를 잡아당김으로써 팔의 근력을 기른다.
- 협동력을 기른다.

▶ 준비물: 매트 2장

▶ 활동방법

① 매트 2개를 연결한다.
② 두 명의 술래를 뽑는다.
③ 두 명의 술래는 매트 밖에 있고, 나머지는 매트 안에 있다.
④ 술래가 협동하여 매트 안의 아동을 잡아당긴다.
⑤ 매트 안의 아동들은 끌려가는 친구를 도울 수 있다.
⑥ 한 명이 매트 밖으로 끌려갔을 때 그 아동도 술래가 되어 다른 아동들을 잡아당긴다.

▶ 활동의 적용

- 시각장애 유아: 매트를 하나만 이용하면, 친구들이 어디 있는지를 쉽게 탐색할 수 있기 때문에 활동에 참가할 수 있다. 매트 위에 있는 아동들은 각자 자신의 위치를 음성적으로 표현할 수 있다. 예를 들면 정미는 '까꿍까꿍'으로 하여 소리나는 쪽으로 향할 수 있다.
- 지체장애 유아: 아동에게 막대기를 주고, 막대기와 닿는 아동이 서로 막대기 끝을 잡고 잡아당기기를 할 수 있다.

(4) 활동명: 내 자리

▶ 활동목표

• 신체 순발력을 기른다.

• 규칙을 지키면서 놀이에 참여 할 수 있다.

▶ 준비물: 매트, 카세트와 테잎

▶ 활동방법

① 매트 주위에 여러 명(12~20명)의 아이들이 손을 잡고 둘러선다.

② 노래를 부르며 손잡고 돌다가 노래가 끝나면 빨리 매트에 앉는다.

③ 매트에 앉지 못한 사람은 벌칙을 받는다.

▶ 활동의 적용

• 시각장애 유아: 서로 부딪히지 않으며 다른 사람이 있다는 것을 알게 하기 위해 몸에 방울을 부착하여 움직임을 알게 하고, 함께 노래 부르며 돌 때에 흥을 돋운다. 매트 주변 바닥에 촉감이 다른 안내선을 만든다.

• 청각장애 유아: 교사와 색 또는 모양으로 규칙을 정해 노래하며 돌 때와 매트에 앉을 때를 알게 하고, 게임을 한다.

• 지체장애 유아: 손을 사용하기 힘든 아동은 음악에 맞추어 혼자서 춤을 추거나 즐겁게 돌다가 매트에 앉고, 다리를 사용하기 힘들거나 몸을 스스로 가누지 못하는 아동은 그림판에서 같은 방법을 사용하여 손바닥으로 땅따먹기를 한다.

(5) 활동명: 매트를 타고 신나게 달려 보세요

▶ 활동목표

• 규칙에 따라 활동 할 수 있다.

• 신체의 근력을 기른다.

• 방향감각을 기를 수 있다.

▶ 준비물: 매트

▶ 활동방법

① 아동을 각 두 팀으로 나눈다.

② 3인이 1조가 된다.

③ 한 아동을 매트 안에서, 나머지 두 아동은 매트의 양 모서리를 잡고 끈다.

④ 교사의 출발신호에 따라 목표점을 돌아온다.

▶ 활동의 적용

- 시각장애 유아: 매트를 끌 때 일반아동과 함께 함으로써 일반아동이 언어적으로 방향을 알려준다.
- 지체장애 유아: 매트를 끌고 이동하는 활동은 하기 힘들므로 매트 안에서 이동하는 활동을 한다.

(6) 활동명: 나 잡아봐라

▶ 활동목표

- 앵금질을 하여 이동할 수 있다.
- 음악이 끊기면 순간적으로 멈출 수 있다.
- 근력과 평형성을 기를 수 있다.
- 규칙에 따라 놀이에 참여할 수 있다.

▶ 준비물: 매트, 카세트와 테잎

▶ 활동전 준비

① 교실이 바닥과 벽면에 매트를 깔라 놓거나 세워 놓는다.

② 술래가 너무 힘들지 않게 매트 사이를 적당한 간격으로 벌려 놓는다.

▶ 활동방법

① 여러 명의 유아들 중 술래를 정한다.

② 음악이 나오는 동안 유아들은 움직인다.

③ 매트와 매트 사이를 술래를 피하며 앙감질로 다닌다(술래는 발을 바꾸어가며 앙감질을 할 수 있지만 다른 유아들은 처음 정한 발로만 앙감질해야 한다).

④ 매트 밖에 있을 때 술래가 잡으면 그 유아가 술래가 된다. 매트에 붙어 있을 때는 술래가 되지 않는다.

⑤ 활동 중 음악이 멈추면 순간적으로 모두 멈춘다.

⑥ 다시 음악이 나오면 유아들은 앙감질을 하며 게임을 계속한다.

▶ 활동의 적용

- 시각장애 유아: 유아를 데리고 다니면서 매트가 배치된 장소를 알게 한다. 소리 나는 신발을 신고 활동함으로써 술래가 유아들의 위치 파악을 가능케 하고 청각적 감각을 기를 수 있게 한다. 또는 각 유아가 고유한 음성자극신호를 제시하면서 이동한다(예: 정미는 까꿍까꿍, 옥자는 딸랑딸랑).
- 청각장애 유아: 음악 대신 지금은 움직여야 한다는 신호를 대신할 시각적 자극을 제시한다.
- 지체장애 유아: 유아의 신체발달을 고려하여 활동을 계획한다. 유아에 따라 매트 사이를 조절하여 이동에 어려움이 없도록 한다. 움직임이 힘든 유아인 경우 활동 공간을 좁히고 긴 손가락 막대를 주어 다른 유아들이 움직이는 동안 손가락 막대에 닿으면 술래가 된다. 다른 유아들은 손가락 막대 위 아래로 민첩하게 피한다.

3) 평균대를 이용한 놀이활동 통합교육의 실제

(1) 활동명: 평균대와 친구하기

▶ 활동목표

- 평균대에 관심을 갖는다.
- 평균대를 다양한 방법으로 안전하게 사용할 수 있다.

▶ 준비물: 평균대 2개, 매트 4개(평균대를 각각 두 곳에 설치하고 평균대 양 옆으로 매트를 깔아 준다).

▶ 활동방법

① 평균대에 대해서 유아들이 스스로 탐구할 수 있는 시간을 준다.

② 평균대가 무엇인지 대해 교사와 유아간에 이야기를 해본다.

- 평균대가 어떤 기구인지
- 평균대가 무엇과 비슷한지
- 유아들의 이야기를 들어본 후 교사가 유아들의 생각에 덧붙여 평균대에 대해 설명한다.

③ 평균대를 이용하여 무엇을 할 수 있는지 이야기 해본다.
- 평균대 위에서 서있기
- 평균대 위 걷기
- 평균대 위 달리기
- 평균대 타고 다니기
- 평균대에 매달려가기
- 평균대위에서 아래로 뛰어 내리기

④ 평균대를 이용할 때 어떠한 점에 주의해야 하는지 이야기해 본다.
- 차례 지키기
- 너무 빠른 속도로 뛰지 않기
- 평균대 위에서 뛰어내릴 때 꼭 매트 위로 뛰어 내리기

⑤ 평균대 위에서 가장 하고 싶은 동작을 차례를 지켜가며 활동해 보게 한다.

▶ 활동의 적용

- 시각장애 아동: 우선 평균대의 높이를 너무 높지 않게 하여 유아가 평균대의 높이에 두려움을 갖지 않도록 한다. 그리고 평균대에 온 몸으로 느낄 수 있는 돌기를 붙여 유아가 평균대를 탐색하는데 용이하게 한다. 이때 돌기가 너무 크거나 자극적이지 않게 하여 유아가 평균대를 자유로이 이용(걷기, 뛰기, 기기 등) 할 수 있게 한다. 또한 유아가 평균대를 탐색함에 있어 미처 탐색하지 못하는 부분이 있다면(평균대의 폭, 길이 등) 교사가 더 자세히 설명해 준다.
- 지체부자유 아동: 만약 지체장애아가 균형을 잡는데 어려움이 있거나 똑바로 걷기에 어려움이 있다면 평균대를 2~3개 정도 겹쳐 붙여 평균대이 폭을 넓혀 준다. 이 활동의 목표중 평균대를 다양한 방법으로 사용하는 것도 포함되기에 유아의 특성을 고려하여 평균대의 폭을 넓힌 것 그리 큰 문제가 되지 않으리라고 본다.
- 청각장애 아동: 청각장애아에게 적용할 때는 평균대 위에서 균형을 잡는 부분에 유의하여야 할 것 같다. 그렇지 않을 수도 있지만 청각장애의 일부 경우 귀의 손상으로 인해 균 형을 잡는데 문제가 있을 수도 있으므로 교사는

유아의 청각 손실 정도와 손실 경위를 미리 숙지하고 있어야 한다고 본다. 그리고 만약 유아가 균형을 잡는데 문제가 있다면 놋다리 밟기처럼 다른 유아의 도움을 받아 평균대 위를 걸어보게 한다.

(2) 활동명: 평균대 끝에 있는 공 누가 먼저 집어오나

▶ 활동목표: 평균대 위에서 하는 놀이를 통해 균형감, 조정력을 신장하고 자신감을 키운다.

▶ 준비물: 평균대 2개, 매트 2장, 공 2개

▶ 활동방법

① 평균대 2개의 사이를 조금 뛰어 놓는다.

② 평균대 끝에 매트와 공을 놓는다.

③ 유아들을 두 편으로 나눈다(예: 토끼편, 다람쥐편)

④ 양쪽 평균대 끝에 한 명씩 세우고 '준비 출발'을 해서 동시에 출발하게 한다.

⑤ 평균대 끝에 있는 공을 먼저 갖고 오는 편이 이긴다.

▶ 활동의 적용

- 시각장애 아동: 교사가 평균대 아래에서 유아의 손을 잡고 방향을 유도하고 공이 있는 위치로 가르쳐주면서 게임에 참여할 수 있도록 한다.
- 지체부자유 아동: 신체의 상황에 맞게 변형하여 교사와 함께 한다.
- 청각장애아동: 청각장애를 갖고 있는 유아들은 균형 잡기가 힘들기 때문에 교사가 유아의 손을 잡고 가거나 엉덩이로 기어서 가게 한다. '준비 출발'을 깃발로 표시한다.

(3) 활동명: 평균대 잡고 다리로 과일 그림 선택하기

▶ 활동목표: 활동을 통해서 팔과 다리 그리고 손, 눈이 동시에 같이 협응을 하여 협응능력을 키울 수 있고 색깔 분별을 할 수 있다.

▶ 준비물: 평균대2개, 그림판(과일그림)

▶ 활동방법

① 평균대 2개를 놓고 평균대 앞에 4개의 과일 그림이 그려져 있는 그림판을

놓는다.

② 두 유아가 평균대를 집고 서게 한다.

③ 교사나 친구들이 제시하는 그림에 발을 디디게 한다.

④ 두명의 유아가 발밑에 그림판을 같은 순서로 놓아 누가누가 맞추고 틀리는지 비교해 본다.

▶ 활동의 적용

- 시각장애 아동: 시각장애 유아에게는 교사가 왼쪽으로 두 칸, 오른쪽으로 한 칸 이런식으로 제시하여 참여하게 한다.
- 지체부자유 아동: 교사나 친구의 도움으로 하거나 기구의 도움을 받아한다.
- 청각장애아동: 청각장애 유아가 활동할 때 는 유아에게 발밑의 그림판과 똑같은 그림을 제시해 발로 디디게 한다.

(4) 활동명: 평균대 위에서 흉내내기

▶ 활동목표: 친구들과 함께 활동함으로써 협동심가 균형감을 키울 수 있다.

▶ 준비물: 평균대 그림판(비행기, 자동차, 자전거, 배 그림)

▶ 활동방법

① 유아들이 일렬로 평균대에 앉힌다.

② 교사가 '배를 타고 있어요. 우리 한 번 노를 저어 봅시다'라고 말하면서 그림판을 제시한다(배대신에 자동차, 자전거, 비행기 등을 제시할 수 있다).

③ 유아들 전체가 함께 하도록 한다(소리를 낼 수도 있다).

▶ 활동의 적용

- 시각장애 아동: 교사가 말로 제시하거나 동작을 손으로 몸을 만져서 가르쳐준다.
- 지체부자유 아동: 교사가 말로 제시하고 같이 한다.
- 청각장애아동: 그림카드로 제시하거나 선생님이 먼저 행동을 해서 보여준다.

(5) 활동명: 평균대 위에서 공 굴려서 병 맞추기

▶ 활동목표: 공을 굴리면서 방향감각을 키울 수 있고 병을 맞춤으로 즐거움을

느낄 수 있다.

▶ 준비물: 평균대, 공, 플라스틱 병

▶ 활동방법

① 평균대의 중간에 병을 놓는다.

② 평균대 끝에 엉덩이를 걸치고 앉아 공을 굴려서 병을 맞추게 한다(병을 놓는 거리는 조절할 수 있다).

③ 병을 일렬로 세우고 할 수 있다.

▶ 활동의 적용

- 시각장애 아동: 플라스틱 병에 소리가 날 수 있도록 돌이나 종을 넣어 소리가 나게 하여서 맞추었다는 것을 쉽게 인식할 수 있도록 한다.
- 지체부자유 아동: 평균대 위에 앉기 불편한 유아는 휠체어나 보조의자에 앉아서 할 수 있게 한다. 상지가 불편한 아동은 의자에 앉아 발로 할 수 있게 한다.
- 청각장애아동: 플라스틱 병을 색깔별로 준비한다. 교사가 보조해 준다.

(6) 활동명: 평균대 위에서 공놀이

▶ 활동목표

- 신체를 거리와 높이를 맞추어서 조절하여 움직일 수 있다.
- 평균대에서 공을 굴리고 던지고 받기를 할 수 있다.

▶ 준비물: 평균대, 공

▶ 활동방법

① 평균대 처음과 끝 사이에 선다.

② 한쪽에서 다른 쪽으로 평균대 위로 떨어뜨리지 않고 공을 굴린다.

③ 받는 쪽에서 굴어오는 공을 받을 수 있다.

④ 공을 받았으면 다시 반대쪽으로 굴린다.

▶ 활동의 적용

- 지체부자유 아동: 앉기가 가능한 장애유아라면 앉아서 수행 가능하고, 소근육 사용에 불편이 있는 아동의 경우에는 평균대 너비가 넓은 평균대에서 수

행한다.

- 청각장애아동: 먼저 동작을 표현하는 그림을 제시하거나 교사가 시범을 보인다.

(7) 활동명: 평균대 왕복하기

▶ 활동목표: 평균대에서 모둠발 뛰기를 할 수 있다.

▶ 준비물: 평균대 2개, 매트

▶ 활동방법

① 왼쪽 평균대에서 오른쪽 평규대로 점프한다.

② 오른쪽 평균대에서 왼쪽 평균대로 점프한다.

③ 다시 왼쪽 평균대에서 오른쪽 평균대로 점프한다.

④ 이런 방법으로 끝까지 한다.

▶ 활동의 적용

- 지체부자유 아동: 대근육 사용에 불편이 있는 아동의 경우에는 수행할 수 없으나 소근육 사용에 불편이 있는 아동의 경우에는 일반유아 활동과 같이 수행할 수 있다.
- 청각장애아동: 먼저 동작을 표현하는 그림을 제시하거나 교사가 시범을 보인다.

(8) 활동명: 평균대 뛰어넘기

▶ 활동목표: 평균대를 건너 뛸 수 있다.

▶ 준비물: 평균대, 매트

▶ 활동방법

① 평균대 처음 왼쪽에 선다.

② 평균대 반대편으로 두발 모아 건너 뛴다.

③ 다시 평균대 반대편으로 두발 모아 건너 뛴다.

④ 이런 방법으로 끝까지 한다.

▶ 활동의 적용

- 시각장애 아동: 평균대에서 걸려 넘어질 수 있으므로 교사가 아동의 손을 잡

아 수행하도록 한다.

- 지체부자유 아동: 대근육 사용에 불편이 있는 아동의 경우에는 수행할 수 없다고 보고, 소근육 사용에 불편이 있는 아동의 경우에는 일반유아 활동과 같이 수행할 수 있다.
- 청각장애아동: 교사가 시범을 보인후 아동이 수행할 수 있도록 한다.

(9) 활동명: 평균대 위에서 움직이기

▶ 활동목표: 평균대 위에서 균형을 잡을 수 있다.

▶ 준비물: 평균대, 매트

▶ 활동방법

① 평균대 위로 올라간다.

② 평균대 중간 지점에서 멈춘다.

③ 한 쪽 발 들기, 앉기, 누워 보기 등 평균대 위에서 할 수 있는 동작들을 천천히 신체의 균형을 유지하면서 바꾼다.

④ 다시 걸어 평균대 끝까지 와서 두 발 모아 착지한다.

▶ 활동의 적용

- 시각장애 아동: 중심 잡기가 어려우므로 힘든 동작을 피한다.
- 지체부자유 아동: 대근육 운동 장애가 있다면 수행할 수 없고, 소근육 운동 장애유아는 일반유아와 같은 방법으로 실시한다.
- 청각장애아동: 먼저 동작을 표현한 그림을 제시하거나 교사가 직접 시범을 보인다.

제7장

장애유아 통합교육을 위한 환경구성

1. 환경구성의 중요성
2. 학습환경의 설계
3. 활동영역의 구성
4. 실외놀이영역의 구성

제7장

장애유아 통합교육을 위한 환경구성

유아특수교육에 있어서도 환경의 중요성은 이미 많은 연구와 문헌들을 통해서 제시되고 있다. 특히 최근에는 장애유아의 새로운 기술 학습과 일반화 또는 문제행동의 예방이나 감소를 위해서 가장 우선적으로 환경을 조절하는 방법이 사용되어야 함이 강조되고 있으며, 실제로 많은 연구를 통하여 환경의 조건들을 조작함으로써 유아들의 학습을 촉진하고 교수계획을 용이하게 하며 바람직하지 못한 행동을 최소화 할 수 있음이 밝혀지고 있다. 따라서 장애유아 통합교육 현장에서도 각 통합학급의 장애유아의 발달 특성을 고려하여 적합한 교실 및 바깥 환경이 될 수 있도록 점검하여 조직되어야 할 것이다. 그리고 환경구성시 유아교사들은 장애유아를 위한 통합교육 환경은 어떻게 구성되어져야 하는지를 항상 염두하면서 적합한 통합교육 환경을 제공하도록 노력해야 할 것이다. 또한 일반유치원의 환경은 장애유아를 통합하기 위한 환경 측면에서 어떠한 것이 적절하고 부적절한지 또는 수정 및 보완점은 무엇인지 점검할 필요가 있다.

1 환경구성의 중요성

환경은 여러 가지 측면에서 유아의 환경에 영향을 미친다. 제공되는 교재와 공간

뿐만 아니라 교수활동을 위하 시간표 구성과 구조화, 참여하는 사람들 및 그들과의 상호작용 형태 및 질을 포함하는 개념으로 이해되어야 한다. 교수전략으로서의 환경조작은 모든 경우에 있어서 조기 특수교육 프로그램의 정상화, 성장을 촉진하는 물리적인 환경과 시설을 제동하는것을 의미한다. 질적으로 우수한 환경의 제공은 교수활동의 효과를 최대화하고 조기특수교육 프로그램이 실현되는 장소로 아동과 성인 모두에게 즐겁고 안전한 곳으로 만들기 위해 매우 중요한 것이다. 환경은 다음과 같은 5가지 기본적인 기능을 갖는다. 첫째, 개인의 주체성을 신장시켜 준다. 즉 세상과의 관계에서 자신의 정체성을 알게 해준다. 둘째, 능력의 발달을 조장해준다. 즉 자신을 둘러싸고 있는 물리적인 공간을 학습하고 통제할 수 있는 기회를 준다. 셋째, 성장의 기회를 준다. 즉 풍부하고 자극적인 환경을 제공하여 성장을 위한 기회를 제공한다. 넷째, 안전감과 신뢰감을 준다. 안정적이며 수용적이고 예측 가능해야 한다. 다섯째, 또래간의 상호작용의 기회와 개인적인 시간을 모두 제공해 준다.

2 학습환경의 설계

환경의 수정을 통해 적은 노력으로 학습을 촉진할 수 있다. 장애유아들이 생활하는 특수유치원과 일반 유아들이 생활하는 일반유치원 환경의 공통범과 차이점을 비교해보면 공통점으로는 규칙적인 일과, 언어경험, 성인의 지원이 필요하다는 점이다. 그리고 특수유치원은 일반 유치원과 비교하여 휴식을 위한 시설 부족, 교실 환경구성과 유아와 관련된 게시 및 예술활동에 대한 관심의 부족, 적목놀이와 물놀이 및 상상놀이를 위한 시설의 부족, 혼자 지낼수 있는 공간의 부족, 자유 놀이나 문화적 인식을 조장하는 놀이의 부족, 대근육 활동을 위한 공간과 시간이 지나치게 많이 배정되어 있다는 점이다. 따라서 이를 고려하여 적절한 통합교육 환경으로 일반유치원의 환경이 수정 및 보완되어야 할 것이다. 예를 들면 문이 넓어야 하고 장애아동이 다니기에 걸림돌이 되는 것을 막아야 하고 위생설비를 갖추어야 한다. 그리고 최종적으로 결정된 환경구성 및 설계는 다음과 같은 점들에 유의하여 환경을 조성해야 할 것이다.

① 안전한 환경

대부분의 장애유아들은 전형적인 발달을 보이는 또래들에 비해 사고나 손상의 위험을 더 많이 지니고 있다. 안전한 환경을 구성함에 있어서 물리적으로 위협적인 요소들과 건설적인 요소들을 구분할 수 있어야 하며 유아가 극복할 수 있는 일상적인 장애물을 적절히 배치함으로써 이를 해결하는 경험을 갖게 하는 것이 중요하다.

② 접근 가능성

환경에의 접근 가능성은 유아의 독립성과 자신감을 촉진하며, 적극적인 탐구활동을 조장한다. 그러므로 장애유아들의 환경을 구성함에 있어서 이들이 환경의 모든 측면에 접근할 수 있는지를 반드시 점검해야 한다. 장애가 심한 유아들이나 자세잡기 및 균형을 유지하기 어려운 유아들의 경우에는 독립적인 이동과 활동 참여를 위해서 특별한 적응 보조도구를 필요로 한다.

③ 충분한 공간

장애를 지닌 유아들의 경우에는 공간 설계에 좀더 많은 주의를 기울려야 하는데 이것은 휠체어나 스탠더와 같은 다양한 보조 도구나 적응 도구를 필요로 하기 때문이다.

④ 반응적인 환경

반응적인 환경은 장애유아가 환경과 상호작용할 때 예측가능하면서도 즉각적인 피드백을 제공해준다. 그러므로 환경을 설계할 때는 장애유아들이 자신의 환경을 성공적으로 조절하는 경험을 할 수 있도록 환경의 반응성을 고려해야 한다.

⑤ 참여를 촉진하는 환경

장애유아에게 참여를 촉진하는 환경이 되기 위해서는 첫째, 장애유아들에게 교재가 매력적이어야 하고 둘째, 참여를 의무가 아닌 특권으로 만든다. 셋째, 활동내에서 역할을 맡게 한다. 넷째, 상호작용을 활발히 할 수 있도록 촉진한다. 유아의 교재 선호도를 조사한다.

3 활동영역의 구성

장애를 지닌 유아들을 위한 유치원 환경은 일반 유치원 환경에 비해서 완전히 다르지 않으며 대부분의 환경이 유사하게 구성된다. 그러나 장애의 특성이나 유아의 개별적인 필요에 따라 특정영역에 대한 수정이 필요한 경우도 있다. 일반적으로 활동영역들은 대상연령 유아들의 연령, 능력, 관심을 고려해서 구성되어야 하며 장애유아를 고려한 활동영역은 조용한 영역,, 활동영역, 공예 및 탐구영역, 극놀이 영역, 넓은 운동 기능영역, 치료영역 등 적어도 6개의 활동영역이 요구된다. 특히 장애유아들의 개별적인 교수목표에 대한 성과를 고려해서 계획되어야 한다. 예를 들면 중도장애아를 위한 활동영역으로 감각놀이 영역이 필요하다. 그리고 가능한 혼잡함을 최소화하여 자유롭게 움직일 수 있어야 하고 소음과 조명도 고려해야 한다. 활동영역의 구성시 일반적으로 고려할 점은 다음과 같다.

① 조용한 공간을 포함해야 한다. 즉 필요한 경우에는 장애유아가 혼자 지낼 수 있는 조용한 공간은 간단한 휴식을 제공할 수 있다.

② 너무 열린 공간은 피한다. 즉 크고 작은 활동 영역들이 서로 방해가 되지 않도록 분리는 하되 서로 다른 영역을 볼 수 있도록 구성하는 수정된 열린 공간이 필요하다.

③ 방음을 고려한다. 즉 소리가 울리거나 시끄러운 환경은 장애유아들에게 스트레스를 줄 수 있다. 특히 주의가 산만하거나 청꺼 손상을 지닌 유아들을 가르치는 교사들에게는 소음을 적당한 정도로 조절하는 것이 매우 중요하다.

④ 교재의 전시는 시각적으로 단순해야 한다. 즉 교재와 장난감의 제시가 너무 혼잡스럽고 정돈되어 있지 않을 때에는 유아들이 스스로 선택하기가 어려운 경우가 있으므로 장난감 전시는 시각적으로 단순할 필요가 있다. 예를 들어 벽을 따라 가구를 일렬로 배치하거나 모든 활동영역을 책장, 선반, 기타 기구로 둘러 싸는 것은 피해야 한다.

4 실외놀이 영역의 구성

실외놀이 영역은 유아들의 자연적인 환경을 일부분으로 햇볕과 신선한 공기를 접하게 함으로써 건강상의 필요를 충족시킬 뿐 아니라 계속되는 실내활동에 대한 휴식을 제공하는 공간이다. 실외놀이 영역은 실내환경과 상호보완적인 경험을 제공해 주기 때문에 실내에서와 같이 활동유형에 따라 구역별로 구분하여 동적인 활동과 정적인 활동으로 구분하는 것이 좋다. 동적인 영역은 미끄럼틀과 같은 놀이기구와 다양한 놀잇감들이 배치된 커다란 잔디밭으로 구성되며, 정적인 영역은 모래밭이나 음식을 먹고 휴식할 수 있는 공간으로 구성된다.

실외놀이 영역을 계획할 때 가장 중요한 것은 유아들의 안전에 대한 배려와 장애를 지닌 유아들이 장애로 인해서 접근하지 못하는 영역이 없도록 구성해야 한다는 것이다. 구체적인 수정방법들의 예를 들면 다음과 같다.

- 그네에 안전띠를 부착한다.
- 바닥은 부드럽고 탄력이 있어야 한다.
- 저시력 유아들을 위해서 영역에 대한 구분을 명확하게 해준다.
- 기어 올라가는 놀이기구에 낮고 잡기 쉬운 손잡이를 설치한다.
- 키가 작거나 다리 운동 기능이 약한 유아들을 위해 바퀴가 달린 장난감 페달에 벨트로 끈을 부착하거나 발 디딤대를 노는 등의 수정을 한다.
- 자전거 트랙을 분명하게 구분하고 자전거가 다니는 방향을 표시한다.

1) 장애유아를 위한 치료영역의 설치

치료영역은 장애유아에게 필요한 치료적 활동을 제공하는 영역이다. 각 통합학급은 장애유아의 발달 특성에 맞는 치료영역을 구비하여 자유선택활동 시간에 활발한 활동이 일어나도록 한다. 치료영역을 설치하는 것은 치료활동이 분리된 환경에서 실시되는 것보다 교실내 자연적인 환경에 삽입된 형태로 진행될 때 가장 효과적인 것이라는 연구결과가 일관되게 보고되고 있기 때문이다.

2) 장애유아를 위한 교육프로그램의 환경평가

장애유아를 위한 교육프로그램의 환경평가는 다음과 같은 5단계로 이루어진다. 따라서 장애유아 통합교육시 이것에 기초하여 교실 및 실외영역을 점검하여 수정 및 보완하는 것이 필요하다.

① 각 영역 및 활동과 관련해서 목표하는 성과가 무엇인지를 판별한다.
② 각 영역 및 활동에서의 장애유아들의 개별적인 수행을 정기적으로 점검한다.
③ 유아가 영역이나 활동에서 문제를 보인다면 왜 그러한 문제를 보이는지 이유를 알아야 한다.
④ 앞에서 알아낸 문제 및 이유, 원인에 근거해서 수정을 한다.
⑤ 영역이나 활동을 수정한 후에 앞의 절차에 따라서 다시 평가를 해본다.

제8장

장애유아 통합교육을 위한 이해와 준비

1. 장애유아 통합교육을 위한 준비
2. 통합을 증진시키는 다양한 중재방법

제8장

장애유아 통합교육을 위한 이해와 준비

유아발달에 관한 많은 연구문헌들은 유아의 성장과 발달의 질적 향상은 보다 복잡한 환경에서 유아가 생활하고 성장할 때 더욱 촉진된다고 주장하고 있다. 통합유치원 환경은 분리된 환경보다 풍요하고 자극적이기 때문에 장애유아의 발달을 촉진시켜 준다. 많은 통합교육의 교육적 효과를 살펴 보았을 때, 통합교육을 받은 장애유아들의 교육성과는 적어도 분리교육에서 얻는 성과와 같거나 그 이상인 것으로 나타났다. 그러나 이러한 주장은 단순히 물리적 통합을 했을 때보다는 통합을 지원하는 준비가 마련되어 있고 두 이질적인 집단간의 상호작용을 촉진시키는 중재가 제공되었을 때 얻을 수 있는 이익일 것이다. 통합에 성공적인 장애유아 통합교육 실천을 위한 준비요소 즉 프로그램, 장애유아, 비장애유아, 교사, 부모, 물리적 환경 준비가 되어야 한다. 그리고 장애유아와 비장애유아간의 상호작용을 증진시키는 중재방법에 대해서도 알고 있어야 한다.

1 장애유아 통합교육을 위한 준비

통합교육의 성공적인 실천을 위해서는 여러 가지 요인이 복합적으로 관여된다. 그러므로 앞에서 설명한 유치원 학급 내에서의 효율적인 일과 운영 외에 성공적인 장애유아 통합교육 실천을 위해서 준비되어야 하는 6가지가 있다. 이에 대해 프로그램 준비, 장애유아 준비, 비장애유아준비, 교사준비, 부모준비, 물리적 준비 환경 준비 등으로 나누어 살펴보고자 한다.

1) 프로그램의 준비

유아교육기관에서 장애유아를 통합교육할 때 이들을 위한 프로그램은 유아교육과 특수교육의 제요소가 있어야 한다. 장애유아의 전반적인 발달을 촉진할 뿐 아니라 장애유아 개개인의 특별한 요구에 맞는 개별화된 교육이 필요하다. 장애유아의 이러한 교육적 특성 때문에 장애유아를 비장애유아와 함께 통합교육할 때 장애유아 개개인에 맞는 개별화된 교육프로그램(IEP: Individualized Educationl Program)이 실시 되어야 함을 미국의 전 장애아교육법 P.L.94-142와 우리나라의 특수교육진흥법에서 법률로서 규정한 것이다. 그리고 Feuser는 통합교육에 적합한 프로그램은 프로젝트 중심의 교육과정과 장애유아 개인의 요구에 맞는 개별화 지도 및 치료교육의 요소가 있는 프로그램이 적합하다고 하였다. 이와 같이 통합이란 특별한 요구를 가진 장애아가 자신의 독자성을 잃게되는 단순한 혼합이나 용해냄비를 의미하는 것이 아니므로 통합교육 프로그램은 여러 면에서 장애유아와 비장애유아가 교육적 혜택을 얻도록 조정되고 수정이 이루어져야만 한다.

개별화된 교육 프로그램(IEP)은 장애유아를 유아교사가 1:1로 교육하는 개별교육을 의미하는 것이 아니다. 개개인에 맞는 교육은 소집단활동이나 자유선택활동 그리고 대집단 활동내에서도 실시할 수 있다. 예를 들어 자폐성향을 가진 유아의 개별화된 프로그램의 봄 학기 단기 목표의 하나가 '의자에 앉아있기'라면 교사사 1;1로 마주앉아 '의자에 앉아있기'를 지도하기 보다는 소집단활동, 간식시간, 그리고 귀가지도시에 반복적으로 적절하게 지도하는 것이 바람직할 것이다. 간식 메뉴가 그 유아에게 매력적일 때 '의자에 앉아있는 행동'이 오랫동안 지속될 것이다. 이와 같이 개별화된 교육은 유아교육 프로그램에서 교사가 시간을 내어 개별적으로 교육하는 것이 아니라 집단교육을 통해서 이루어질 수 있다.

많은 유아교육 프로그램 모델들은 나름대로의 교육철학과 발달이론에 기초하여 구성되어 있으므로 각각의 특성을 갖고 있다. 이러한 독특성이 만들어내는 상황은 장애유아의 통합교육에 적합하기도 하고 때로는 덜 적합할 경우도 있다. 장애유아 통합교육의 효율적 운영을 위해 유아교육 프로그램 접근의 구성요소를 파악해보는 것이 필요하다. 전통적인 유치원 프로그램은 집단 수업과 사회화를 강조하므로 개인차에 따른 접근을 제공하지 못하기 때문에 장애유아의 통합교육에 약점을 가진 프로그램이다. 그러므로 장애유아가 이 프로그램에 통합되었을 때 교육과정 전개하기, 교사훈련에 많은 수정이 필요하다.

Piaget의 이론에 기초한 인지발달 프로그램은 장애유아가 자신의 진도에 맞는 활동을 선택하여 경험할 수 있는 개별화된 활동의 기회를 가지므로, 장애유아와 비장애유아 모두에게 적합한 프로그램이며 특히 경도의 장애유아에게 적합하다. 개방교육 프로그램은 놀이를 통해 자발적인 활동을 할 수 있는 기회가 많고, 혼합연령 배치이므로 연령이 높은 유아가 어리거나 장애가 있는 유아를 도와줄 수 있고, 모델링의 기회가 있으므로 경도의 장애유아에게 바람직하다. 주혜영도 혼합연령 집단에서 비장애유아와 장애유아간의 사회적 상호작용이 더 활발하다고 하였다. 그리고 매일매일의 진단과 평가에 기초하여 수업을 진행하는 행동주의 모델은 행동분석의 요소가 있어 심각한 행동문제를 보이는 장애유아에게 도움을 준다. 몬테소리 프로그램의 감각교육과 관련된 활동들은 장애유아 교육에 매우 필요한 요소이다. 그러나 교구와의 상호작용은 많은 반면 유아간의 상호작용이 부족하다. 몬테소리 프로그램은 전학문적 기술 신장에는 도움이 되겠지만 다른 유아와의 상호작용의 기회를 제공하지 못하는 것이 약점이다.

2) 장애유아의 준비

장애유아 통합교육의 목적을 사회적 통합에 둘 때, 장애유아는 교실내에서 또래들과 상호작용하고 잘 어울리는데 필요한 기본적인 사회적 기술이 습득되어야 한다. 대부분의 장애유아들은 통합 유치원 환경에 적응할 수 있는 사회적 기술이 부족하다. 교실내의 규칙을 파악하여 지켜야 할 경우 이로 인해 여러 가지 스트레스 표시가 나타날 수 있고 심리적으로 위축될 수 있다. 경도의 장애유아는 이러한 기술들을 가지고 있으므로 시간이 증가함에 따라 잘 적응하나 중도나 중등도의 장애유아는 잘 적응하지 못한다. 그러므로 유치원 환경 적응에 필요한 기술들을 미리 습득하도록 해야 할 것이다. 유치원 통합을 위해 필요한 기술들은 독립생활 기술, 지시 따르기, 장소 이동에 대한 적응, 의사소통 기술, 학문적 기술, 사회적 상호작용, 자조기술, 대집단 활동에 대한 참여기술이다. 이러한 기술이 습득되어 있지 못할 때, 통합 환경에서 장애유아가 잘 적응할 수 없을 것이다. 이러한 기술은 통합이전의 유아특수교육환경 속에서 학습되어질 필요가 있으므로 유아특수교사가 통합이전에 이러한 기술을 준비시킨다면 장애유아 통합교육에 더 효과적일 것이다. 기술 습득이 이루어지지 않았을 때, 유아교사는 지속적인 장애유아의 행동관찰을 통해 필요한 기술 습득을 모델링과 연습을 통해 일과 속에서 습득하도록 지도해야 할 것이다. 또한 수업시간 이외의 별도의 상담시간을 통해 자신감을 격려하고, 또래에 대한 사회적 시도를 동기화해야 할 것이다. 그리고 유아교사와 유아특수교사가 서로 협력하여 필요한 기술들을 습득시킨다면 장애유아는 통합교실에 더욱 잘 적응할 것이다.

3) 비장애유아의 준비

통합이란 규범화된 사회체제속으로 장애유아가 적응하는 의미가 아니라 장애유아와 비장애유아 모두가 서로의 다양성을 인정하고 이질적인 상대의 존재를 받아들이고 함께 하는 것이다. 그러므로 통합은 즉각적인 상황에서 이루어지는 것이 아니라 의사소통이나 상호간의 만남을 통한 '행함'의 과정을 통해 이루어진다. 그러므로 통합을 위하여 비장애유아의 준비가 필요하다. 규준으로부터 일탈된 장애유아의 행동에 대한 이해는 유아의 연령이 증가함에 따라 높아질 뿐만 아니라 일탈된 행동의 차이도 더욱 더 정확하게 구별한다. 유아는 아직 특정집단에 대해 특저의 편견이나 인상이 형성되지 않았기 때문에 이러한 어릴 적의 장애 접촉 경험은 상호간의 수용가능성을 훨씬 높여줄 수 있다. 비장애유아에게 장애유아에 대하여 긍정적인 태도를 가지도록 다양한 활동과 매체를 통해 준비시킨다면 성공적인 통합교육에 도움이 될 것이다.

장애유아와의 접촉 경험만으로도 장애유아에 대한 비장애유아의 긍정적인 태도가 증가하는 경우도 있지만 반드시 긍정적인 태도가 보장된다고 할 수는 없으므로 직접적이고 구조화된 접촉을 제공해야만 할 것이다. 비장애유아와 장애유아를 주 1시간씩 30주 동안 간식시간, 휴식시간, 반구조화된 실외 놀이, 구조화된 집단활동에 통합하여 함께 교육을 받도록 하였을 때, 사후 검사에서 실험집단이 비교집단보다 장애유아에 대한 태도가 우호적으로 변하였다. 그리고 자폐유아와 자신들과의 유사점과 차이점, 장애 보조기구(휠체어, 보청기 등)소개, 그리고 자폐유아의 생활을 찍은 비디오 테이프, 그리고 자폐아 어머니의 이야기를 통하여 구체적 정보 등을 가르쳤을 때, 교육을 받은 집단이 교육을 받지 않은 집단보다 자폐유아와 더 잘 상호작용하고 그 유아를 친구라고 생각하였다.

통합환경에서 장애에 관한 정보를 제공하고 잘못된 인싱을 변화시킬 수 있는 교육적 활동으로 손인형과 장애를 주제로 한 유아도서가 있다. 유아는 때때로 장애인에 대해 비현실적인 불안감을 가지고 있기도 하다. 손인형을 사용하여 장애에 대한 궁금한 점을 질문하고 대답한다면 유아들은 훨씬 이완된 상태에서 의문점에 대해 질문하고 답하므로써 장애에 대한 이해가 높아질 것이다. 그리고 장애, 휠체어나 보청기, 장애인과 우리의 유사점과 차이점, 그리고 장애는 그들의 잘못이 아니라는 점에 대해서도 배울 수 있을 것이다. 또한 책은 태도형성과 역할 모델에 매우 유용하므로 장애를 주제로 한 이야기를 읽고 또 읽음으로서 생각이 바뀌고, 적용해 볼 수 있게 될 것이다. 유아는 책을 일음으로서 장애아와 자신과의 유사점을 인식하고 차이점을 받아들이게 하는데 도움이 된다. 또한 장애유아를 주제로 한 그림책에 기초한 문학적 활동을 제공했을 때 장애유아에 대한 태도변화에 매우 효과적이다.

4) 교사의 준비

유아교사는 앞으로 장애유아의 교사가 될 가능성이 많다. 이러한 교육적 배체에서 특별한 요구를 가진 장애유아 교육의 책임은 유아교사이다. 일반적으로 유아교사는 장애유아를 교육하고 평가하도록 준비되지 않는다. 통합교육을 위해 준비해야 할 자질은 장애유아교육에 관한 전문적 지식과 장애유아 교육방법에 관한 기술, 그리고 장애유아에 대한 긍정적 태도이다. 지식은 장애유아의 발달과 특성, 그리고 유아특수교육에 관한 지식이 포함될 것이다. 기술은 통합교육의 중재전략과 교수 기술 그리고 유아특수교육에 관한 지식이 포함될 것이다. 기술은 통합교육의 중재전략과 교수기술 그리고 유아특수교육에 필요한 설비 및 자료의 활용 능력을 의미한다. 태도는 장애유아에 대한 긍정적인 태도는 물론 발달 가능성에 대한 신념, 그리고 통합교육의 효과에 대한 확신과 집념이 포함될 것이다. 장애유아 통합교육이 성공적으로 실천되기 위하여 유아교사는 장애유아에 대한 지식을 증가시키고, 중재전략과 교수 기술을 신장시키고 장애유아에 대한 태도를 변화시키도록 준비되어야 한다. Nordquist는 교사가 통합교육에 대한 적절한 준비가 되지 않는다면 교사들은 통합에 대하여 '옳은 것'이라고 말하기는 하지만 개인적으로 '잘 되지 않을 것'이라고 생각한다고 하였다. 통합 환경에서 교사의 역할은 중요하다. 그러므로 유아교사는 통합교육에 자질을 갖도록 적절하게 준비하게 해야 한다.

교사교육은 직전교육과 현직교육으로 크게 구분되는데, 유아교사 직전교육에서 특수교육 관련 교과목과 장애인 복지 관련 이수 숫자가 증가할수록 교사의 장애유아의 증력과 교육에 대한 이해가 증가됨으로써 통합에 대한 찬성률이 증가하였다. 대학에서 관련과목 이수 뿐만 아니라 교사 재교육 등을 통해 행동관리와 교수방법에 대한 훈련을 받은 교사들도 장애유아의 통합에 대해 보다 긍정적인 태도를 가졌다. 유치원, 초등학교, 중학교 교사 대상으로 한 조사에서 강도 높은 특수교육 훈련을 받은 교사 집단은 그렇지않은 교사 집단에 비해 통합에 대한 태도가 유의미하게 긍정적으로 변화하였다. 이와 같이 교사교육을 통하여 장애유아에 대한 지식과 기술을 획득했을 때, 통합교육에 대한 긍정적인 태도가 향상되었다. 장애유아 통합교육에 관한 유치원 원장들의 태도에 관한 연구에서 장애유아에 관한 강의나 연수 경험이 많을 때, 장애유아의 통합교육에 대해 긍정적이었다.

Siegel & Jausovec는 직전교육의 주입식 정보인에 비해 현직교육은 직접적인 교사의 필요와 관련되어 있으므로 현직교육이 태도를 증진시키는데 더 효과적이라고 하였다. 통합교육이 성공적으로 실천되기 위해서 직전교육에서 뿐만 아니라 현직교육에서도 유아특수교육과 장애유아통합교유에 관한 지속적인 연수가 이루어져야 할 것이다. 그리하여 현장에서 장애유아의 특별한 요구를 충족시킬 수 있는 교수방법에 고나한 이론과 실제를 익힐 수 있어야 할 것이다. 이명자의 연구에서도 유치원의 장애유아 통합결정에 원장이 가장 큰 영향을 미치고 또한 장애유아 교수방법 결정에도 주로 담임교사과 원장이 검토하여 실행하였다는 것을 볼 때, 원장 연수에 장애유아 통합교육이 개설되어야 할 것이다.

5) 부모의 준비

장애유아 통합교육의 성공적 실천을 위해 고려해야 할 또 다른 요소는 유아들의 부모이다. 왜냐하면 유아기는 어떤 다른 시기에 비하여 부모에 대한 의존도가 몹기 때문에 비장애유아 뿐만 아니라 장애유아 부모가 자신의 자녀의 발달과 교육에 미치는 영향이 매우 크기 때문이다. 비장애유아 부모들의 통합교육에 대한 태도는 장애유아에 대한 비장애유아의 태도에 영향을 줄 것이며, 장애유아 부모들은 통합교육에 직접 참여하여 가정과 유치원에서 조력자로서 역할을 수행해야 하므로 부모들이 가지고 있는 통합교육에 대한 태도는 장애유아에 대한 비장애유아의 태도에 영향을 줄 것이다. 또한 장애유아 부모들은 통합교육에 직접 참여하여 가정과 유치원에서 조력자로서 역할을 수행해야 하므로 부모들이 가지고 있는 통합교육에 대한 태도는 통합교육 운영에 영향을 미칠 것이다. 통합교육을 실시하기 전에 부모들에게 통합의 목적과 통합교육이 자녀에게 미치는 영향 등에 대해 정보를 제공할 필요가 있다. 통합교육에 대하여 비장애 유아는 물론 장애유아 부모도 모두 염려를 하고 있다. 비장애유아 부모는 장애유아의 통합으로 인해 자신들의 자녀가 바람직하지 못한 행동을 모방하거나 학습에 방해를 받지않을까 하여 두려움과 걱정을 가지고 있었다. 장애유아 부모들은 자신들의 자녀들이 사회적으로 거부되거나 놀림을 당하지 않을까와 통합환경에서 적절한 도움을 받을 수 있는지에 대해 크게 염려하였다.

장애유아의 일반 유치원 배치가 비장애유아의 발달을 저해하지 않았고, 놀이의 구성상이나 적절성에서도 해로운 영향을 미치지 않았으며. 또한 교사의 강화가 주어지지 않는 한 장애유아의 바람직하지 않은 행동을 비장애유아가 모방하지 않았다는 결과를 비장애유아 부모에게 알려줌으로써 비장애유아 부모들의 염려를 감소시킬 수 있을 것이다. 이렇게 되었을 때, 비장애유아 부모들은 통합교육에 보다 긍정적인 인식을 가지고 적극적으로 참여할 것이며, 비장애유아 부모의 이러한 태도는 비장애유아의 장애유아에 대한 태도에 또한 영향을 미칠 것이다. 최근의 경기도 내에 있는 특수학교 유치부의 통합교육을 위한 비장애유아 모집에 28:1의 경쟁을 보인 것은 비장애유아 부모의 통합교육에 대한 긍정적인 태도를 반영한 것이라고 볼 수 있다. 부모교육에 전문가 초청도 바람직하지만 통합프로그램에 자신의 자녀를 보내본 경험이 있는 부모는 경험이 없는 부모보다 더 긍정적인 태도를 보이므로 통합교육 경험이 있는 비장애유아 부모들과 의사교환을 할 기회를 마련해 주는 것도 좋은 방법의 하나로 추천할 수 있다.

장애유아가 통합되어 교육을 받는 경우 부모들의 역할은 크다. 그러므로 교사들은 바람직한 부모 역할에 대해 적절한 지지를 제공해야 한다. 부모 참여가 효과적이기 위하여 교사들이 체계적으로 계획을 세워야 할 뿐 아니라 장애유아 부모의 특별한 특별한 요구를 이해하고 있어야 한다. 장애유아 부모의 여러 가지 개인적 문제뿐만 아니라 사회적 압력, 예를 들어 사회적 고립, 당혹감, 가족이나 이웃의 도움의 상실 등을 교사들이 민감하게 알아 그들을 지지해 주어야 한다. 또한 장애유아의 부모끼리도 접촉할 기회는 통합교육에 대한 장점과 단점에 관해 서로 교환함으로써, 사회적으로 자신의 자녀가 거부되지나 않을까 하는 불안이 감소될 것이다. 부모교육은 통합 이전과 통합교육 중에 지속적으로 이루어져야 할 것이다.

6) 교실환경의 준비

학급에 청각장애아가 있다면, 시각적 자극은 강조하되 잡음이 적게 나도록 조처해야 할 것이며, 지체부자유아가 통합되었을 경우에는 휠체어를 탄 유아가 사용할 수 있는 충분한 높이의 탁자를 제공해야 하며 휠체어용의 화장실이나 경사로 설치가 이루어진다면 행동이 어느 정도 자유로워 질 것이다. 그리고 일단 교실배치가 설정되었으면 가능한 예고없이 변화시키지 않는 것이 좋다. 갑작스러운 변화는 행동장애를 가진 유아들을 당혹케 하거나 시각장애를 가진 유아들의 움직임을 더욱 어렵게 만들 수 있기 때문이다.

2 통합을 증진시키는 다양한 중재방법

통합교실에서 장애유아는 비장애유아와 사회적 상호작용을 해야 하며, 나아가 긍정적인 사회적 관계를 발전시켜 나가야만 한다. Brick에 의하면 정상적으로 발달하는 비장애유아와 장애유아와의 상호작용은 학습에 중요한 통로를 제공한다고 하였다. Vygotsky도 심리적, 신체적 문제를 지닌 어린이들의 교육에서 가장 중요한 것은 성인들과 또래들간의 상호작용을 증진시켜 주는 것이라고 하였다.

그러나 통합유치원 현장에서 장애유아와 비장애유아간의 사회적 상호작용은 발생하기는 하지만, 우연에 의해서는 기대했던 것 보다 적게 발생하였다. 비장애유아는 장애유아보다 비장애유아인 정상의 또래들과 더 많이 상호작용 하고, 장애유아는 고립행동과 탐색놀이를 많이 하고, 또래와의 협동놀이는 적게 하였다. 물리적으로만 통합시켰을 때, 실제로 상호작용의 극적인 변화가 없었으나, 그 후 후속 연구에서 교사가 체계적으로 개입하여 장애유아와 비장애유아간의 상호작용을 도와 준 결과, 사회적 상호작용이 현저하게 증가하였으며, 놀이 행동 및 언어적 교환에서 발달적 변화를 관찰할 수 있었다. 이러한 결과는 이질적인 두 집단 간의 사회적 통합은 같은 교실에 두 집단을 단순히 함께 배치한다고 해서 자연적으로 이루어지는 것이 아니라, 사회적 상호작용을 발생시키기 위해서는 어떤 형태로든 중재가 필요하다는 사실을 시사한다. 경도의 장애유아는 시간이 경과함에 따라 진보된 형태의 사회적 상호작용과 놀이에 참여하나 중도일 경우 비장애유아와 사회적 상호작용은 발생하기 어렵다. 이질적인 두 집단의 통합을 증진시키기 위한 중재방법으로는 사회적 상호작용의 기회를 제공하는 특별한 놀잇감이나 활동 제공하기, 교사의 촉구와 강화, 그리고 교육의 대리인으로 또래 활용이 있다. 이에 대해 구체적으로 기수하면 다음과 같다.

1) 사회적 상호작용의 기회를 제공하는 특별한 놀잇감이나 활동 제공하기

놀잇감이나 자료들은 유아들을 직접적으로 가르치지는 않지만, 학습을 가져오는 상호작용의 무대를 제공한다. 그러므로 유아들이 사용할 수 있는 놀잇감 유형은 통합교실에서의 장애유아와 비장애유아 사이의 사회적 상호작용의 빈도에 영향을 미친다. Powell과 Lindman의 연구를 살펴볼 때 공놀이, 인형놀이, 병원놀이, 전화놀이, 카드놀이와 같은 사회적 관계가 요구되는 놀잇감이나 놀이활동은 장애유아의 사회적 상호작용을 증진시키는데 효과적이었으나, 크레용, 찰흙놀이, 핑거 페인팅, 퍼즐놀이는 상호작용을 증진시키는데 거의 기여하지 못하는 것으로 밝혀졌다.

놀잇감은 유아들 사이의 사회적 상호작용의 양에 영향을 미칠 뿐 아니라 놀잇감을 가지고 놀이에 참여하는 유아의 시간의 양에도 영향을 미칠 수 있다. Beckman과 Kohl은 놀잇감을 사회적 놀잇감과 고립되어 사용하는 놀잇감으로 나누었다. 사회적 놀잇감에는 블록, 공, 바퀴달린 장난감(차, 트럭) 그리고 손인형이 포함되었고, 고립되어 사용하는 놀잇감에는 책, 종이, 크레용, 찰흙, 퍼즐이 포함되었다. 혼합된 놀잇감에는 사회적 놀잇감과 고립되어 사용하는 놀잇감을 함께 포함시켰다. 결과를 살펴볼 때, 놀잇감의 형태에 따라 사회적 상호작용이 다르게 발생하였다. 통합교실과 분리교실에서 모두 사회적 놀잇감을 사용할 때 가장 많은 상호작용 빈도가 발생하였고, 그 다음이 혼합 형태의 놀잇감, 그리고 고립되어 사용하는 놀잇감 순으로 상호작용이 발생하였다.

장애유아가 놀잇감 조작방법이 미숙할 때 또래와의 상호작용이 발생하지 않는 원인이 될 수 있다. 그러므로 놀잇감을 어떻게 가지고 노는지 모르는 유아에게 놀잇감 사용법을 익히도록 지도하였을 때, 놀잇감을 매개로 하여 상호작용이 증가하였다. 그리고 충분한 놀잇감은 모든 유아가 상호작용에 함께 참여하도록 격려한다. 똑 같은 놀잇감과 재료가 있을 때, 옆에서 즐겁게 놀잇감을 가지고 놀이하는 비장애유아를 관찰함으로써 모방은 격려되어질 것이다.

2) 교사의 촉구와 사회적 강화

장애유아와 비장애유아와의 상호작용을 증진시키기 위해 유아의 행동에 대해 교사가 촉구하거나 사화적 강화를 제공하는 방법이다. 4개의 통합 유치원 환경에서 Burnstein은 비장애유아와 바장애유아 각각 9명씩을 대상으로 집단 흥미영역 시간, 과제시간 그리고 실외놀이 시간에 이들의 참여와 교사-또래와의 상호작용을 조사하였다. 세가지 시간의 상황에서 모든 장애유아는 성인과 더 많이 상호작용 하였으며, 장애유아는 흥미영역 시간과 실외놀이 시간에 성인에 의해 촉구될 때에만 비장애유아와 시간을 보냈다. 장애유아는 실외놀이 시간, 흥미영역 시간 그리고 과제 시간 순으로 또래와의 상호작용이 발생하였다. 그러나 비장애유아의 경우는 비형식적인 환경일 때, 더욱 또래와의 상호작용이 발생하였다. 이것은 비장애유아와는 달리 장애유아는 교사의 촉구와 지시가 장애유아를 활동과 놀이에 참여하도록 유도하고 유지하는데 중요한 요인이었다. Odom과 McEvoy는 비형식적 환경(자유선택활동 시간)에서는 장애유아의 사회적 통합을 자연스럽게 촉진하기 어려우며, 장애유아의 과제 참여를 유도하고, 비장애유아와 사회적 상호작용이 유지되기 위해서는 교사의 감독이 꼭 필요하다고 결론지었다.

교사 관심이 사회적 상호작용을 증진시키고 유지시키는데 강력한 방법이지만, 교사의 지지는 효과가 사라져갈 수 있는 방법이며, 또한 교사의 강화는 유아들 간에 진행되고 있는 사회적 상호작용을 방해할 수도 있다. Allen은 교사의 관심에 의해 변하는 고립된 유아의 사회적 행동의 변화를 주의깊게 관찰하였다. Ann이라는 여아는 기초선 회기에서 또래와 상호작용하는 시간의 비율은 전체 시간의 10%미만이었고, 40% 정도는 성인과 상호작용 하였으며 적어도 50%는 언제나 혼자였다. Ann이 또래와 근접해 있거나 상호작용을 할 때만 교사가 관심을 주고, 성인과의 상호작용에는 교사가 관심을 보여주지 않자, Ann의 사회적 행동에 변화가 일어났다. 거의 60% 정도의 시간 비율을 또래와의 상호작용에 보냈으며 성인과의 상호작용은 20%로 감소하였다. 그러나 다시 교사가 성인과의 상호작용에 관심을 보이고 또래와의 상호작용에 관심을 보이지 않자, 또래와의 상호작용은 20%로 감소하고 다시 교사와의 상호작용 비율이 40%로 증가하였다. 따라서 교사가 어떤 상황에서 어떻게 성인 강화를 제공해야만 하는지에 대해 잘 판단하여 실시하여야만 적절한 행동을 증가시킬 수 있을 것이다. 교사는 장애유아와 비장애유아간의 긍정적인 사회적 상호작용을 증진시키는데 필요 이상으로 방해가 되어서는 안 될 것이다. 이와 같이 통합환경에서 교사의 적절한 역할이 매우 중요하다.

3) 교육의 대리인으로서 또래 활용

통합교육 현장은 장애유아와 비장애유아간의 사회적 통합을 증진시킬 수 있는 부가적 자원으로 비장애유아 또래를 교육의 대리인으로 활용할 수 있는 기회가 있다. 이러한 접근 방법에는 근접 중재 방법, 조언과 강화 중재 방법, 또래 시작 중재 방법이 있다.

근접 중재 방법은 다른 발달적 수준을 가진 유아들을 사회적 집단 안에 단순히 혼합시키는 중재방법이다. 통합유치원에서 장애유아와 비장애유아 또래와의 상호작용은 학기초에 비해 학기말에 증가하고, 사회적 상호작용의 질이 증가하는 것은 발달적으로 진보한 또래들과의 수준높은 활동이 장애유아의 사회적 능력 발달의 기회를 제공한 것이라고 볼 수 있다. 즉 비장애유아가 장애유아에게 또래 강화역할을 하였다고 볼 수 있다. 분리교실과 통합교실에서 장애유아의 사회적 상호작용을 비교하였을 때, 통합교실에서 장애유아는 친구를 더 많이 바라보았고, 더 가까이 머물렀다. 통합교실이 분리교실보다 유아들간에 상호작용이 증가하는 것은 또래 모방과 또래가 제공하는 강화 때문일 것이다. 이와 같이 단순히 장애유아를 비장애유아와 근접시킴으로써 시간이 경과함에 따라 변화를 가져올 수도 있다. 그러나 이러한 근접중재 방법은 경도의 유아에게 도움이 되는 중재방법이다.

조언과 강화 중재방법은 비장애유아 또래가 장애유아의 사회적 상호작용을 조언하고 강화하는 중재방법이다. 이때 선정되는 비장애유아 또래는 교사의 지시를 잘 따르고, 정기적으로 출석하고, 나이에 적절한 놀이 기술을 가진 유아여야 한다. 또한 대상 장애유아에 대해 긍정적인 태도를 가지고 있고 참여 의사를 가진 유아여야 한다. Guralnick는 상호작용적이고 협동적인 구성놀이 행동의 시범을 보이도록 비장애유아 또래를 사전에 교육시켰다. 그 후 지체된 장애유아로 하여금 관찰하게 하고 일부 놀이행동은 비장애유아의 직접적 지시를 통해 따라 하도록 하였다. 이러한 과정에서 장애유아가 비장애유아에게 놀이행동을 보일 때마다 교사와 비장애유아 또래가 보상을 주었더니, 장애유아의 고립행동이 현저하게 감소되고 협동적 놀이 행동이 유의하게 증가하였다.

또래 시작 중재 방법은 비장애유아가 장애유아에게 사회적 상호작용을 직접 지도하는 중재방법으로, 이러한 중재 방법은 통합된 특수교육(ISE: Integrated Special Education) 교실에서 많이 사용되는 방법이다. 교사가 비장애유아 또래가 가르칠 내용이나 시간의 적절한 선정, 또래 교사의 훈련 및 계속적인 감독을 할 때 효과를 기대할 수 있다.

Guralnick는 위축되고 심각한 고립 행동을 보이는 장애유아에게 적절한 사회적 상호작용을 증가시키기 또래 시작 중재 방법을 사용하였다. 비장애유아 또래가 장애유아의 위축되지 않은 적극적인 행동을 강화시킴으로서, 긍정적인 사회적 상호작용을 증가시키고 사회적 놀이도 향상시킬 수 있었다. 교사는 비장애유아에게 특별히 몇 몇 활동 동안에 위축된 유아가 기괴한 소리를 내거나 자신을 향항 행동 그리고 또래를 피하는 행동을 하더라도 계속 고립되고 위축된 유아에게 붙어 다니도록 요구하였다. 그리고 비장애유아에게 위축된 또래가 보이는 모든 긍정적인 행동을 강화하도록 교수하였다. 결과를 분석했을 때 비장애유아의 위축된 유아에 대한 밀착된 물리적 접근 그리고 긍정적인 행동에 대한 반응과 실제적으로 위축된 유아의 긍정적 사회적 상호작용을 증가시켰다. 처치가 끝난지 2주 후의 대상 유아의 상호작용 수준은 처치시기 동안에 도달하였던 수준과 거의 유사한 것을 보여주었다.

통합교육을 위해 프로그램, 장애유아와 비장애유아, 교사와 부모 그리고 교실환경이 준비되고 교실내에서 장애유아와 비장애유아의 상호작용을 촉진할 수 있는 여러 가지 중재 방법들이 개발된다면 통합으로 인하여 장애유아는 발달적 이익을 얻을 수 있을 것이다. 장애유아와 비장애유아의 사회적 상호작용은 장애유아의 발달적 성취와 교육적 성취의 매개 변인이기 때문이다.

그리고 장애유아가 유치원에 통합되었을 때, 유아교사는 사회적 행동 대상이 교사(성인), 놀잇감 그리고 또래로 이동하는 발달적 변화에 대한 인식이 필요하다. 사회적 행동 대상의 변화는 유아의 관심의 변화이다. 사회적 기술이 부족한 유아에게 또래와의 상호작용만을 추구하기보다는 관심을 보이고 있는 대상 즉 교사나 놀잇감에 관심을 보일 때, 이들과의 상호작용을 촉구하고 강화해 주는 것이 그 다음 단계인 또래와의 상호작용에 필요한 사회적 기술을 습득하도록 할 것이다.

유아의 나이가 어릴수록 또래의 개인차와 차이점을 자연스럽게 받아들이고 적용할 수 있으므로 통합교육은 반드시 유아기부터 실시되어야 할 것이며, 이질적인 두 집단을 통합할 수 있는 다양한 중재 방법이 계속적으로 개발되어 좀 더 가까운 또래로서 두 집단이 함께 하기를 바란다. 장애유아가 통합유치원 환경에서 이익을 얻기 위해서 우리는 두가지 해결해야 할 과제가 있다. 첫째는 장애유아들이 통합환경에서 교육받을 수 있도록 확실히 해야 하고 둘째는 통합교육을 통해 장애유아가 이익을 얻을 수 있도록 교육 프로그램을 계획하여야 한다. 통합 환경에서 장애유아의 이익은 통합교육을 위한 준비와 중재에 대한 사려깊은 계획 없이는 일어나지 않을 것이다.

제9장

장애유아 통합교육을 위한 그림책의 활용

1. 장애유아 이해에 도움이 되는 그림책
2. 성교육에 도움이 되는 그림책
3. 시각장애 유아를 위한 점자그림책

제9장

장애유아 통합교육을 위한 그림책의 활용

장애유아 통합교육을 준비하고 시도하는 일반유치원의 유아교사들은 특수유아교육과 관련된 전문서적 뿐만 아니라 유치원의 교수활동 실제에서 활용할 수 있는 그림책에도 많은 관심을 갖게 된다. 특히 유아교사의 입장에서 일반유아들에게 장애유아에 대한 관심과 이해를 구하고 함께 생활하는 것을 긍정적으로 인식시키도록 하기 위해 장애와 관련된 그림책은 교육내용 및 교육방법 측면에서 활용 가치가 높다.

이미 몇몇 학지들에 의해 장애유아 통합 환경에서 일반 유아들에게 장애에 관한 정보를 제공하고 잘못된 인식을 변화시킬 수 있는 교육적 활동으로 손인형 및 인형극을 활용하는 것과 장애를 주제로 한 유아용 도서가 유용하다는 것이 밝혀졌다(김삼성, 1999; 유수옥, 최수미, 2001; 유수옥, 2001; 최세민, 1999). 특히 유수옥(2001)은 장애유아 통합환경의 유아들에게 반편견 동화에 기초한 문학적 활동을 1주에 1회씩 8주 동안 총 8회 실시한 결과 장애유아에 대한 비장애유아의 태도와 사회적 역할 인식이 매우 긍정적으로 변화되었다고 보고하였다. 또한 이러한 변화는 유치원 밖에서도 장애유아를 수용하는 태도를 갖게 하는 효과로까지 확산되었다고 언급하였다. 그러므로 장애유아 통합교육에서 장애유아와 관련된 유아용 그림책은 매우 중요한 부분을 차지한다.

그러므로 이 장에서는 장애유아 통합교육에 활용할 수 있는 장애유아와 직접 혹은 간접적으로 관련된 그림책 및 장애유아와 일반유아 모두에게 사회문제 예방차원에서 중요시되는 성교육와 관련된 그림책에 대한 정보를 제공하고자 한다. 통합교육을 하는 교사들은 자신의 통합학급에 속해 있는 장애유아와 일반유아들의 상황을 잘 고려하여 가장 도움이 되는 적합한 그림책을 잘 선정하여 적절하게 교수활동에 활용할 수 있을 것이다. 다음과 같은 교육적 가치가 있는 메시지를 담고 있는 것은 장애유아 통합교육에 적합한 그림책이 될 것이다.

- 다양한 특성을 가진 장애유아에 대한 이해와 관심을 증진하는 그림책
- 장애유아는 때로 다른 친구들의 도움이 절실히 필요하다는 것을 알려주는 그림책
- 장애유아는 외롭고 많은 친구를 갖고 싶어한다는 메시지를 전달하는 그림책
- 장애유아는 남으로부터 놀림과 괴롭힘, 왕따 당하는 것을 가장 견디기 힘들어 한다는 감정이입이 되는 그림책
- 장애유아에 대해 괴롭히고 흉보는 일반 유아들의 잘못된 모습을 반성하도록 하는 메시지를 전달하는 그림책
- 장애유아도 다른 친구들과 크게 다르지 않을 뿐 아니라 다른 친구들처럼 즐겁고 행복하게 생활할 권리가 있고 그렇게 할 수 있다는 것을 나타낸 그림책
- 장애유아에 대해 부모와 가족 뿐만 아니라 다른 사람들도 장애유아의 다른 점을 있는 그대로를 사랑하고 수용할 뿐 아니라 열린 마음으로 장애유아를 지지하고 격려해 주는 모습이 포함된 그림책
- 장애유아가 장애를 극복하기 위해 혼자서 스스로 노력하는 모습 및 다른 사람의 도움을 받아 일상생활을 행복하게 잘 헤쳐 나가는 모습을 그린 그림책
- 장애유아를 가진 부모 및 친구들이 장애유아를 부끄럽고 창피하게 여기는 잘못된 생각 및 편견은 바꾸어져야 한다는 것을 나타낸 그림책
- 장애는 장애유아와 가족의 잘못이 아니고 우리 모두가 함께 책임지고 풀어 가야 할 과제로 장애유아를 도와주는 것은 보람되고 즐겁고 기쁜 일 이라는 성취감을 나타낸 그림책.
- 장애에 대해 부족함, 슬픔 같은 부정적인 개념 보다는 남과는 다른 개성을 가진 사람의 개념으로 접근하여 장애인에 대한 긍정적인 사고의 전환을 가져 올 수 있는 그림책.

그리고 장애유아 통합교육 및 교수활동에서 교수매체로 활용할 수 있는 그림책을 장애유아에 대한 이해를 증진시키는 그림책, 성교육용 그림책, 시각장애유아를 위한 점자 그림책으로 구분하여 소개하고자 한다.

1 장애유아 이해에 도움이 되는 그림책

외톨이 사자는 친구가 없대요(제목)	나카노 히루카주(글)
외톨이 사자가 동물들과 친구가 되기 위해 각 동물들의 모습을 흉내내며 다가가지만 번번히 실패를 한 후 소나기가 내려 사자의 진짜 모습이 드러나자 오히려 동물들은 사자 있는 그대로의 모습을 보고 친구가 된다는 내용. 즉 남과 다른 자신의 모습을 긍정적으로 받아들이고 자신감을 갖는 것이 중요하다는 것을 알려주는 작품.	

〈장애유아 통합교육 관점〉

- 장애유아가 자신에 대한 긍정적인 자아정체성을 갖도록 한다.
- 장애 유아는 외롭고 많은 친구를 갖고 싶어한다는 메시지를 전달한다.
- 외양적 특성이 다른 장애 유아와도 좋은 친구가 될 수 있음을 인식시킨다.

반쪽이(제목)	이미애(글)
반쪽이는 남과 다른 모습(눈, 귀, 팔, 다리가 하나, 입과 코가 반쪽)으로 태어나 놀림과 괴롭힘, 왕따를 당하지만 늘 긍정적인 사고를 하고 지극한 효심을 갖고 있다. 또한 반쪽이는 힘이 장사이고 지혜로워 자신의 삶을 잘 개척해 결국 목표를 성취한다는 내용.	

〈장애유아 통합교육 관점〉

- 장애유아도 다른 친구들과 같이 장점이 있다는 긍정적인 인식을 하도록 돕는다.
- 장애유아도 열심히 노력하면 훌륭한 일을 할 수 있다는 것을 알게 한다.
- 장애유아로 하여금 다른 친구들처럼 자신의 행복을 위해 열심히 노력하며 일상생활을 행복하게 잘 헤쳐 나가는 모습을 통해 긍정적인 자아개념을 갖게 한다.
- 장애유아를 가진 부모 및 친구들이 장애유아를 부끄럽고 창피하게 여기는 것은 잘못된 생각이고 바꾸어져야 한다는 메시지를 전해준다.

<table>
<tr><td rowspan="2"></td><td>깃털없는 기러기 보르카(제목)</td><td>존 버닝햄(글)</td></tr>
<tr><td colspan="2">다른 형제와 다르게 알에서 깨어나보니 깃털이 하나도 없는 기러기 보르카는 따돌림과 놀림을 받는 것이 싫어 헤엄치기와 날기 수업을 받지 못한다. 날이 추워지자 모두 먹이를 찾아 따뜻한 지방으로 먼 여행을 떠나지만 날 수 없는 보르카는 그대로 남겨지게 된다. 지붕이 있는 곳을 찾아 헤매던 보르카는 배의 선장과 파울러의 도움으로 다양한 새들이 모여 사는 곳으로 가게 되고 그 곳에서 서로 도움을 주고 받으며 행복하게 살았다는 작품.</td></tr>
<tr><td colspan="3">〈장애유아 통합교육 관점〉
• 장애유아를 괴롭히고 흉보는 일반 유아들의 잘못된 모습을 반성하도록 하는 메시지를 전달하는 그림책이다.
• 장애유아는 외롭고 많은 친구를 갖고 싶어 한다는 메시지를 전달한다.
• 장애유아와 비장애유아 간에 서로를 이해하고 배려하는 마음이 중요함을 일깨워 준다.
• 장애유아와 비장애유아가 서로를 이해하고 배려하면 서로가 행복해진다는 것을 알게 한다.</td></tr>
</table>

<table>
<tr><td rowspan="2">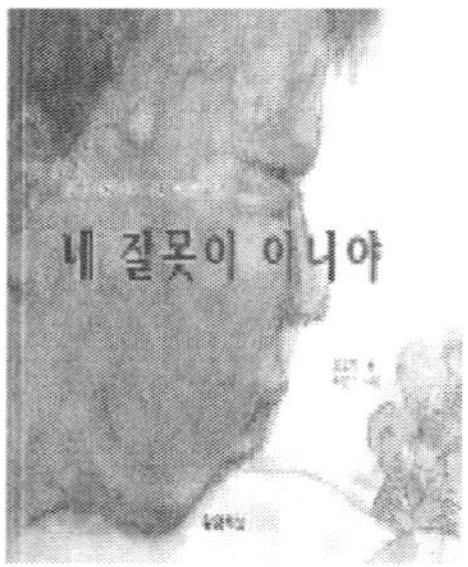</td><td>네 잘못이 아니야 (제목)</td><td>고정욱(글)</td></tr>
<tr><td colspan="2">장혁이는 출생시에 뇌 손상으로 정신지체장애를 가져서 말하는 것과 행동이 다른 친구들과 다르다. 대답도 잘 못하고 책도 제대로 읽지 못한다. 그래서 항상 친구들에게 놀림감이 되고 무시되며 예측할 수 없는 행동들에 의해 강혁이를 무서워하는 친구들이 있다. 이런 상황을 안 선생님은 강혁이는 태어날 때 친구들과 다르게 태어났을 뿐이지 강혁이의 잘못은 없다고 말해준다. 그 날 오후 수업이 끝나고 집으로 가는 길에 한명의 친구가 강혁이를 무시하자 친구들은 그 친구를 나무란다. 그리고 강혁이 엄마가 올 때까지 강혁이가 심심하지 않도록 같이 놀아준다.</td></tr>
<tr><td colspan="3">〈장애유아 통합교육 관점〉
• 정신지체 장애를 가진 유아에 대한 이해와 관심을 증진시킨다.
• 장애는 누구의 잘못도 아니고 무서워하거나 놀리거나 무시하면 안 되는 것이며 우리 모두 함께 짐을 나누어야 할 부분이라는 것을 공감하도록 돕는다.
• 장애 유아에 대해 모든 사람들이 다른 점을 그대로 사랑하고 수용할 뿐 아니라 열린 마음으로 장애유아를 지지하고 격려해주며 배려해야 한다는 것을 알게 한다.</td></tr>
</table>

외뿔이 사슴 올라프(제목)	폴거 크리젤 크리젤

유난히 큰 뿔을 가진 사슴이 살아가는데 느끼는 불편함 및 친구들의 놀림 때문에 한 쪽 뿔이 부러진 후 슬퍼하지 않고 얼마나 씩씩하고 즐겁게 생활하는가가 그려져 있다. 또한 부러진 뿔을 잃은 후의 좌절과 다시 찾은 후의 기쁨을 통해 장애조차도 소중한 우리 자신의 일부임을 느끼게 하며 장애유아도 우리와 같은 감정의 흐름을 가짐을 알게 하는 작품.

〈장애유아 통합교육 관점〉
- 장애유아 및 비장애유아 모두에게 어떠한 시련이 와도 꿋꿋하고 강인하게 살아가야 한다는 메시지를 전달해 주고 있다.
- 장애라는 것 자체를 불행이라고 인식하기보다는 장애가 있든 없든 모두에게 자기 자신의 삶은 매우 소중한 것이라는 것을 일깨워 준다.
- 장애를 있는 그대로 받아들이고 순응하며 적응해가는 삶이 아름답다는 것을 알려 준다.

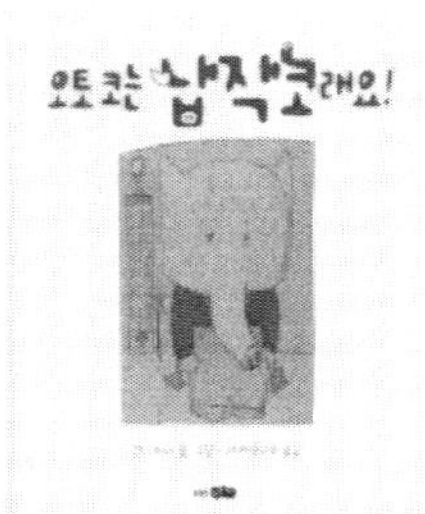

오토 코는 납작코래요(제목)	샌다 터너(글)

유난히 코가 납작한 코끼리는 친구들의 놀림이 싫어 여러 가지 방법으로 코를 늘리려고 하지만 늘 실패해서 의기소침해지지만 엄마의 사랑과 격려로 자신에게도 특별한 능력이 있음을 발견하고, 친구들도 자신의 능력을 인정하고 칭찬해주며 즐겁게 지낸다는 작품

〈장애유아 통합교육 관점〉
- 장애유아에게 부모의 사랑과 격려는 큰 힘이 된다는 것을 알려 준다.
- 장애유아와 일반 유아 모두 서로의 다름을 흉보기보다는 서로 이해하고 긍정적으로 수용하는 것이 필요하다는 것을 가르쳐준다.
- 장애유아에게도 특별한 장점 및 능력이 있다는 것을 알려줄 뿐 아니라 서로 존중하는 마음을 길러준다.
- 장애유아도 밝고 명랑하게 생활하도록 노력한은 것이 필요함을 일깨워준다.

	내 귀는 짝짝이(제목)	히도 반 헤네흐텐(글)
	토끼 리키는 한쪽 귀가 아래로 축 늘어져 있다. 리키는 쭉 뻗은 귀를 갖고 싶어 나무에 거꾸로 매달려 보기도 하고 당금을 귓속에 넣어보기도 하고 아버지 낚시대와 옷걸이를 사용해 보기도 한다. 하지만 늘 친구들의 놀림만 당하다가 의사 선생님을 찾게 된다. 리키의 귀를 살펴본 의사 선생님이 귀를 살펴보고 이상이 없다고 말하자 자신감을 얻는다는 내용. 즉 모든 토끼들의 귀는 같지 않고 다르다는 걸 인정한 후 즐겁게 생활 한다는 작품.	

〈장애유아 통합교육 관점〉
- 장애유아는 남으로부터 놀림과 괴롭힘, 왕따 당하는 것을 가장 견디기 힘들다는 메시지를 담고 있다.
- 장애유아의 다른점을 인정하고 그것을 긍정적으로 받아들이도록 하는데 도움이 되는 그림책이다.
- 비장애유아가 장애유아를 따돌리고 놀리는 것은 좋지 않다는 것을 알려준다.
- 비장애유아는 장애유아를 배려할 줄 아는 마음을 지녀야 한다는 것을 알려 준다.
- 장애유아는 친구들의 놀림을 이겨낼 줄 아는 강한 마음을 갖도록 하는 동기유발을 줄 수 있다.

	까마귀 소년(제목)	야시마 타로(글)
	뒤처지고 꼴찌라서 아무도 거들떠보지 않는 외톨이 땅꼬마는 자신만의 세계에서 자연과 함께 자란다. 어느 해 부임하신 선생님은 땅꼬마에게 많은 관심을 갖으시고 이야기를 통해 땅꼬마의 세계를 이해하게 되며 학예회 발표를 통해 세상으로 나온다는 내용으로 장점을 찾아서 끌어내는 교사의 사랑과 땅꼬마의 성실함이 돋보이는 작품.	

〈장애유아 통합교육 관점〉
- 장애유아든 일반유아든 또는 유능한 유아든 그렇지 못한 유아든 누구나 잘할 수 있는 특별한 장점이 있으므로 누구든 함부로 무시해서는 안 된다는 것을 가르쳐 준다.
- 교사와 부모는 장애유아 또는 유능하지 못한 유아에 대한 편견으로 인해 잠재적 인 가능성까지 개발되지 못하는 오류를 범해서는 안된다는 것을 상기시킨다.
- 특히 장애유아나 유능하지 못한 유아일수록 그들만이 가진 뛰어난 장점이 무엇인지를 찾아내어 지지하고 격려하여 유아가 새로운 자신을 발견하고 찾을 수 있도록 부모와 교사의 역할에 더욱 충실해야 한다는 것을 가르쳐 준다.
- 장애유아든 비장애유아든 부모와 교사의 따뜻한 사랑과 자상한 이해심은 유아들의 몸과 마음을 무럭무럭 자라게 하는데 거름과 같은 중요한 것이라는 것을 깨닫게 한다.

주머니 없는 캥거루 케이티(제목)	에이키 페인(글)
주머니가 없어서 아기캥거루를 넣고 다닐 수 없는 엄마 캥거루의 안타까움과 그 불편함을 극복하려는 엄마 캥거루의 노력이 돋보이며 장애를 극복하면 더 나은 장점으로 승화 할 수 있다는 작품으로 장애는 불편하지만 극복할 수 있다는 그림책.	

〈장애유아 통합교육 관점〉

- 장애유아가 장애를 극복하기 위해 열심히 노력할 뿐 아니라 희망을 잃지 않고 살아가는 모습을 보여줌으로써 장애에 대해 적극적으로 극복하려는 자세와 긍정적인 수용 태도를 길러준다.

내게는 소리를 듣지 못하는 여동생이 있습니다(제목)	J.W. 피터슨(글)
소리를 듣지 못하는 여동생을 둔 언니가 동심 어린 눈으로 장애를 바라보면서 동생과 함께 생활하면서 느끼고 생각한 것을 그대로 잔잔하면서 설득력있게 이야기로 표현하고 있다. 언니의 말은 단순하지만 가슴을 찌른다. 언니에게 소리를 듣지 못하는 동생은 특별할 뿐이다. 남에게 부끄럽거나 자신을 귀찮게 하는 존재가 아니라 '그리 흔하지 않을 뿐이다' 이 여동생은 다른 동생들처럼 뛰고 구르고 구름사다리 오르기를 좋아한다. 피아노를 치지만 노래도 못하고 멜로디를 들을 수 없다. 언니의 때 묻지 않은 눈은 장애의 특별한 장점을 발견한다.	

〈장애유아 통합교육 관점〉

- 장애를 가졌다는 것을 특별한 장점을 가진 개성으로 승화시켜 긍정적으로 표현했다는 점에서 장애유아에 대한 부정적 편견을 깨뜨리고 긍정적인 시각으로 바꾸는데 도움이 되는 그림책이다.
- 언니의 동심어린 눈으로 장애 여동생을 바라보는 것처럼 일반 유아 및 부모, 교사들도 장애에 대해 순수한 애정과 수용하는 열린 마음을 갖도록 한다.
- 언어장애와 청각장애의 연결 관계 및 이를 가진 유아를 이해하는데 필요한 정보를 제공해 준다.
- 언어장애와 청각 장애를 가진 유아와 그렇지 않은 유아가 어떻게 의사소통 할 수 있는지에 대한 방법을 제시해 준다.
- 언어장애로 인한 불편한 상황과 청각장애로 인해 다칠 수 있는 위험한 순간에 어떻게 도울 수 있는지를 구체적으로 보여준다.
- 언어장애와 청각장애를 가진 유아들도 다른 유아들처럼 말을 하거나 들을 수 없지만 이와는 다른 방법으로 말하고 들을 수 있다는 것을 말해 준다.

꽃처럼 향기로운 내 동생(제목)	아그네스 라코르(글)
다훈증후군 장애를 앓는 동생에 대한 사랑과 다운증후군 아이의 특성이 담백하게 표현된 작품으로 간결한 문장 속에 엄마의 슬픔과 아이에 대한 사랑이 그려진 그림책	

〈장애유아 통합교육 관점〉
- 다훈증후군 장애 유아에 대한 이해와 관심을 증진시킨다.
- 비장애 유아 및 부모가 장애유아 및 부모의 어려움과 슬픔을 이해하는데 도움이 된다.
- 장애유아든 비장애유아든 부모에게는 모든 유아가 똑같이 사랑스럽고 소중한 존재라는 것을 일깨워준다.

민수야 힘내(제목)	아오키 미치요(글)
큰 병을 앓아서 혼자 서거나 걷지 못하고 말하기도 힘든 민수에게 주는 친구들의 우정과 선생님의 애정이 따뜻하게 그려진 작품. 아기때 큰 병을 앓아 앉지도 서지도 못하는 지체장애자 민수를 친구들이 도와 나무 위로 데리고 올라 가려고하나 역부족이자 최은주 선생님이 이 광경을 보고 민수를 들쳐업고 나무를 기어 오릅니다. 고양이가 누워있는 모습을 보고 민수가 할 수 있는 방석놀이를 하는 아이들의 마음이 따뜻한 그림책이다. 이 책의 가장 큰 매력은 시각장애인을 위한 점자와 누구나 볼 수 있는 글자, 그림이 함께 있다는 것이다.	

〈장애유아 통합교육 관점〉
- 지체장애유아에 대한 이해를 증진시킨다.
- 지체장애유아에게는 남의 도움이 절실히 필요하다는 것을 알리는 그림책이다.
- 지체장애유아를 위해 때로는 많은 사람들이 힘을 합해 그들을 기쁘게 해 줄 수 있고 배려할 줄 알아야 한다는 것을 가르쳐 준다.
- 장애는 우리 모두가 함께 힘을 합쳐 풀어 나가야 할 과제라는 것을 알려 준다.
- 장애에 대한 어려움을 함께 모두가 나누고 배려하는 것은 기쁨과 행복, 위안을 준다.

자라지 않는 소녀 트루디(제목)	어슐러 헤기(글)
얼굴이 더 이상 자라지 않고 키가 더 자라길 바라는 난쟁이 소녀 트루디는 서커스에 나오는 코끼리 조련사 난쟁이 피아를 만난 후 자신감과 함께 그들의 세계가 있다는 걸 알고 행복해 한다. 세상에는 키가 작은 사람이 많은 것과 그들의 입장에서 보면 키가 큰 사람이 불편할 거라는 것에 위안을 느끼며 장애는 스스로 극복해야 한다는 것을 배우는 작품.	

〈장애유아 통합교육 관점〉

- 왜소증 장애에 대한 이해를 증진시킨다.
- 장애에 대해 남과 비교할 필요가 없으며 자신에 대해 있는 그대로 수용하는 자세를 가져야 한다는 것을 알려준다.
- 장애유아든 비장애유아든 누구든 만족스런 점과 불만족스러운 점이 있다는 것을 이해하도록 돕는다. 따라서 자신의 장애에 대해 너무 큰 문제로 인식하는 것은 바람직하지 않다는 것을 알려 준다.

마리는 괴물이 아니야(제목)	로테 킨스코퍼(글)
어느 날 갑자기 발이 엄청나게 커지고 배가 뚱뚱해져 의자에 앉아 그림을 그릴 수도 없고 지느러미 손에다 주먹코 파리채 입으로 변한 마리를 친구들은 마구 놀려대고 더 이상 친구는 없지만 엄마의 따뜻한 사랑과 위로에 어느새 제 모습을 찾는다는 작품으로 자신의 모습 그대로를 사랑하고 인정할 수 있도록 격려해주는 것이 무엇보다 중요하다는 내용으로 긍정적인 자아정체감 형성에 도움을 준다.	

〈장애유아 통합교육 관점〉

- 누구나 삶을 살아가는 동안 자기가 예상치 못한 큰 일이 일어날 수 있으며 우리는 항상 그것에 대비하고 준비하는 마음으로 살아가야 한다는 것을 알려 준다.
- 생활하는 동안 자신에게 원하지 않았던 일이 생길지라도 좌절하지 않고 행복한 마음을 간직할 수 있는 유아가 되는 것이 중요하다는 것을 알려 준다.
- 장애유아는 남으로부터 놀림과 괴롭힘, 왕따 당하는 것을 가장 견디기 힘들어 한다는 감정이입이 되는 그림책이다.
- 장애유아에 대해 부모와 가족 다른 사람들이 장애유아의 다른 점을 있는 그대로 사랑하고 수용할 뿐 아니라 열린 마음으로 장애유아를 지지하고 격려해 주는 모습이 포함된 그림책이다.

	바퀴의자 선생님(제목)	이경우(글)
	사고로 허리를 다쳐 걸을 수 없는 선생님은 노력으로 장애를 극복하고 아이들과 함께 하는 유치원 교사의 생활을 담담하게 그린 작품으로 신체 장애는 전염병이 아니며 건강한 사람도 불의의 사고로 장애인이 될 수 있으며 장애인은 생활하는데 불편한 점이 있지만 주어진 환경에 적응하면서 장애를 극복하고 정상인처럼 생활할 수 있음을 알려주는 작품.	

〈장애유아 통합교육 관점〉
- 일반유아 및 어른들도 일상생활 속에서 뜻하지 않은 사고 및 부주의로 누구든 장애가 될 수 있다는 것을 알려준다.
- 장애를 가진 많은 사람들이 태어나서 얻는 장애보다 생활하면서 나중에 장애가 되는 경우가 많다는 것을 이해시켜 준다.
- 장애를 가졌다하더라도 모든 것을 포기하거나 할 수 없다는 자신감을 잃어서는 안 된다는 것을 가르쳐준다.
- 오히려 장애를 적극적으로 수용하여 일상생활에 적응해 나가는 자세와 태도를 지니는 것이 바람직하다는 것을 알려준다.

	짖지 못하는 강아지(제목)	우르슐라 · 벤자민 레베르트(글)
	간절한 기도도 해보고 친구들의 비웃음을 견디며 짖기 위해 많은 노력도 하지만 짖지 못하는 강아지가 있습니다. 좌절 속에 지내던 어느 날 자신이 짖을 수 있음을 알게 된 강아지의 기쁨과 행복함이 그려진 작품	

〈장애유아 통합교육 관점〉
- 장애유아에게 어떠한 어려움에도 좌절하지 않고 꿋꿋하고 강인하게 자신의 삶을 열심히 살아갈 것을 가르쳐 준다.
- 장애의 어려움에 굴하지 않고 열심히 노력하다보면 언젠가는 장애를 극복할 가능성도 있다는 꿈과 희망을 심어 준다.

프리다(제목) | **조나원터(글)**

소아마비로 절룩거리는 다리, 쇠막대기가 척추를 뚫는 아픔을 감당해야 했던 뜻밖의 교통사고, 골수이시의 부작용으로 이어진 수십번의 대수술, 평생에 걸친 사랑과 배신, 그리고 임신과 유산, 신화가 되어버린 20세기 최고의 여류화가 프리다 칼로의 삶을 요약한 이야기이다. 즉 신체의 고통에도 불구하고 살아 번득이는 이념을 열정의 붓으로 그려내고 외로움과 고통을 아름다움으로 승화시켜 독창적인 예술세계를 완성해가는 내용이다.

〈장애유아 통합교육 관점〉

- 장애의 고통을 이겨낸 한 소녀의 이야기를 통해 장애유아에게는 장애에 대해 좌절하지않고 꿋꿋하게 살아가는 모습을 심어줄 뿐 아니라 미래에 대한 꿈과 희망을 심어주는 메시지를 담고 있다.
- 비장애 유아들에게도 장애는 처음부터 갖고 태어나는 것 일수도 있지만 일상생활 속에서 누구나 언제든 사고로 인해 장애를 가질 수 있는 위험이 있다는 것을 알려준다.
- 장애유아가 비장애유아에 대해 보다 내 일처럼 민감하게 느낄 수 있는 기회를 제공한다는 점에서 장애유아와 비장애 유아간에 느낄 수 있는 이질감을 줄여주는 대신 동질감을 주는 측면에서 도움이 되는 동화이다.

동글이네 가족(제목) | **크리스티앙 메르베일레(글)**

동그란 동글이네 가족과 다르게 태어난 네모는 가족과 다르다는 슬픔과 아이들의 따돌림 속에서 외로움을 느낍니다. 네모는 상처를 받고 집을 떠나지만 후에 동글이네 가족이 곤경에 처했을 때 자신의 몸에서 뿜어져 나오는 빛으로 도움을 주게 되어 사이가 좋아진다는 내용이다. 즉 네모의 동그랗게 되려는 노력과 그 좌절 후에 자신의 장점이 빛나는 네모라는 걸 발견한 후 가족과의 화합 그리고 동글이 가족 모두가 조금씩은 다른 개성이 있음을 발견한다는 작품.

〈장애유아 통합교육 관점〉

- 다른 것은 나쁜 것이 아니며 이 세상 사람들은 같은 점이 있어서도 좋지만 다른 점이 있기 때문에 서로 다른 도움을 줄 수 있다는 것을 알게 한다.
- 장애유아와 일반 유아 모두에게 친구와 같은점과 다른점을 서로 간에 이해하고 화해를 조성하는데 도움이 되는 그림책이다.
- 남과 똑같아지려는 노력보다는 자신의 있는 그대로를 받아들여야 한다는 자아정체성 확립에 도움이 되는 그림책이다.
- 장애유아 일반유아 모두에게 다른 사람의 다른 점을 흉보고 놀리기보다는 존중해 주는 마음을 가져야 한다는 것을 알려준다.

깜박깜박 잘 잊어버리는 고양이 모그(제목)	주디스 커(글)
너무 잘 잊어버려서 잘못된 행동이라는 것을 모르고 말썽을 피우는 고양이 모그를 성가신 고양이라고 귀찮아 하지만 우연한 기회에 도둑을 잡아서 부모님의 사랑도 듬뿍 받는다는 내용으로 장애로 인한 잘못된 행동은 우리 모두 이해하고 도와주어야 한다는 것을 알게 해주는 작품.	

〈장애유아 통합교육 관점〉

- 장애에 대해 부족함, 슬픔 같은 부정적인 개념 보다는 남과는 다른 개성 및 특별한 장점을 가진 사람의 개념으로 접근하여 이야기를 전개하여 사고의 전환을 가져올 수 있는 그림책.

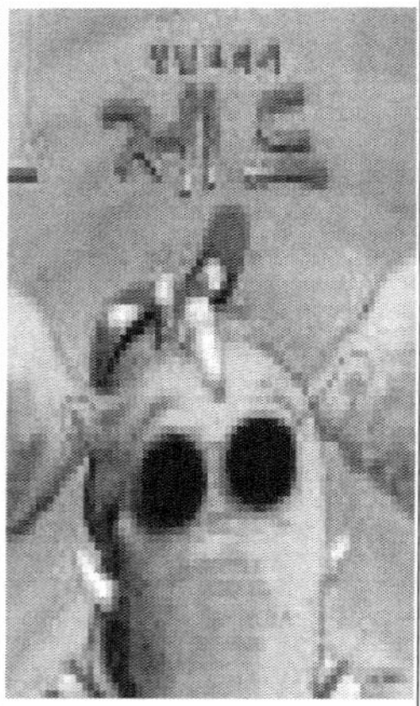

장님코끼리 제드(제목)	라셀 비쉐이(글)
흰쥐 아나멜은 코끼리와 친구가 되고 싶어 했습니다. 같은 생쥐 친구인 블로는 심술궂게 남을 괴롭혀서 싫었습니다. 코끼리들을 찾아가 친구가 되자고 했더니 코끼리들은 멀리 달아나 버렸습니다. 그때 검은 안경을 낀 장님 코끼리 제드가 친구하자고 아나벨 앞에 나섭니다. 아나벨은 앞을 못 보는 제드에게 색깔이 갖는 느낌을 가르쳐 줍니다. 노랑색은 해님이 등을 비출 때의 기분이 드는 색이고, 초록은 풀잎 냄새를 맡았을 때 드는 마음과 같은 색이라고 앞 못보는 제드도 느낄 수 있도록 일러 줍니다. 제드도 블로가 아나벨을 괴롭히지 못하도록 도와 줍니다.	

〈장애유아 통합교육 관점〉

- 장애유아에게 친구가 되어주고 도와주면 비장애유아도 장애유아로부터 무언가 도움을 받을 수 있는 기회가 생긴다는 것을 알려 준다.
- 장애유아와 비장애유아는 서로 돕고 서로 의지하며 함께 살아가야 할 공동체의 일원이라는 것을 일깨워 준다.
- 장애유아에 대해 비장애유아가 입장을 바꿔 장애유아에게 어떻게 도울 수 있고 대화 할 수 있는지를 시범적으로 보여준다.
- 비장애 유아에게 시각장애 유아에 대한 보다 깊은 이해하고 공감대를 형성해주는 측면에서 통합교육 차원에서 도움이 많이 되는 동화이다.

2 성교육에 도움이 되는 그림책

나는 어떻게 태어났을까요(제목)	클레어 레웰린(지음)

엄마와 아빠가 결혼전 만나서 사랑하고 결혼을 한다. 그리고 결혼후 아빠의 몸에서 나온 정자가 엄마 몸속의 난자를 만나면 아기가 된다. 아기는 엄마의 몸속에서 열달 동안 안전하게 자란다. 엄마는 뱃속의 아기를 위해 병원에서 검진을 받고 좋은 음악을 듣고 좋은 음식을 먹는다. 엄마의 몸 속에서 아기는 몸을 움직이고 엄지손가락을 빨기도 하고 엄마와 연결된 탯줄을 영양분과 산소를 받는다. 지금 너의 배에 있는 배꼽이 바로 그 탯즐 자국이다. 엄마와 아빠는 태어날 아이를 위해 방을 마련하고 산뜻한 벽지를 사고 아기에게 필요한 물건을 준비해 놓는다. 아기가 태어나자 엄마 아빠는 아기에게 먹이고 기저귀를 갈아주거나 목욕을 시키며 낮이나 밤이나 보살핀다. 그래서 아이는 무럭무럭 자라고 키도 커지고 힘도 세지고 새로운 것을 많이 배우게 되며 나중에는 모든 것을 혼자 할 수 있게 된다.

〈장애유아 통합교육 관점〉
- 장애유아와 일반유아 모두에게 자신의 탄생과 존재에 대한 궁금증을 알기 쉽게 이해 할 수 있도록 설명한 그림책이다.
- 장애유아와 일반유아 모두 비슷한 과정을 거쳐서 태어난다는 메시지를 통해 서로 간에 동질감을 느낄 수 있다.
- 엄마 아빠는 유아들을 사랑하기 때문에 아기가 태어나기까지 힘들고 어려운 과정을 참아내고 지금도 일반유아든 장애유아든 모두 똑같이 소중하고 귀하게 여긴다는 메시지를 전달한다.

벌거숭이 벌거숭이(제목)	야큐 겐이찌로(지음)

벌거숭이 여자 아이와 남자 아이의 몸, 엄마와 아빠의 몸 등은 모두 모습이 다르다는 것을 보여준다. 몸 앞에는 눈, 코, 입, 가슴과 배꼽이 있지만 몸 뒤에는 엉덩이 하나가 있다. 고추는 밖으로 나와 있어 옆에서도 보이지만 잡지는 밖에 나오지 않아 옆에서도 보이지 않는다. 어렸을 때 남자 아이와 여자 아이의 몸은 오줌 나오는 곳만 빼고 거의 비슷하지만 어른이 되면 많은 것들이 변하고 달라진다. 우리의 몸은 추울 땐 덜덜덜 떨리고, 목욕탕에 들어가면 몸이 따뜻해져 좋아진다. 우리의 몸엔 점도 있고 상처도 있다. 또 우리 몸엔 뼈가 있는데 갈비뼈와 날개뼈는 만져보면 느껴진다. 가슴에 귀를 대보면 두근두근 신장뛰는 소리도 들을 수 있다.

〈장애유아 통합교육 관점〉
- 장애유아 일반유아 모두에게 신체에 대한 관심과 호기심을 증진시킨다.
- 벌거벗은 남녀 어린이와 어른을 등장시켜 신체의 비슷하고 다른점을 한층 폭넓게 이해시킨다.
- 몸이 날씨에 따라 어떤 영향을 받고 이에 대해 어떻게 대처 행동을 해야하는지 알도록 한다.
- 신체와 나에 대한 긍정적인 자아와 성정체성을 형성하는데 도움을 준다.

	슬픈 란돌린(제목)	카트린 마이어(지음)
	유치원에 다니는 브리트라는 아이가 있었다. 이 아이는 늘 동물인형을 가지고 다니면서 말을 건네고, 수프를 끓여주는 등 천진난만한 아이다. 그런데 이 아이는 말 못할 감당하기 어려운 일을 당하고 만다. 의붓아버지에 끊임없는 성폭행을 당하고 있는 것이다. 누구에게 말하기가 겁이나 브리트는 자기가 가지고 다니는 동물인형 란돌린을 보며 자기가 겪었던 두려움과 아픔을 말하곤 하였다. 그 순간 인형 란돌린이 브리트에게 그런 일은 일어나서도 안 되고 누구에게도 그래서는 안 된다고 한다. 그리고 브리트에게 나쁜 비밀을 털어놓기를 바란다. 그 동안 란돌린이 자기에게 했던 말이 늘 가슴이 아팠던 것이다. 브리트는 란돌린의 충고에 힘을 얻고 이웃집 프레리히 아줌마를 찾아가 도움을 청했고 마침내 아줌마는 전문기관에 도움을 청하여 브리트는 오랜 두려움과 고통 속에서 벗어날 수 있었다.	

〈장애유아 통합교육 관점〉

- 어른들의 성폭행으로부터 유아를 보호하기위한 교육은 매우 필요하고 중요시 여기면서도 다루기가 까다로울 뿐 아니라 유아의 이해수준에 맞게 접근하기 어려워 유아성 폭력을 본격적으로 다룬 그림책을 찾기 어려웠다. 이책은 지금까지 덮어두기 쉬웠던 성폭력에 대해 그 실체와 해결방법까지 제시해주어 교사와 부모가 유아들에게 직접 말하기 힘든 사실들을 이야기와 그림으로 유아들에게 설득력있게 이해시키고 있다.
- 장애유아와 일반유아 모두에게 성폭력에 대해 말하지 않고 혼자만 고민할 것이 아니라 가장 믿을 만한 사람에게 도움을 청하고 당당하게 문제를 풀어나가야 한다는 것을 가르쳐 주고 있다.

	소중한 나의몸(제목)	클레어 레웰린(지음)
	우리가 가지고 있는 몸으로 무엇을 할 수 있는가? 이를 닦고 응가를 싸고 옷을 입고 풍선도 불 수 있다. 그리고 우리가 할 수 있는 가장 중요한 것이 있다. 우리들의 몸엔 정말 중요한 것인데 그것은 누가 보지 못하게 옷으로 가리고 있다. 남자아이에게는 고추가 있고 여자아이에게는 잠지라는 것이다. 이것은 어른이 되어서 아이를 낳을 수 있는 것이다. 그러기 때문에 이것은 너무 소중한 것이라 누군가가 보려고 하거나 만지려고 하면 우리는 스스로 "안돼요"라고 말해야 한다.	

〈장애유아 통합교육 관점〉

- 장애유아와 일반유아 모두에게 우리 몸의 각 명칭 및 하는 일에 대해 이해시킨다.
- 장애유아와 일반유아 모두 아기를 만들 수 있는 소중한 곳이 몸에 있다는 것을 이해시킨다.
- 자신의 몸에 대한 소중함을 알고 몸을 조심하고 잘 보호해야 한다는 것을 인식 시킨다.
- 장애유아와 일반유아 모두에게 몸을 지키는 방법에 대한 기본적인 대처방법을 제시한다.
- 아직 성에 대해 인식이 미흡한 유아들에게 자연스럽고 쉬운 방법으로 신체와 성의 소중함을 일깨워준다.

이럴 땐 싫다고 말해요(제목)	마리 프랑스보트(지음)

선인장 소녀 미미는 다른 아이들과 마찬가지로 잘 웃고 잘 노는 작은 여자 아이이다. 미미는 늘 고슴도치 가스통과 함께 다니며 하루하루를 재미있게 지내지만 그다지 안전하지는 않다. 곳곳에 숨어있는 위험한 일들 때문이다. 나쁜 어른들로부터 자신을 보호할 수 있는 것을 알고 있는 것이다. 한번은 미미가 학교를 마치고 공원을 지나가는데 어떤 아저씨가 부른다. 아저씨는 미미가 예쁘다며 어깨를 토닥거리고 머리를 쓰다듬는다. 미미는 자기를 만지는 것이 싫었다. 아저씨는 미미에게 사납게 달려들었고, 미미는 소리를 질러 사람들에게 알려 아저씨는 도망가고, 아주머니는 소리쳐 도움 청한 것은 잘했다고 칭찬한다. 미미는 자기의 몸은 너무 소중한 것이기에 이제는 나쁜 사람들로부터 자기를 보호할 수 있는 법을 잘 알 수 있다.

〈장애유아 통합교육 관점〉

- 장애유아와 일반유아 모두에게 나쁜 어른들에 의한 성추행 및 성폭행 등을 구분하고 판단하여 자신을 보호하는 방법 및 도움을 청하는 방법을 알도록 한다.
- 유아들이 쉽게 감지할 수 없는 어른들의 성추행 및 성폭행 위협에 대해 일깨워주고 이러한 상황에서 자신감있게 "싫어요"라고 말할 수 있도록 도와준다.
- 유아들이 평상시 어른들에게 공손해야 한다는 것과 유아 자신들을 위험한 상황에 빠뜨리는 어른들로부터 자신을 보호하기 위해 큰소리로 "싫어요"라고 외치는 행동은 다를 뿐 아니라 확실히 구별해서 자신을 보호할 줄 알아야 한다는 메시지를 전달한다.

너랑 나랑 뭐가 다르지 (제목)	빅토리아(지음)

남자 아이의 몸과 여자 아이의 몸이 뭐가 다른지를 보여준다. 남자 아이에게는 고추가 있고, 여자 아이는 잠지를 가지고 있다. 어른들은 남자 아이의 고추를 보고 생쥐나 당근, 애벌레라고 부르고 여자 아이의 잠자리를 조개, 하트, 리본이라고들 부른다. 여자 아이들은 오줌이 마려울 때 고추 있는 것을 부러워하고, 남자 아이들은 지퍼에 고추가 끼거나 공에 맞았을 때 잠지가 있는 것을 부러워한다. 몸이 자라면 여자는 젖가슴이 나오고 엉덩이뼈가 넓어지고, 남자는 수염이 나고 털이 많이 나며 목소리가 달라진다. 우리가 다 자라면 서로의 관심을 끌고 싶어하고 사랑에 빠지게 되며 나보다 남을 먼저 생각하게 된다. 그리고 사랑의 결과로 아이가 생기게 된다.

〈장애유아 통합교육 관점〉

- 장애유아와 일반유아 모두에게 남자와 여자의 신체상 다른점 및 성에 대해 이해시킨다.
- 남녀의 사랑의 행위와 이로 인해 아기가 생기게 되는 과정을 구체적이고 알기 쉽게 보여 준다
- 유아들에게 성에 대한 선입견을 없앨 뿐 아니라 성은 자연스럽고 소중한 것으로 깨닫게 한다.
- 원색의 풍부한 색채, 만화와 같은 그림, 삐뚤삐뚤한 글자와 거친 바탕색 등 유아들의 눈을 즐겁고 재미있게 볼 수 있는 그림책이다.
- 장난스럽고 귀엽게 보이도록 하면서 도 과감하고 사실적으로 표현하여 남녀의 신체와 아기가 생기는 것에 대해 과감하게 드러내고 있다.

3 시각장애유아를 위한 점자그림책

점자 그림책은 일반 그림책과 비교하여 점자로 된 글자가 첨부되고 그림의 테두리 및 선 또는 그림의 일부분이 촉감을 느낄 수 있도록 부직포를 부착하거나 볼록하고 오목한 굴곡으로 처리된 점이 다르다. 특히 점자는 글자 위에 또는 글자 바로 아래에 종이 또는 얇은 비닐 위에 각 글자에 해당하는 의미를 지닌 일정한 구멍을 뚫어 손으로 만지면서 촉감을 통해 글자를 인식하여 읽을 수 있도록 되어 있다. 이를 통해 시각장애유아들은 글과 그림을 대략적으로 이해하게 된다.

대부분의 일반 유아교사들은 점자 및 점자 그림책을 접해본 경험이 없다면 시각장애유아를 이해하고 지도하는데 필요한 점자 그림책에 대해 기본적으로 알아두어야 할 필요가 있다. 현재 우리나라에는 시각장애인을 위한 점자책 및 컴퓨터 등이 시판되고 있지만 그 가격이 비쌀 뿐 아니라 점자책은 일반 출판사에서 출간되지 않고 있다. 그 이유는 점자책의 수요가 적어 이익을 창출하기 어렵기 때문이다. 따라서 각 사회단체 및 민간에 의해 각 시・도에 점자도서관이 운영되고 있다. 한국점자도서관은 인터넷상으로 점자책을 주문받아 판매하고 있다. 한국점자도서관(http://infor.kbll.or.kr)은 약 100 여 권의 유아 및 아동용으로 그림이 있는 점자책을 보유하고 있다. 가격은 일반 그림책의 2~2.5배 정도이다. 점자그림책은 아직 우리나라에서 출판되고 있지 않은 상태이다. 하지만 유아교사들이 점자그림책에 대해 조금만 관심을 갖고 이해하면 점자 그림책도 유아교사들에 의해 충분히 교수매체로 제작할 수 있는 가능성도 있다. 그리고 시각장애와 관련된 정보를 총제적으로 제공하고 있는 한국시각장애아 부모교육센터(http://www.hopes.or.kr) 사이트를 이용하면 시각장애유아의 학습과 일상생활 적응에 도움이 되는 보다 많은 정보를 손쉽게 얻을 수 있다.

여기서는 점자 그림책 및 점자책의 목록 및 내용을 소개하여 외국의 점자그림책과 우리나라에서 출간되는 점자책에 대해 이해하는데 초점을 두고자 한다. 또한 장애유아 통합교육시 필요한 점자책을 구입해 활용할 수 있도록 국내에서 구입 가능한 점자책 목록을 제시하였다. 점자책에 관한 다양한 목록을 알고 싶다면 점자도서관 사이트를 이용하면 된다.

아래에 제시된 외국의 점자 그림책 [그림 9-1]를 자세히 살펴보면 겉표지 흰색바탕 왼편에 직선처럼 늘어선 점자를 볼 수 있을 것이다. 그리고 지렁이 그림의 테두리는 볼록하게 나오게 해서 지렁이 [그림 9-1]의 전체적인 윤곽을 손으로 느껴서 그림을 인식할 수 있도록 하였다. 다만, 실물이 아닌 제시된 점자그림책 사진([그림 9-2, 9-3, 9-4])으로는 그림의 테두리 및 점자를 육안으로 확인하기 어려운 점이 있다. 그리고 우리나라의 점자책 [그림 2-1, 2-2, 2-3]에도 얇은 비닐을 부착하여 그 위에 구멍이 뚫린 점자가 표시되어 있는 것을 볼 수 있다.

1) 외국의 점자그림책

[그림 9-1] 외국의 점자그림책

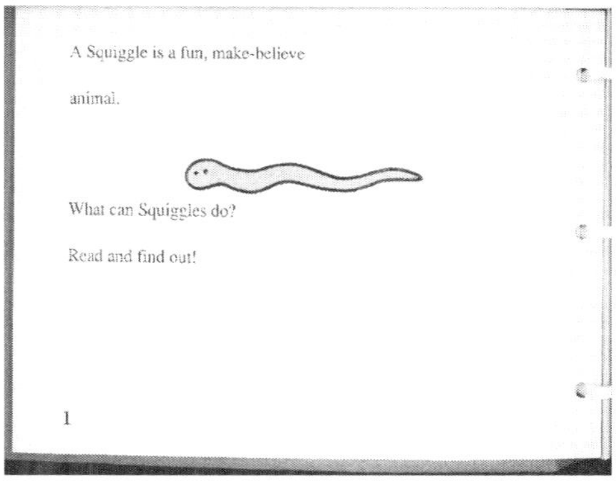

[그림 9-2] 외국의 점자그림책

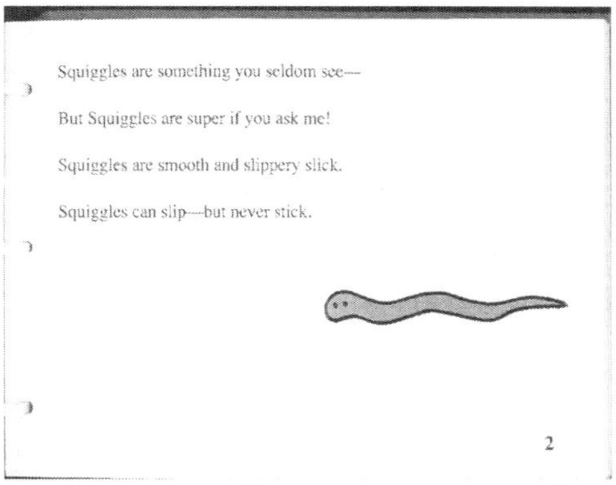

[그림 9-3] 외국의 점자그림책

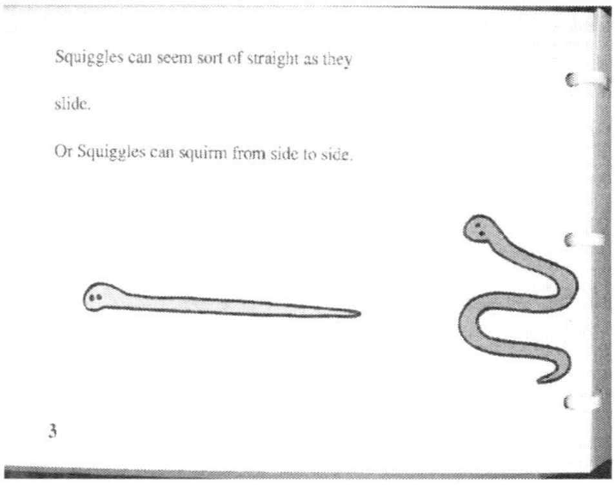

[그림 9-4] 외국의 점자그림책

2) 한국의 점자책

[그림 9-5] 한국의 점자책

[그림 9-6] 한국의 점자책

[그림 9-7] 한국의 점자책

이상과 같이 장애유아 통합교육에 유용한 그림책과 시각장애 유아에게 필요한 점자 그림책에 대해 살펴보았다. 유아교사들은 통합교육 환경에서 다양한 상황에 맞게 적절하게 이를 선택하여 활용하면 장애유아와 비장애유아 간의 거리감을 좁힐 수 있을 뿐만 아니라 상호간에 공감대를 형성하여 이질감은 줄이고 동질감은 강화해 줄 수 있을 것이다. 그리고 앞에서 제시한 그림책 외에도 '눈 먼 순이', '눈 먼

곰과 다람쥐', '사짱의 마법의 손', '그래도 엄마는 너를 사랑한단다', '꼴찌로 태어난 토마토', '삐비이야기', '중요한 사실' 등 장애유아 통합교육에 직접적 혹은 간접적으로 도움이 되는 그림책이 있다.

다만, 현재까지 출판된 장애유아 및 통합교육과 관련해서 교육적으로 활용할 수 있는 유아를 위한 그림책을 대략 살펴본 결과, 유아의 흥미와 발달 수준을 고려하면서 문학성과 교육성, 예술성을 두루 갖춘 그림책을 발견하기는 쉽지 않았다. 즉 장애에 대한 이야기를 긴 문장으로 많은 양을 무겁게 쓴 글이 여전히 많을 뿐 아니라 그림 또한 친근감을 주기보다는 이질감을 주는 느낌의 그림들이 눈에 띄었다. 또한 장애에 관한 내용을 살펴보면 주로 신체적인 장애에 국한하여 많이 다루어진 반면 정서장애 및 자폐아와 관련된 문제에 관심을 갖고 지어진 그림책은 구하기 어려웠다. 따라서 앞으로는 보다 가볍고 밝게 접근하면서도 간결하고 쉬운 문장으로 유아들이 보다 쉽고 이해가 쉬우며 재미있게 볼 수 있는 장애유아 통합교육용 그림책들이 더 많이 나오길 기대해 본다. 그리고 친사회적인 내용을 담고 있는 동화와 장애인에 대한 반편견 동화를 함께 들려주는 것을 통해 비장애유아의 장애유아에 대한 태도와 사회적 역할 인식에 긍정적인 영향을 끼쳤다는 연구결과(유수옥, 2001)는 장애유아와 관련된 그림책 뿐만 아니라 친사회성을 담고 있는 내용도 함께 균형있게 곁들여 들려 줄 필요가 있다는 것을 시사해준다.

덧붙여 우리나라에는 아직 점자책의 출판이 아직 활성화 되어있지 못할 뿐 아니라 그 종류도 매우 협소하다. 이에 대해 국가적인 사회복지 차원에서 점자책을 다양하게 구비하여 어디서든 쉽게 저렴한 가격으로 구입하여 읽을 수 있는 제도적인 장치 및 지원이 절실하다. 또한 점자그림책도 출판할 수 있는 다양한 방법을 교사연수 및 교수매체 개발 차원에서 극복하는 방안들이 강구되어야 할 것이다.

3) 국내에서 구입 가능한 점자책(http://infor.kbll.or.kr)

구 분	서 명	저자명	출판사	점역가격	서적가격	통합가격
1	999마리 개구리형제의 이사	키무라 켄	더컴퍼니	24,000	8,000	32,000
2	검피 아저씨의 드라이브	존 버닝햄	시공주니어	19,000	7,500	26,500
3	곰세마리	폴 갤돈	보림	29,000	8,000	37,000
4	괜찮아 넌 할 수 있어	클레르 프리드	세상모든책	23,000	7,500	30,500
5	구름빵	백희나	한솔교육	25,000	8,500	33,500
6	구리와 구라의 소풍	나카가와 리에	한림출판사	20,000	7,000	27,000
7	까만네리노	헬가 갈러	북뱅크	10,000	8,000	18,000
8	깜짝파티는 즐거워	데브 필키	문공사	25,000	8,000	33,000
9	꼬리를 돌려주세요	노니 호그로지	시공주니어	19,000	7,000	26,000
10	꼬마 공룡 모여라	버나드 모스트	비룡소	29,000	8,000	37,000
11	꼭 잡아!	이혜경	여우고개	16,000	7,500	23,500
12	꿈꾸는 곰 티모	게르다 바게너	비룡소	20,000	6,500	26,500
13	난 학교 가기 싫어	로렌 차일드	국민서관	24,000	8,500	32,500
14	내가 만일 아빠라면	마가릿 파크브	베틀북	31,000	8,000	38,000
15	내가 만일 엄마라면	마거릿 파크브	베틀북	30,000	8,000	38,000
16	네 모습 그대로 사랑한다	샘 맥브래트니	베틀북	17,000	10,000	27,000
17	데굴데굴 재미난 산책	도이 카야	아이세움	21,000	7,500	28,500
18	도서관이 정말 좋아요	마르타 아빌레	파란자전거	12,000	7,500	19500
19	떡잔치	강인희	보림	17,000	7,000	24,000
20	떼굴떼굴 꼬마돼지	이안 와이브로	문공사	25,000	7,500	32,500
21	마법 침대	존 버닝햄	시공주니어	30,000	8,500	38,500
22	모치모치 나무	사이토 류스케	어린이중앙	16,000	9,500	25,500
23	무지개 물고기	마르쿠스 피스	시공주니어	13,000	11,000	24,000
24	미운 말 싫어, 컹컹!	위리팅	디자인하우스	17,000	7,500	24,500
25	북쪽나라 여우이야기	데지마 게이자	보림	30,000	8,500	38,500
26	사윗감 찾아나선 두더지	김향금	보림	17,000	7,000	24,000
27	쉿쉿!	김춘효	비룡소	17,000	7,000	24,000
28	쏘피가 화나면-정말 화나면	몰리 뱅	케이유니버스	22,000	8,500	30,500
29	아기 공룡이 감기에 걸렸어요	제인 욜런	media2.0	18,000	8,800	26,800
30	아기 힘이 세졌어요	존 버닝햄	한솔교육	19,000	8,500	27,500

구 분	서 명	저자명	출판사	점역가격	서적가격	통합가격
31	아카시아 파마	이춘희	언어세상	18,000	8,500	26,500
32	아함, 졸려!	히도 반 헤네흐	계림	14,000	6,500	20,500
33	악어오리 구지구지	천즈위엔	예림당	22,000	8,000	30,000
34	엄마도 날 사랑해?	히도 반 헤네흐	웅진닷컴	14,000	10,000	24,000
35	여우가 오리를 낳았어요	쑨창펑	예림당	20,000	8,000	28,000
36	열두띠 동물 이야기	라이마	예림당	22,000	9,000	31,000
37	우리 모두 다함께	아니타 제람	베틀북	25,000	7,000	32,000
38	으뜸 헤엄이	레오 리오니	마루벌	15,000	8,500	23,500
39	작은 걱정	안느 에르보	JDM(주)중앙	21,000	8,000	29,000
40	잘했어 꼬꼬닭	사라 엠마누엘	생각이큰나	18,000	8,000	26,000
41	잘했어, 아가야	히도 반 헤네흐	웅진주니어	14,000	8,000	22,000
42	줄줄이 꿴 호랑이	권문희	사계절	20,000	9,800	29,800
43	쥐돌이와 펜케이크	나카에 요시오	비룡소	19,000	7,500	26,500
44	책 읽는 두꺼비	클로드 부종	비룡소	22,000	6,500	28,500
45	하늘을 날고 싶어요	(주)아이코닉스	대원키즈	20,000	8,000	28,000
46	호랑이 잡은 피리	강무홍	보림	19,000	7,000	26,000
47	바른생활 그림책	배빗 콜	보림	23,000	7,500	30,500
48	간식을 먹으로 온 호랑이	주디스 커	보림	22,000	7,000	29,000
49	강아지가 태어났어요	조애너 콜	비룡소	36,000	7,000	43,000
50	강아지똥	권정생	길벗어린이	19,000	7,800	26,800
51	개	김은주	보림	13,000	5,500	18,500
52	개구리가 알을 낳았어	이성실	다섯수레	16,000	8,000	24,000
53	개미가 날아 올랐어	이성실	다섯수레	15,000	8,000	23,000
54	개와 고양이	김중철	웅진닷컴	18,000	6,500	24,500
55	거인아저씨 배꼽은 귤배꼽이래요	후카미 하루오	한림출판사	32,000	7,000	39,000
56	검피 아저씨의 뱃놀이	존 버닝햄	시공주니어	16,000	7,500	23,500
57	고릴라	앤서니 브라운	비룡소	16,000	7,000	23,000
58	고양이	현덕	길벗어린이	14,000	7,800	21,800
59	곰 사냥을 떠나자	헬린 옥슨버리	시공주니어	25,000	7,500	32,500
60	곰 인형 오토	토미 웅거리	비룡소	30,000	7,500	37,500
61	관찰력을 길러주는 또또와 사과나무	나카에 요시오	세상모든책	16,000	7,500	23,500

구 분	서 명	저자명	출판사	점역가격	서적가격	통합가격
62	괴물들이 사는 나라	모리스 샌닥	시공주니어	22,000	8,000	30,000
63	구두장이 꼬마요정	그림형제	보림	14,000	7,500	21,500
64	구리와 구라의 빵만들기	나카가와 리에코	한림출판사	18,000	7,000	25,000
65	기차 ㄱ ㄴ ㄷ	박은영	비룡소	15,000	7,500	22,500
66	깃털없는 기러기 보르카	존 버닝햄	비룡소	18,000	7,500	25,500
67	까마귀 소년	야시마 타로	비룡소	35,000	7,500	42,500
68	까마귀의 소원	하이디 홀더	마루벌	20,000	8,500	28,500
69	까만 크레파스	나카야 미와	웅진닷콤	20,000	7,000	27,000
70	까만 크레파스와 요술기차	나카야 미와	웅진주니어	28,000	7,500	35,500
71	까치와 소담이의 수수께끼 놀이	김성은	사계절	17,000	7,800	24,800
72	꾸꾸의 꼬마 비행기	줄리 포웰	중앙출판사	13,000	8,000	21,000
73	꿈꾸는 허수아비	부리짓 민느	웅진닷컴	22,000	7,000	29,000
74	나는 우주 어디에 있는 걸까?	로빈 허스트	문학과 지성사	30,000	7,500	37,500
75	나는 책이 싫어	맨주사 퍼워기	풀빛	21,000	8,000	29,000
76	나팔 불어요	윤석중	길벗어린이	16,000	7,500	23,500
77	난 토마토 절대 안 먹어	로렌차일드	국민서관	26,000	8,500	34,500
78	난 하나도 안졸려, 잠자기 싫어	로렌차일드	국민서관	27,000	8,500	35,500
79	내 동생	주동민	창작과비평사	16,000	8,000	24,000
80	내가 아빠를 얼마나 사랑하는지 아세요	샘 맥브래트니	프뢰벨	20,000	8,000	28,000
81	내게는 소리를 듣지못하는 여동생이 있습니다	J.W. 피터슨	중앙출판사	23,000	5,000	28,000
82	내사랑 뿌뿌	케빈 행크스	비룡소	23,000	6,500	29,500
83	너는 특별하단다	맥스 루카도	고슴도치	21,000	7,000	28,000
84	누가 내머리에 똥쌌어?	베르너 홀츠바르트	사계절	21,000	7,000	28,000
85	눈오는 날	에즈라 잭 키스	비룡소	22,000	6,000	28,000
86	늑대가 들려주는 아기돼지 삼형제 이야기	존 세스카	보림	25,000	7,500	32,500
87	늑대와 일곱 마리 아기 염소	그림형제	비룡소	24,000	7,500	31,500
88	단군신화	이형구	보림	20,000	7,500	27,500
89	달을 먹은 아기 고양이	케빈 헹크스	비룡소	20,000	8,500	28,500
90	도깨비를 빨아버린 우리 엄마	사토 와키코	한림	19,00	7,000	26,000

구 분	서 명	저자명	출판사	점역가격	서적가격	통합가격
91	도대체 그동안 무슨 일이 일어났을까?	이호백	제미마주	23,000	7,500	30,500
92	도서관	사라 스튜어트	시공주니어	21,000	7,500	28,500
93	동물워	앤서니 브라운	논장	14,000	8,500	22,500
94	돼지책	앤서니 브라운	웅진닷컴	21,000	6,500	27,500
95	둥	야마시타 요스케	돌베개어린이	21,000	8,000	29,000
96	따로따로 행복하게	배빗 콜	보림	27,000	7,500	34,500
97	또 다시 숲속으로	매리 홀 엣츠	한림	35,000	7,000	42,000
98	똥벼락	김회경	사계절	18,000	8,000	26,000
99	마녀 위니	코키 폴 브릭스	비룡소	21,000	7,000	28,000
100	멋쟁이 원숭이의 목걸이	이경애	국민서관	17,000	8,000	25,000
101	모든 가족은 특별해요	토드 파	문학동네 어린이	21,000	8,800	29,800
102	물고기는 물고기야	레오 리오니	시공주니어	16,000	7,500	23,500
103	물의 여행	엘레오노레 슈미트	비룡소	23,000	7,000	30,000
104	바빠요 바빠	윤구병	보리	13,000	7,500	20,500
105	반쪽이	이미애	보림	23,000	7,000	30,000
106	방귀 잘 뀌는 며느리	엄기원	국민서관	18,000	8,000	26,000
107	부루퉁한 스핑키	윌리엄 스타이크	비룡소	19,000	7,000	26,000
108	부비의 멋진 생일 선물	김세실	꿈소담이	16,000	7,000	23,000
109	부비의 두둥실 구름낚시	김세실	꿈소담이	22,000	7,000	29,000
110	부비의 밤하늘을 나는 배	김호현	꿈소담이	16,000	7,000	23,000
111	부비의 방울방울 빗방울 소풍	이혜옥	꿈소담이	17,000	7,000	24,000
112	부엉이와 보름달	제인 욜런	시공주니어	18,000	7,000	25,000
113	비오는 날 또 만나자	사토우치 아이	한림	19,000	7,500	26,500
114	비 오는 날의 소풍	가브리엘로 벵상	시공주니어	24,000	6,000	30,000
115	사랑에 빠진 개구리	맥스 벨트 하우스	마루벌	23,000	8,000	31,000
116	사물놀이 이야기	김동워	사계절	36,000	16,000	52,000
117	살아있는 모든 것은	브라이언 멜로니	마루벌	21,000	8,200	29,200
118	새앙쥐와 태엽쥐	레오 리오니	마루벌	18,000	8,600	26,600
119	샌지와 빵집주인	로빈 자네스	비룡소	19,000	7,500	26,500
120	샐러드와 마법의 가게	가즈코G. 스톤	한림	28,000	6,500	34,500
121	선인장 호텔	브렌다 기버슨	마루벌	22,000	8,500	30,500

구 분	서 명	저자명	출판사	점역가격	서적가격	통합가격
122	세 강도	토미 웅게러	시공주니어	19,000	7,000	26,000
123	세상에서 가장 큰 아이	케빈헹크스	비룡소	17,000	8,000	25,000
124	세상에서 가장 행복한 전쟁	데이비드 맥키	베틀북	14,000	8,500	22,500
125	셀레스틴느는 훌륭한 간호사	가브리엘르 벵상	시공주니어	23,000	6,000	29,000
126	쇠를 먹는 불가사리	정하섭	길벗어린이	17,000	7,300	24,300
127	수궁가	이현순	초방책방	22,000	15,000	37,000
128	수호의 하얀말	오츠카 유우죠	한림출판사	27,000	12,000	39,000
129	순이와 어린동생	쓰쓰이 요리코	시공주니어	16,000	7,00	23,000
130	숨쉬는 항아리	정병락	보림	22,000	7,500	29,500
131	신기한 그림족자	이영경	비룡소	22,000	9,000	31,000
132	썰매타는 암소 무	토마스 바스란데르	사계절	24,000	7,000	31,000
133	아가야 울지마	오호선	길벗어린이	20,000	7,000	27,000
134	아기 여우와 털장갑	니이미난키치	한림	23,000	8,500	31,500
135	아기토끼의 시끄러운 하루	마거릿 와이즈	계림	26,000	6,500	32,500
136	아름다운책	클로드 부종	비룡소	20,000	8,000	28,000
137	아씨바 일곱동무	이영경	비룡소	17,000	8,000	25,000
138	아주 바쁜 거미	에릭 칼	몬테소리씨엠	12,000	13,000	25,000
139	아프리카여 안녕	H.A. 레이	시공주니어	27,000	7,500	34500
140	안돼, 데이빗!	데이빗 섀논	지경사	17,000	6,500	23,500
141	야, 우리 기차에서 내려!	존 버닝햄	비룡소	23,000	7,000	30,000
142	야옹이가 제일 좋아하는 색깔은	제인 코브레라	보림	15,000	7,000	22,000
143	양초 귀신	강우현	다림	27,000	8,000	35,000
144	언제까지나 너를 사랑해	로버트 먼치	북뱅크	17,000	7,500	24,500
145	엄마가 알을 낳았대	배빗 콜	보림	29,000	7,500	36,500
146	에디에게 잘 해주렴	버지니아 플레밍	느림보	24,000	8,500	32,500
147	예방주사 무섭지 않아!	후카미 하루오	한림출파사	26,000	7,000	33,000
148	옛날에 오리 한 마리가 살았는데	마틴 워델	시공주니어	22,000	7,500	29,500
149	오늘은 우리집 김장하는 날	채인선	보림	14,000	7,500	21,500
150	온 세상에 비가 내려요	로라 셰이퍼	아이세움	25,000	7,500	32,500

제10장

장애유아 통합교육 실천상의 문제와 해결 방안

1. 장애유아 통합교육 실천 및 운영상의 문제
2. 장애유아 통합교육의 당면과제와 해결 방안
3. 성공적인 장애유아 통합교육을 위한 제언

제10장

장애유아 통합교육 실천상의 문제와 해결 방안

기존의 장애유아 통합교육과 관련된 많은 연구들은 장애유아 통합교육은 장애유아를 분리하여 교육하는 것보다 다양한 측면에서 교육효과가 높다는 긍정적인 경향을 띠고 있다. 하지만 앞에서 언급했듯이 장애유아 통합교육은 단순히 같은 시간과 공간 속에 장애유아와 일반유아를 섞어놓은 것만으로 자연스럽게 긍정적인 효과를 가져다주는 것은 아니다. 장애유아 통합교육에서 통합의 의미는 단순히 사회성 증진하기 위해 장애유아를 일반 학급에 물리적으로 통합(시간적 통합)하는 것 외에 학문적(교수활동적 통합), 사회적(사회적 통합)으로도 통합하는 것을 의미한다. 여기서 시간적 통합이란 일정 시간 동안 일반 또래들과 동일한 교육환경에 배치하는 것을 의미하며, 교수활동적 통합이란 일반 학급의 학업활동에 의미있게 참여하는 것을 뜻한다. 그리고 사회적 통합이란 통합되는 학급의 교사와 또래들로부터 학급의 구성원으로 수용되는 것을 의미한다. 즉 일반유아와 장애유아, 일반유아의 부모와 장애유아의 부모, 일반유아교사와 특수유아교사가 모두 상호 긍정적인 교류하에 역동적이고 복합적으로 이루어지는 실천과정이라고 이해되어야 할 것이다.

따라서 장애유아 통합교육을 하는 일반유아교사는 단순한 긍정적인 연구결과의 통계수치 만으로는 통합교육 상황 및 운영 전반에 대해 파악하기 힘들뿐 아니라 과연 장애유아 통합교육의 실천상의 진정한 의미는 어떠한 것인지 밑그림을 그리는 것은 쉽지 않다. 따라서 성공적인 통합교육의 진정한 실천상의 의미를 파악하기 위해서는 통합교육환경에서 일어날 수 있는 다양한 문제들을 접하고 이해할 필요가 있으며 이를 통해 장애유아 통합교육 현장에서 발생하는 문제들에 적절하게 대처하고 준비하여 실제 실천적인 의미로서 통합교육에 대해 깊이있게 이해할 수 있을 것이다.

그러므로 여기서는 장애유아 통합교육을 실시하는 유치원 현장에서 경험할 수 있는 실제를 중심으로 장애유아와 일반 유아, 특수유아교사와 일반유아교사, 장애유아 부모와 일반유아의 부모 등 세가지 측면에서 통합교육 운영 및 실천상의 과정에서 부딪치는 어려움과 갈등을 간접적으로나마 접하는 기회를 제공하고자 한다. 즉 장애유아 통합교육 현장에서 일어나는 다양한 입장의 실제 경험에 기초하여 성공적인 통합교육의 진정한 실천적 의미는 무엇이며 현장에서 극복할 당면문제 및 과제는 무엇인지를 구체적으로 탐색하고 관찰하여 파악하는데 초점을 맞추고자 한다.

따라서 이 장에서는 장애유아 통합교육이 어떻게 이루어지고 있으며 통합교육활동에서 장애유아와 일반유아, 특수유아교사와 일반 유아교사, 장애유아 부모와 일반유아의 부모들은 무엇을 느끼고 경험하는지 통합교육활동 일과와 일과 시간에 나타나는 유아들의 행동, 교사와 부모들의 행동을 중심으로 구체적으로 기술하고자 한다. 이것은 통합교육을 실천하는 현장에서 실천 및 운영상의 어려움과 문제점 및 당면과제를 이해할 수 있을 뿐 아니라 장애유아 통합교육 실천의 의미 및 해결방안을 모색하는데 도움이 될 것이다. 또한 일반유아교사들과 특수유아교사들에게 통합교육을 실천하고 준비하는 차원에서 매우 도움이 될 것이다. 그리고 이에 대한 언급은 가장 최근에 이루어진 한 질적 연구(양진희, 2005)에 기초하여 기술하고자 한다.

1 장애유아 통합교육 실천 및 운영상의 문제

1) 장애유아와 일반유아의 어려움과 갈등

특수반 유아들은 통합교육이 이루어지는 매주 3일은 큰강물반(1, 3주)과 높은 산반(2, 4주)으로 보호자의 손을 잡고 등원한다. 통합반 교사가 교실에 들어오기 전 일찍 등원한 일반유아들은 자유롭게 자유선택활동을 하고 특수반 유아들은 보호자의 손을 잡고 자유선택활동 영역을 기웃거리며 보호자와 함께 활동을 시작한다. 통합반 교실에 유아들이 거의 등원하고 통합반의 유아교사와 특수반의 특수유아교사가 들어오면 특수반 유아의 보호자들은 자리를 뜨고 비로소 통합교육활동의 하루 일과가 시작된다. 통합반 교사의 자유선택활동 영역별 활동과 하루 일과에 대한 설명을 듣기 위하여 유아들은 모두 5분 정도 대집단활동이 이루어지는 중앙 카페트에 모인다. 통합반 교사는 하루 일과를 자세히 설명한다.

> 통합반 하루일과를 설명하는 시간이다. 통합반 교사의 설명을 듣기 위해 모두 카페트에 앉아 있다. 경민이와 홍석이는 머리를 양갈래로 따서 딸기핀을 꽂은 바로 앞줄에 앉아 있는 정애의 양쪽머리를 잡고 흔들고 있다. 정애가 여러차례 뒤를 돌아보며 "하지마~라고 경민이와 홍석이를 향해 얼굴을 찌프린다. 경민이와 홍석이는 입을 벌리고 얼굴 가득 행복한 미소를 지으며 정애의 머리를 계속 흔든다. 통합반 교사가 얼굴을 약간 찌푸리며 특수반 교사에게 신호를 보내지만 특수반 교사는 이미 창틀 위에서 뛰어내리려는 자세를 취하고 있는 찬양이를 올려다보며 내려오라고 양팔을 벌리고 있다.
>
> – 2003년 4월 9일 참요관찰 –

위의 사례는 대집단 활동이 이루어지는 일반학급에서도 가끔씩 볼 수 있는 광경이다. 그러나 통합교육활동이 이루어지고 있는 대집단 활동 시간에는 거의 일상적으로 관찰되는 활동이다. 통합반 대집단 활동에서는 장애유아들이 비장애유아들의 머리, 옷, 리본, 발가락 등을 만진다거나 안경 낀 비장애유아들의 눈을 신기하게 쳐다보며 손가락으로 안경을 찔러본다든가 안경을 빼앗으려는 행동 등을 자주 목격하게 된다. 이러한 광경은 일반학급에서도 가끔 이러날 수 있는 상황이지만 일반학급의 유아들은 교사의 통제가 가능하다는 점과 방해의 정도가 크지 않다는 점, 그리고 그 발생 빈도가 극히 적다는 점이 통합학급 상황과 차이가 있다.

> 자유선택활동 시간이다. 오늘 찬양이는 분홍색 원피스를 입고 허리 뒤로 나비모양의 리본을 묶은 윤지를 30분째 따라다니며 윤지의 리본을 풀어놓고 얼른 다른 곳으로 도망간다. 윤지는 여러번 찬양이를 향해 "그러지 마~ 저리 가 있어~"라고 말하며 연구자에게 와서 리본을 나비 모양으로 묶어 달라고 말한다. 리본을 묶고 윤지가 다시 활동을 시작하면 찬양이는 어디서 나타났는지 윤지의 리본을

> 또다시 풀어놓고 도망간다. 통합반 교사는 일반학급 유아들의 출석카드를 체크하고 있다. 특수반 교사는 아침부터 배탈로 고생하는 경민이를 데리고 40분째 화장실을 들락거린다. 홍석이는 언어영역 쇼파 등받이 꼭대기 난간에 누워 양팔을 아래로 늘어뜨리고 알아듣지 못할 노래를 소리 지르며 부르고 있다. 소라와 현석이는 양손으로 귀를 막고 홍석이를 향해 "그만해!"라고 목청껏 소리를 지른다. 다른 영역에서 활동 중이던 몇몇 유아들도 소라와 현석이처럼 양손으로 귀를 막고 따라한다.
>
> − 2003년 6월 16일, 참여관찰 −

일반학급 유아들은 교사의 설명을 듣고 각기 자신이 원하는 영역으로 들어가 활동을 전개한다. 모든 영역의 교구들은 일반학급 유아들의 발달 영역에 맞도록 구성되어 있다. 일반학급 자유선택활동에 배치된 교구들은 특수반 유아들이 이용할 수 있는 교구들도 배치되어 있다. 그러나 교사의 지도나 또래 유아의 상호작용이 없는 상태에서 이러한 교구들은 장애유아들의 호기심과 흥미를 자극하는 유인책이 되지 못한다. 교사들은 각기 자신의 일로 바쁘며, 일반학급의 유아들도 자신의 활동에 몰두하고 있다. 이러한 상황에서 특수반 유아들의 자유선택활동은 통합교육이라는 바다위에 비장애유아들과 함께 어우러져 있으나 목적없이 방황하며 떠있는 돛단배와 같다.

> 통합반 교사는 '바다에서 사는 동물'이라는 주제로 이야기 나누기 활동을 전개하고 있다. 모두가 대집단 황동이 이루어지는 중앙 카페트에 앉아서 통합반 교사와 이야기를 나누고 있다. 경민이는 물끄러미 통합반 교사의 입을 응시하고 있다. 홍석이와 찬양이는 대잡단 활동에서 벗어나 교실바닥에서 뒹굴기 게임을 하면서 즐거워한다. 점점 홍석이와 찬양이의 웃음소리가 커지기 시작한다. 비장애유아들은 통합반 교사의 지시에 따라 '물개', '물소', '하마' 등 동무로리를 흉내낸다. 뒤에서 장난을 하던 홍석이와 찬양이가 갑자기 '어흥! 어흥!' 큰소리를 내며 서로 마주보고 '으르렁' 짓는 흉내를 내다 신이 난 찬양이가 갑자기 카페트에 앉아 있는 통합반 유아들에게 자신의 몸을 던진다. 교실은 순식간에 아이들의 고함소리롸 머리를 카페트 중앙에 부딪친 찬양이의 울음소리가 동시에 울려 퍼진다.
>
> − 2003년 7월 11일 −

위의 사례를 통해서 볼 때, 통합교육활동은 일정시간 동안 장애유아들이 비장애유아 또래들과 동일한 교육환경에 배치되어 한 공간에서 생활하는 형식적인 시간적 공간적 통합인 물리적 통합만이 이루어지고 있을 뿐, 장애유아에게 교수적 통합은 전혀 제공하지 못하고 있다. 통합반 교사들은 장애유아에게 일반학급에서의 정상적인 교육과정을 운영하면서 장애유아에게 발달에 적합한 교수적 통합을 이루고자 하는 의도는 지니고 있으나 교사와 유아의 비율이 너무 높기 때문에 현실적으로 교수적 통합까지 기대하기란 힘들다는 점을 통합교육 운영상의 어려움으로 들고 있다. 이러한 통합교육활동은 장애유아의 입장에서 볼 때, 실상은 없고 이름뿐인 통합이며, 장애유아같은 공간과 감은 시간을 공유할 뿐 꽃만 화려하고 열매가 없는 가 비장애유아와 부실환 통합활동이라 할 수 있다. 따라서 통합교육은 장애유아와 비장애유아들에게 제공되는 교과과정과 교수방법에 대한 신중한 배려가 필요하며, 발달과 행동적 측면에서 두 집단에게 적절한 혜택을 제공하는 저해요인이 무엇인지 파악하고 구체적인 방안을 모색하는 일이 우선되어야 할 것이다.

120분 동안 이루어지는 부분통합활동 중 대집단 활동이 이루어지는 20분간의 이야기 나누기 활동을 제외한 나머지 시간 대부분은 장애유아와 비장애유아가 사회적 상호작용을 할 수 있는 많은 기회가 주어진다.

> 특수반 교사는 경민이와 찬양이의 손을 잡고 언어방으로 들어간다. 찬양이는 자신의 손목을 잡고 있는 교사의 손가락을 하나하나 펴가면서 언어방에 들어가지 않고 블록방으로 들어가겠다는 듯이 다른 한 손으로 블록방을 가리키며 끌려가지 않으려고 발버둥을 치고 있다. 교사는 지난 번에 찬양이가 블록방에서 다른 아이를 나무 블록으로 머리를 때려 피가 날뻔했다는 말로 블록방에 들어가면 안 되는 이유를 자세히 설명하며 찬양이에게 언어방에서 같이 책을 읽자고 말한다. 특수반 교사가 경민이와 찬양이를 데리고 언어방으로 들어가자 비장애유아인 선정이와 현진이가 읽던 책을 책꽂이에 꽂고 자리에서 일어나 다른 방으로 이동한다.
>
> – 2003년 5월 28일, 참여관찰 –

통합교육활동은 비장애유아와 장애유아가 함께 활동에 참여하고 서로 사회적 상호작용이 잘 이루어질 수 있도록 촉진하는 프로그램이어야 한다. 유아들은 또래들과 사회적 상호작용을 통하여 타인과의 관계를 잘 유지하고 타인과 보다 친밀한 관계로 발전시킬 수 있는 사회적 기술을 습득하게 도니다. 위의 사례를 통해 볼 때,

장애유아와 비장애유아가 단순히 같은 공간에 있을 뿐 바람직하고 의미있는 상호작용이 이루어지지 않고 있으며, 마치 장애유아와 비장애유아가 서로 섞일 수 없지만 힘겹게 섞여야만 하는 물과 기름처럼 각기 분리된 활동을 하고 있음을 알 수 있다.

그리고 장애유아에 대한 비장애유아의 태도는 유치원에서 통합교육활동의 성패를 좌우하는 중요한 요인이다. 뿐만 아니라 장애유아에게 있어서 비장애 또래들과의 대인관계 형성 경험은 장애유아들이 또 다른 타인과의 관계를 형성하는데 있어서 기초가 된다는 점에서 그 중요성이 강조되고 있다.

홍석이가 몸을 비틀거리며 음률놀이방을 향해 걸어가고 있다. 음률놀이방에서 수아가 멜로디언으로 '반짝반짝 작은별' 노래를 연주하고 있다. 홍석이는 수아 옆으로 다가가서 트라이앵글 채를 들고 수아가 연주하고있는 멜로디언 건반을 마구 두들기며 큰 소리로 노래를 부른다. 수아는 연주를 멈추고 자리에서 일어나며 "홍석이 너 땜에 진짜 짜증나~ 저쪽으로 가서 놀아~ 나 방해하지 말고~"라고 소리를 지른다. 홍석이는 수아의 말을 아랑곳 하지 않고 더 세게 멜로디언 건반을 두들기며 발을 함께 구른다. 음률놀이방에서의 소리가 너무 커서 다른 영역에 들어가 있던 아이들이 홍석이와 수아쪽을 기웃거린다. 그 광경을 지켜보던 연진이가 "홍석이 또 일 저질렀네~ 멜로디언 다 망가지겠네~ 너 때문에 시끄러워서 아무것도 못하잖아~"라며 일반학급 교사를 향해 달려간다. "선생님~ 홍석이좀 어떻게 해봐요~ 자꾸 시끄럽게 방해를 해요~홍석이 땜에 아무것도 못하겠잖아요~" 라며 흥분한 어조로 말한다. 그 옆에 있던 정원이는 홍석이 손에 들려져 있던 트라이앵글 채를 뺏으면서 "홍석아~일어나~ 그렇게하면 시끄럽잖아~"라고 하며 친구들을 향해 "야~홍석이 불쌍하잖아~ 그렇다고 그렇게 불쌍한데 소리를 지르고 그러면 어쩌냐~" 라고 말하며 "선생님 그렇죠! 홍석이는 잘 걷지도 못하고 불쌍하니깐 우리가 잘해줘야죠? 그렇죠?"라고 말한다.

– 2003년 6월 27일, 참여관찰 –

소라: 저는 찬양이가 좋거든요. 얼굴이 진짜로 잘 생겼잖아요. 그런데 찬양이는 말을 잘못해서 조금 그렇고요. 친해보고 싶다가도요 맨날 자기 맘에 안들면은 이상한 동물같은 소리를 '꽥' 지르면 진짜로 짜증나요.

인선: 홍석이 얼굴은 좀 이상해요. 걸음걸이도 이상하구요. 진짜로 싫은 것은요. 간식 먹을 때, 홍석이는 간식을 막 흘리고 입에 뭐 같은 것을 많이 지저분하게 묻히고 조금 냄새도 나는 것 같아서 싫어요.

주빈: 찬양이는 내 머리도 콱 잡아당겨버리고 물건 안 준다고 막 땅바닥에 뒹굴어

서 울면 나만 선생님한테 혼나잖아요. 그래서요. 선생님이 같이 놀아 주라고 말해도 잘못하면 나만 혼나고 내가 만든 것도 다 망가뜨리고 말도 잘 안 통해서요. 인제는요 점점 안 놀고 싶어졌어요. 어쩔 때 갑자기요 블록을 던져 버리잖아요. 맞아 죽을 수도 있어요.

민주: 우리반만 놀면 조용한데요. 재네들만 오면은 진짜 시끄럽고 엉망진창이 되잖아요. 찬양이는요 특히 더 심해요. 유리창에 올라가고 어쩔 때는요. 피아노 위에도 올라가고, 진짜로 젤 싫어하는 것은요 우리반 애들이요. 간식시간에 기도를 드릴라고 눈을 감고 있으면요. 찬양이는요 자기 간식을 다 먹어버리고 우리한테 말도 안하고 손에 먹고 있는 것도 빨리 뺏어먹어 버리잖아요.

형민: 진짜 먹보 돼지예요. 우리 것도 다 뺏어먹잖아요. 선생님이 하지 말래도 말도 못 알아 듣고 바보여요.

– 2003년 6월 20일, 일반유아 집단 면담 –

위의 사례에는 장애유아에 대한 비장애유아들의 태도가 잘 나타나 있다. 비장애유아들은 장애유아들의 외모, 청결하지 못함, 괴성을 지르는 이상한 행동, 의사소통이 되지 않는 답답함, 자신들의 물건을 빼앗는 공격적인 행동 등을 이유로 장애유아들이 일반학급에 통합되는 것에 갈등을 느끼고 있음을 볼 수 있다. 또한 비장애유아들은 장애유아들이 자신들과 '다르다'라고 이해하고 인정하기보다는 '틀리다'라고 이해하고 있다. 따라서 함께 시간과 공간을 공유하며 슷로 해결할 수 있는 협력적 체제의 관계보다는 자신들이 더 나은 상태에 있기 때문에 도와주어야 한다는 '동정'의 차원에서 또래관계를 이해하고 있음을 알 수 있다. 이는 장애유아들에 대한 비장애유아들의 태도를 보다 호의적이고 긍정적인 태도로 변화시킬 수 있는 바람직한 방안이 모색되어야 한다는 점을 시사하고 있다. 이상을 볼 때, 비장애유아들이 장애유아들을 하나의 독특한 개인으로 인정하고 '틀리다'라는 생각이 아닌 나와 '다르다'라는 생각을 지닌 진정한 사회적 통합교육활동이 이루어질 수 있도록 하는 일이 현장에서의 통합교육을 실천하는 당면한 문제이다.

2) 특수유아교사와 일반유아교사의 어려움과 갈등

통합반이 이루어지는 날은 아침부터 전쟁준비를 하듯 만이 긴장해요. 120분의 통합교육이 끝나고 우리반으로 돌아오면 정말 정신이 몽롱하고 피로가 밀려와요.

> 사실 교사 2명이 26명이 넘는 통합반 아이들을 담당한다는 것은 보통 힘든 일이 아니죠. 통합반 교사는 교사대로 제대로 정상수업이 이루어지지 않기 때문에 힘들고, 저는 저대로 미안한 마음에 더 전전긍긍하면서 아이들을 통제하다보면 정신없이 활동이 끝나요. 교사 인원이 더 보충된다면 통합활동이 보다 잘 이루어질 수 있을 것 같은데…. 지금 현실로는 아이들을 관리하는 것만으로도 벅차다는 생각이 들어요. 물론 통합반 선생님도 우리반 아이들을 배려한 교육활동이 좀더 이루어져야 한다는 기본적인 생각은 지니고 있지만 현실적으로 사실상 무리예요.
>
> – 2003년 6월 16일, 특수유아 교사 면담 –

통합반 교사가 하루 일과를 설명하는 동안 특수반 교사는 유아들이 모여있는 맨 뒷줄에 쪼그리고 앉아서 특수반 유아들을 유심히 관찰하고 주의가 산만해지지 않도록 조정하는 '조정자 및 통제자'의 역할을 한다. 대집단 활동 시간을 비롯해 자유선택활동 시간이나 통합활동이 이루어지고 있는 전반적인 시간에 특수반 교사가 하는 역할은 특수반 유아들의 통합과 개별화 학습을 촉진하는 촉진자로서의 역할보다는 특수반 유아들이 일반학급유아들의 활동을 방해하지 않도록 행동을 통제하고 관리하며 노심초사 특수반 아이들을 뒤따라 다니는 보조교사의 역할을 하고 있다.

> 사실 통합교육이 처음 실시되었을 때, 한 2주 정도는 일반학급 아이들이 우리반 아이들을 참 잘 챙겼던 것은 사실이어요. 그런데 사실 시간이 지나면서 더 잘 화합하고 서로 친해져야 하는데…. 좀 거꾸로 간 것도 사실이어요. 어디서부터 문제인지 알 것도 같은데 사실 통합반 선생님은 전체적인 통합활동을 이끌어 나가느라 그것만도 힘든 일이기에 아이들에게 세세하게 특수반 아이들과 바람직한 상호작용을 할 수 있도록 유도할 여력이 없고, 저는 저대로 아이들을 바람직하게 상호작용할 수 있도록 하는 역할을 할 수 있는 여력이 없는 게 3명의 아이들이 통합반의 20명이 넘는 아이들과 섞여 있으니 솔직히 말썽부리지 않도록 쫓아다니는 일만도 힘들잖아요. 특히 유치원에는 위험한 물건이 많잖아요. 적목같은 것으로 갑자기 머리를 때려 버리는 때도 있어요. 그래서 통합반을 하는 동안은 내낸 전 노심초사 심장이 오그라드는 것처럼 살얼음판에 있어요
>
> – 2003년 6월 20일, 특수유아 교사 면담 –

유치원 환경에서 다른 또래들의 물건에 호기심을 가진다거나 간식을 먹고 싶다고 말하며 나눠줄 수 있는지를 묻는 광경을 흔히 목격할 수 있다. 그러나 일반학급의

유아들은 특수반 유아들의 빼앗기 행동이나 이해할 수 없는 행동이 반복되는 것에 갈등을 느끼고 있다. 통합반 교사들은 일반학급의 유아들과 특수반 유아들이 서로 잘 화합하여 긍정적이고 바람직한 상호작용을 이룰 수 있도록 촉진자의 역할을 해야 한다는 점을 인식하고 있으나 교사와 유아의 비율이 높은 통합교육환경에서는 실제로 그러한 역할을 이행하기가 힘들다는 점을 보여주고 있다. 따라서 이러한 통합교육활동은 같은 공간에서 서로 다른 꿈을 꾸는 동상이몽과 같다. 위의 사례를 볼 때, 장애유아들은 비장애 유아들을 짝사랑하고, 비장애유아들은 장애유아와 잘 지내고 싶어하면서도 가장 기본적인 문제에서부터 서로를 이해하고 인정할 수 있는 준비가 되어있지 않는 상태에서 갈등을 느끼고 있다는 것을 알 수 있다. 따라서 통합교육활동 경험은 장애유아들에게 화살에 상처를 입은 새처럼 또 다른 타인과의 만남을 두려워하며 의심을 품게 하는 상궁지조 같은 부정적인 영향을 미칠 수 있다는 점과 비장애유아에게는 유치원에서 경험하게 되는 장애유아와의 통합교육활동이 점차 성인으로 성장하면서 장애에 대해 가지게 될 인식과 태도의 출발점이 된다는 점을 생각할 때, 유치원 현장에서의 통합교육 실천은 바람직한 성과를 확신할 수 있는 철저한 사전준비가 모든 면에서 갖추어진 후 신중하게 고려되고 운영되어야 한다는 점을 알 수 있다.

장애유아 통합교육활동의 하루 일과에 참여하는 교사는 일반유아교사와 특수유아교사이다. 통합반 교사들은 서로 협의하여 최상의 통합교육활동 프로그램을 계획하고 실행해야하는 책임을 지니고 있다.

> 통합반을 실시하는 일반학급 2명의 교사와 특수학급 교사가 교사협위 시간을 마련하였다. 3주만에 모이는 교사협의 시간이라 할 이야기가 많다고 하였다. 특수반 교사는 8주 동안 통합활동을 하였으나 장애유아들을 배려한 교육활동이 이루어지지 않는다는 사실에 불만스럽다는 말을 한다. 일반유아교사는 통합교육활동의 책임은 전적으로 일반유아교사에게 있다는 점을 강조하면서 두 교사 모두 일반학급 프로그램에 특수반 유아들이 따라올 수 밖에 없다고 말한다. 특수유아교사는 개별화된 교육 프로그램이 운영되지 않는다면 장애유아들이 또다른 상처를 받을 수 있음을 강조한다. 일반유아교사들은 장애유아들로 인해 활동이 많은 부분에서 지장을 받고 있으며 주의가 산만하여 비장애유아들이 적잖은 피해를 보고 있다는 사실에 대해 학부모들의 항의가 많기 때문에 교육과정 운영은 일반학급 유아들을

대상으로 진행할 수 밖에 없다고 말한다.

– 2003년 5월 9일, 교사협의시간 참여관찰 –

사실 특수반 선생님의 말씀이 옳다는 생각을 해요. 지금 특수반 선생님이 말씀하시는 것은 일반학급 교육계획안대로 진행을 하되, 방법적인 면에서 그냥 특수반 아이들이 방관되는 프로그램의 운영이 아니라 개별적으로 수준을 고려한 이야기 나누기 시간이 운영되었으면 한다는 생각인데…. 알지만 아무리 통합반이라고 하지만 전체적인 반의 수준이 있는데 그렇다고 전적으로 특수반 아이들을 고려한 프로그램을 짜서 다시 이야기 나누기 계획안을 구성한다는 것은 현실적으로 수업준비할 시간이 턱없이 부족해요. 더군다나 학부모들의 부정적인 시각까지 우리가 감당해야 하는데…. 현실적으로 저는 아직은 준비되지 않았기에 교육은 일반 학급의 프로그램으로 계획하고 운영하되 특수반 유아들이 환경에 통합되는 정도까지가 저에게는 최선이라는 생각이 들어요.

– 2003년 5월 9일, 일반유아교사 면담 –

위의 사례를 통해서 볼 때, 특수유아교사는 장애유아들이 비장애유아들과 교수적 활동에서의 통합까지도 이루어질 수 있기를 바라고 있다. 일반학급 교사들도 진정한 통합교육은 교수적 통합활동까지 이루어져야 한다는 사실에는 같은 생각을 지니고 있다.

통합교육활동에서 당연히 교육계획안은 일반학급 위주의 프로그램으로 작성되어야 한다는 점은 저도 잘 알고 있어요. 그런데 저는 저 나름대로 개별화된 프로그램을 작성하고 계획안을 가정에 발송한는데 통합교육활동에서 이루어지는 활동 자체는 그리 우리 아이들에게 도움을 주지 못하고 있는 게 현실이어요. 제 말은 프로그램은 그렇게 계획하고 수업을 진행할 때는 좀더 특수반 아이들의 발달 수준을 고려한 상호작용이 이루어질 수 있는 활동전개가 필요하다는 생각이어요. 그 점이 개선되지 않는다면 우리 아이들을 이야기 나누기 시간에도 그냥 자리만 옮겨서 앉아있는 딴 세상 이야기가 얼마나 흥미있고 호기심을 주겠어요? 전혀 관심이 없는 다른 나라 이야기니까 더 지루하고 몸을 꼬고 그리고 자꾸 시선이 다른 쪽으로 향하고 장난기가 발동하는 거죠. 그러면 저는 저대로 더 통제하기가 힘들고 통합교육이 말 뿐이지 발전보다는 되풀이되는 상황의 악순환일 뿐이죠.

– 2003년 6월 24일, 특수유아교사 면담 –

일반유아교사들은 자신의 학급이 통합교육으로 인해 정상 교육과정 운영에 차질을 주고 있기 때문에 부모들을 의식하지 않을 수 없으며, 정상교육과정 운영의 계획을 제대로 이행하기 위해서 특수반 유아들의 개별화된 프로그램까지 운영하기에는 능력의 한계가 있다는 점을 어려움으로 제시하고 있다. 위의 사례를 통해 볼 때, 통합반의 일반유아교사들은 모두 장애유아와 비장애유아가 통합교육활동을 통해 진정한 만남이 이루어지기를 바라고 있다. 그러나 현실적으로 여러 가지 어려운 상황들이 서로 복잡하게 뒤얽혀 있는 상태에서 통합교유활동은 장애유아들, 비장애유아들, 비장애 학부모들, 장애유아 학부모들 그리고 특수유아교사, 일반유아교사들이 서로의 목소리를 수용할 수 있는 프로그램으로 운영되지 못하고 있는 실정이다. 따라서 현장에서의 성공적인 통합교육을 실천하기 위한 본래의 통합교육의 취지를 달성하기 위해서는 기본적으로 해결해야 하는 문제점들이 무엇인지를 파악하는 것이 중요하다는 것을 알 수 있다.

유아교육과정은 수준별 교육과정을 중시하며 각 유아 개개인의 독특성을 인정하는 개별화 교육과정의 실천을 강조하고 있다. 장애유아가 비장애유아와 통합되는 과정에서 특수교사와 장애유아 부모들의 요구는 환경적인면에서의 시간적 통합만이 아닌 활동 프로그램에서도 적절한 통합이 이루어지는 개별화 교수활동을 요구하고 있다.

> 일반학급에 특수반 아이들이 통합되는 과정에서 사실상 2명의 교사가 26명의 유아들을 관리한다는 것은 현실적으로 어려운 일이어요. 사실 1명의 교사가 일반학급 유아들 30명을 관리하는 것이 훨씬 쉬운 일인데, 26명의 유아들 중 장애유아가 3명이나 포함된 상태에서 교사와 통합반 유아의 비율이 높은 그러한 환경에서 특수반 아이들을 배려한 개별화된 프로그램을 운영한다는 것은 현실적으로 불가능한 일이라고 생각해요. 그래서 하루 활동 프로그램은 개별화된 통합교육과정으로 편성해 놓고 사실상 일반학급 프로그램에 특수반 아이들이 포함되고 특수반 교사는 특수반 아이들이 일반학급 아이들의 활동을 방해한다거나 어떤 문제가 발생하지 않도록 관리하는 정도에서 이루어지고 있다고 말하는 것이 솔직한 대답이어요. 물론 특수반 교사와 특수반 학부모님들은 개별화된 프로그램을 적극적으로 요구하고 있지만 솔직히 말이 좋지 현실적으로 맞지않은 요구사항이죠. 물론 그래야 옳다는 것은 인식하고 있지만 일반학급에서 특수반 아이들이 함께 생활하는 하루하루가 얼마나 힘겨운 시간들인지 상상하기 힘들어요. 개별화된 교수활동이 이루

어지기 위해서는 교사와 통합반유아의 비율부터가 현실적으로 조정되어야 한다고 생각해요.

－ 2003년 6월 24일, 특수유아교사 면담 －

위의 사실을 볼 때, 일반학급 교사도 통합교육활동 프로그램은 개별화된 교수활동으로 전개되어야 한다는 사실에 전적으로 동의하고 있다. 그러나 교사와 통합반유아의 비율은 현실적으로 그러한 개별화 교수활동을 저해하는 요인으로 작용하고 있다. 따라서 통합교육활동을 운영하고 있는 교사의 입장에서 볼 때, 교사와 유아의 비율은 장애유아들의 개개인의 특성을 고려한 발달에 적합한 개별화 교육활동을 바탕으로 바람직한 통합교육활동을 전개하는데 있어 중요한 요인임을 알 수 있다. 그리고 유치원 현장에서 통합교육에 대한 교사의 인식과 태도는 성공적인 통합교육에 중요한 영향을 미친다. 통합교육활동을 전개하는 과정에서 특히 일반유아교사의 인식과 태도는 통합교육을 성공으로 이끄는데 있어서 어떠한 행정상의 구조나 교과의 구조보다 훨씬 더 유력한 변인이다.

일반유아교사 1: 제 생각은 정말 무리라고 생각합니다. 저는 이번 만큼은 어버이날을 기념한 행사니깐 통합적인 차원에서 보다는 각 반으로 행사를 진행했으면 좋겠습니다.

특수유아교사 1: 저는 우리반 아이들이 일반학급 유아들과 통합된 활동으로 협력적 행사가 치러졌으면 좋겠어요. 그래서 어버이날 축사나 낭송도 해마다 일반학급 아이들만 시켰는데 이번에는 통합반을 처음 실시하고 했으니깐 통합반 체계에서 특수반 에게도 기회를 줘야 한다고 생각합니다.

일반유아교사 2: 어차피 제대로 잘 할 수 있는 아이들도 없는데, 솔직히 경민이 홍석이, 찬양이 모두 다 언어장애가 있는데….

특수유아교사 1: 홍석이와 찬양이는 지금은 다소 무리가 되겠지만 경민이는 조금만 지도하고 자신감을 심어주면 가능하다고 생각하는데요.

일반유아교사 1: 통합교육활동을 하는 하루가 정말 힘든데 행사까지 통합활동으로 해야 한다면 우리가 너무 힘들고 지칠 것 같다는 생각이 들어요. 그러니 각 반별로 하면 좋다는 생각에 저는 변함이 없습니다.

특수유아교사 1: 일반학급 따로 특수학급 따로 달리기를 한다고 생각해 봐요. 작년에도 일반학급 유아들과 학부모들은 모두 운동장 밖에서 우리반 아이들이 비틀거리며 달리는 모습을 동물원 원숭이 쳐다보듯 해서 마음이 아팠는데 이번은 함께 협력하는 행사로 치러졌으면 합니다.

교사협의는 타협점을 찾지못하고 다수의 의견에 따라 예년대로 특수반과 일반학급이 따로 게임을 진행하기로 결정을 내리고 협의회를 마쳤다.

– 2003년 4월 30일, 교사협의회 참여 관찰 –

위의 사례는 장애유아에 대한 일반유아교사들의 태도와 특수유아교사의 갈등이 나타나 있다. 모든 활동에서 일반학급 유아들과 장애유아들을 통합시키고자하는 특수반 교사의 노력이 일반교사들의 강한 반대에 부딪혀 꺾이는 것을 볼 수 있다. 통합교육에서교육의 일차적인 책임과 과업은 정규학급 교사에게 있으므로 일반유아교사는 통합교육을 수행할 수 있는 충분한 자질을 갖추고 있어야 한다. 교사의 기본적인 자질 뿐만 아니라 통합교육 관련자들은 장애에 대해 편견없는 인식과 태도를 지니고 있어야 한다. 따라서 현장에서의 성공적인 장애유아 통합교육 운영에 있어 현장에서 당면하는 문제는 일반유아교사와 특수유아교사와의 상호협력적인 협의체를 구성함으로써 함께 공동의 과제를 수행하는 역할을 할 수 있어야 한다.

3) 장애유아 부모와 일반유아 부모의 어려움과 갈등

장애유아의 부모들은 자신의 자녀가 일반학급으로 통합되어 적절한 학습환경과 지원이 주어진다면 분리된 상황보다 자녀의 학습에 더 효과적이라는 점에서 통합교육활동이 이루어지는 일반학급을 자녀들에게 좋은 영향을 줄 것이라는 생각을 하고 있다.

저는 통합반을 시작할 때 몹시 긴장했어요. 우리 아이가 일반 아이들에게 놀림을 당할까봐. 경민이는 입술에 흉터가 있어서 어릴 적 어린이집 아이들로부터 놀림을 당한 적이 있거든요. 그때부터 다른 사람들 앞에 나서는 것을 싫어했기 때문에 오히려 걱정이 더 되었어요. 단지 제가 기대한 것은 통합반에 들어가면 우리 경민이가 일반학급 아이들하고 좀더 가깝고 친하게 지낼 수 있고 보다 교육정도 경민이에게 도움이 되는 교육활동 프로그램으로 운영될 거라고 생각해서 참 들떠 있었어요. 그래서 한 학기를 마치고 나면 경민이가 정말 많이 나아져 있을 거라는 기대도 했는데…. 그런데 한 학기동안 통합반에 보내고 보니 일반학급 애들은 지들끼리만 어울리고 경민이는 단순히 그냥 그 집단에 외계인처럼 생활한다는 생각

> 이 들었어요. 지금은 경민이에게 정작 필요한 활동인지 어떤지 판단이 서지 않아요. 하지만 김현지 선생님이 좋으시고 처음 통합반을 시작할 때 우리 아이들이 좋아질 거라는 원장선생님의 말을 믿지만…. 왠지 일반학급 프로그램은 경민이에게 별 의미가 없다는 생각에는 변함이 없어요. 그래서 갈등도 있고…
>
> – 2003년 7월 16일 장유아부모 면담 –

위의 사례와 같이 장애유아 부모들은 통합교육활동에 많은 것을 기대하고 있다. 장애유아 부모들은 통합교육활동 과정에서 자신의 자녀들이 비장애유아들과 갈등없이 원만한 상호작용을 할 수 있을 거라는 기대, 일반학급 교육과정과 특수학급 교육과정이 적절하게 통합되어 개별화된 프로그램이 제공될 것이라는 기대 그리고 이러한 모든 활동을 통하여 자녀들이 일반학급의 비장애유아들과 행복한 시간들을 경험함으로써 보다 나은 사회적 기술을 습득할 수 있을 거라는 기대를 하고 있다.

> 저는 찬양이가 일반학급에서 생활하기 힘든 상태라는 것을 알지만 일반학급 아이들과 생활하면서 일반학급 친구들도 사귀고 언어표현에서도 많은 도움을 받을 수 있을 거라는 큰 기대를 가지고 있었어요. 그런데 벌써 한 학기가 되어 가는데 별로 나아진 것 같지는 않고, 오히려 우리 아이 땜에 다른 유치원으로 전학 간 아이도 생겼다는 말을 듣고는 참 마음이 아팠어요. 벌써 유치원에 소문이 다 돌았잖아요. 민석이 전학 갔다는 소리 들었을 때…. 무슨 우리 아이가 병을 옮기는 병원균 같다는 생각을 하는가 싶기도 해서 진짜 상처를 받았어요. 전 정말 통합반에 들어오면 일반학급 도움을 받아서 우리 아이가 더 나아지고 밝아지고 그럴 거라는 기대만 했지…. 다른 아이들에게 피해를 주고 또 그 피해로 인해 우리가 상처 받고 이럴 R서이라는 생각은 정말 못했어요.
>
> – 2003년 7월 16일, 장애유아부모 면담 –

그러나 문제는 비장애유아의 부모들은 자녀의 장애정도네 산관없이 자녀가 일반학급에 통합되기만 하면 모든 면에서 긍정적인 효과를 얻을 것이라는 환상과 기대를 가짐으로써 통합교육의 긍정적인 효과를 맹목적으로 수용하고 있다는 점이다. 위의 사례를 통해 볼 때, 장애유아부모들은 한 학기 동안의 통합교육활동에 대한 자신들의 기대가 한 낮 허황된 공상과 같은 백일몽에 지나지 않았다고 회상하고 있음을 알 수 있다. 따라서 통합교육을 실시하는 유치원 현장에서 통합교육 관련자들은 비장애유아와 장애유아부모의 기대와 요구가 적절히 반영된 통합교육을 계획하고 실천하기 위한 바람직한 방향을 모색하고, 통합교육 실천에 앞서 통합교육에 대한 바람직한 이해를 돕는 부모교육 프로그램의 계획과 운영에 보다 구체적인 방안을 강구해야 할 것이다.

> 학부모 총회 때 통합반을 운영할 거라는 원장 선생님 말에 저는 전적으로 찬성을 했었어요. 그런데 한달 정도 전의 일인데 어느 날 갑자기 진영이가 안하던 짓을 하는 거예요. 마음에 드는 인형을 아빠가 사주기로 약속한 그 날 비가 많이 와서 가족들이 집에서 쉬기로 했는데 갑자기 큰소리를 지르고 발을 구르며 바닥을 뒹굴다가 벌떡 일어나더니 머리를 응접실 벽에 계속해서 '콩콩콩' 찌면서 우는 거예요. 가족들이 그날 다들 놀라서 아무 말도 못했어요. 그런데 애기 아빠는 통합반을 반대했거든요. 애들 버릇 나빠진다고…. 그날 저한테 애기 아빠가 얼마나 소리를 지르던지 정말 놀랬어요. 통합반을 다닌 뒤로 저렇게 애가 저렇게 애가 버릇이 나빠졌다면서 당장 유치원을 옮기라는 바람에 저도 사실상 지금도 자주 흔들려요. 통합반에 2주 다녔던 민석이 엄마도 찬양이가 자꾸 높은데 올라가서 뛰어 내릴려고 하며 주의가 산만해졌다면서 유치원을 옮겼잖아요. 심지어는 아파트 복도 베란다 난간에 발을 하나 걸치고 있는 것을 보고 민석이 엄마가 질색했잖아요. 솔직히 저도 가끔 흔들릴 때가 있어요. 장애아들에게는 통합반이 도움이 도리지 몰라도 우리 애들 같은 경우에는 특별히 도움보다는 단점이 더 많다는 생각이 들기도 해요.
>
> − 2003년 7월 18일 일반유아부모 면담 −

장애유아부모와 비장애유아부모는 모두 통합교육에 대해 자신의 자녀에게 긍정적이고 바람직한 영향을 미치는 통합이기를 바라고 있다. 비장애유아부모는 장애유아로부터 부정적인 영향을 받을 지도 모른다는 생각에서 통합교육이 이루어지지 않는 유치원으로 자녀를 옮기려하는 것이나 장애유아 부모들은 비장애유아로부터 긍정적인 사회적 상호작용을 기대하며 통합교육활동이 이루어지는 유치원을 찾아 이사를 한다는 사실은 마치 자기 자신의 이익만을 생각하는 듯하다. 따라서 유아교육 현장에서 통합교육 운영에 있어 당면한 문제는 통합교육을 실시하기에 앞서 장애유아 통합교육에 대한 부모들의 인식과 태도를 긍정적인 방향으로 변화시키기 위한 구체적인 방안을 모색하는 일이다.

2 장애유아 통합교육 당면과제와 해결방안

지금까지 장애유아 통합교육의 실천 및 운영상에 있어서 장애유아와 일반유아, 특수유아교사와 일반유아교사 그리고 장애유아부모와 일반유아부모 등 각자의 입장에서 경험하고 느끼는 장애유아 통합교육상의 어려움과 갈등에 대해 살펴보았다. 이것을 종합하면 장애유아들에게 제공되고 있는 통합교육은 장애유아들이 일정시간 비장애유아 또래들과 동일한 교육환경에 배치되는 시간적 통합으로만 이루어지고 있었으며, 통합교육환경에서의 교육과정 운영은 일반학급 교육과정을 그대로 운영함으로써 개별화된 수준별 교육과정을 전개하는 교수적 통합은 제공되지 못한 것으로 나타났다. 또한 비장애유아, 일반유아교사, 비장애유아 부모들과 장애유아들이 서로 활발한 상호작용을 하는 사회적 통합도 이루어지고 있지 못한 것으로 나타났다. 그리고 일반유아교사와 특수유아교사 양자는 각기 통합교육에 있어서 교사로서의 역할 정체성을 뚜렷하게 의식하지 못한 채 통합교육이 이루어지는 경향이 있음을 볼 수 있다. 이것은 통합교육을 하는 교사협력체제 구축에 있어서 순조롭지 못할 뿐 아니라 양자의 의견이 조화롭게 상보적인 융합을 이루지 못하는 비협력적인 관계로 이어지는 것을 볼 수 있다. 그리고 장애유아에 대한 인식에 있어서 일반유아 및 일반유아교사와 일반유아의 부모들은 실제 통합교육에 있어서는 적극적으로 긍정적인 인식과 태도를 갖고 있지 않은 것도 통합교육을 방해하는 큰 요인중의 하나임을 알 수 있다. 즉 장애유아에 대해 '나와 다름'을 이해하고 장애유아들도 자신들처럼 '독특한 존재'라는 것을 인정하고 '함께 한다'라는 '공유'의 태도를 가져야 함에도 불구하고 장애유아들보다 낫기 때문에 '도와준다'는 '동정'의 태도 또는 자신들은 '맞고' 장애유아들은 '틀린' 것으로 인식하는 태도를 엿볼 수 있다.

앞으로 이러한 부정적 결과를 가져올 수 밖에 없는 부정적 요인들이 극복되지 않는다면 장애유아 통합교육을 통해 얻을 수 있는 많은 긍정적인 효과는 없어지고 오히려 모두가 피해를 볼 수 있는 부정적인 결과로 치닫을 수 있음을 우리는 간과해서는 안 될 것이다. 즉 무조건 장애유아를 비장애유아와 함께 동일한 시간과 공간안에 합류시키는 것만으로 통합교육은 성공할 수 없다. 물리적 통합 외에 통합교육

환경을 최대한 긍정적으로 이끌 수 있는 장애유아 개별화 교육 프로그램이 마련되어야 실제로 통합교육활동으로 이루어졌을 때 통합교육의 효과는 얻을 수 있을 것이다. 그리고 교수적 통합이 잘 되기 위해서는 일차적으로 일반유아교사와 특수유아교사간의 사회적 통합이 수반되어야 한다. 즉 일반유아교사와 특수유아교사가 서로를 맞대고 상호 동등한 관계속에서 활발한 상호접촉과 의사소통이 이루어졌을 때 교수적 통합도 이루어진다는 것이다. 또한 교수적 통합에 영향을 미칠 수 있는 비장애유아와 그 부모들의 협조와 도움을 구하기 위해서는 장애유아에 대한 관심과 긍정적인 이해와 태도를 도모하도록 우선적으로 사회적 통합을 촉진하는 다양한 기회가 주어져야 할 것이다. 그러므로써 장애유아 통합교육은 긍정적인 효과를 낼 수 있을 것이다.

이상의 한 연구(양진희, 2005)를 통해 장애유아 통합교육을 실행하는데 있어서 부딪히는 어려움과 갈등을 해결하기 위한 실천 및 운영상의 문제를 해결하기 위한 당면과제를 제시하면 다음과 같다. 첫째는 장애유아와 비장애유아의 발달과 특성을 고려한 개별화된 수준별 교육과정을 편성하고 실천하는 일이며, 둘째는 비장애유아, 일반유아교사 그리고 비장애 유아무보들의 장애에 대한 긍정적인 인식과 태도를 가질 수 있도록 촉진하는 교육 프로그램의 운영이다. 셋째는 일반유아교사와 특수유아교사가 통합교육활동의 전 과정을 서로 협력하여 계획하고 실천하는 협력체제의 구성이다. 넷째는 통합교육의 바람직한 효과에 대한 부모들의 긍정적인 인식 및 태도를 고취하는 일이다.

그리고 이를 실현하기 위해서는 다음과 같은 구체적인 해결방안이 모색되어야 할 것이다. 첫째, 개별화된 수준별 교육과정을 실천하기 위해서는 통합교육 담당 교사와 유아의 비율이 적절하게 배치된 최적의 학급환경이 조성되어야 할 것이다. 둘째, 통합교육을 실시하기에 앞서 사정에 철저한 계획과 준비에 의해 장애유아와 비장애유아 모두가 최적의 교육수혜자가 될 수 있도록 해야 할 뿐만 아니라 통합교육에 대한 이해를 높이는 교육기회를 사전에 제공함으로써 비장애유아, 일반학급 교사와 특수학급 교사 그리고 장애유아와 비장애유아의 부모 모두가 장애에 대한 올바른 인식과 태도를 지닐 수 있도록 해야 할 것이다. 셋째, 일반교사의 통합교육 실천 능력을 지원하는 전문적인 교사지원체제를 마련한다거나 또는 학습공동체를 구성함으로써 현장에서의 성공적인 통합교육을 이룰 수 있는 교사협력체제가 잘 이루어져야 할 것이다. 넷째, 유아교육현장에서 일반학급과 특수학급의 통합교육활동을 활성화시키고 성공적인 통합교육을 실천하기 위한 예비유아교사 교육의 일환으로 유아교사 양성과정에 유아특수교육과 관련된 교과목을 개설한다거나 또는 특수교육 관련 과목 학점 이수제를 도입하여 운영되어야 할 것이다. 다섯째, 개인적으로나 사회적으로 장애유아 통합교육에 대한 교육적 요구를 반영한 사회적, 정책적, 제도적 그리고 교육적으로 대대적인 뒷받침을 함으로써 모두가 함께 더불어 공존하는 질 높은 통합교육환경이 제공되어야 할 것이다.

3 성공적인 장애유아 통합교육을 위한 제언

장애유아를 교육대상으로 하는 유아특수교육의 교육 서비스 전달체제의 하나인 통합교육은 장애유아의 조기 중재의 중요성이 인정된 이후 지속적으로 관심을 받아왔다. 최근에 유아특수교육에서는 장애유아를 일반 유치원 환경에서 통합교육을 해야 하는가에 있는 것이 아니라 어떻게 통합교육을 효과적으로 계획하여 실시해야 하는가에 초점을 두고 있다. 앞으로 일반 유치원 환경에서 비장애유아와 장애유아를 함께 배치하는 것은 일상적인 것이 될 것이며, 장애유아 통합교육은 장애유아와 그들의 가족을 위한 '최선의 교육적 실제로 지지되고 있다(Cook, Tessier & Klein, 2001).

현재 우리나라의 장애유아 통합교육은 학령의 장애아동 뿐만 아니라 학령전의 장애유아에게도 일반 유아교육 현장에서 적합한 교육을 보편화하도록 추진하고 있는 것을 보아 앞으로의 장애유아 통합교육은 계속 활성화되어 일반화 될 것으로 전망된다. 교육인적자원부와 여성부는 장애유아를 일반유아교육 현장에 최대한 접근시키려고 그 어느 때보다도 막대한 예산과 지원을 하고 있음을 볼 수 있다. 이러한 정부정책의 저변에는 선진국 도약을 하기 위해서는 미래 저출산 및 고령화 사회에 대비하여 장차 출산율을 끌어올릴 뿐 아니라 국민 개인 및 가족의 사회복지 및 경제력 향상을 통해 국가의 국제적인 경쟁력을 갖추려는 보다 큰 틀 속에서 이루어지고 있다. 그러므로 유아교육에 종사하는 유아교사와 유아교육학자 및 유아의 부모들은 상호 협력하여 장애유아 통합교육의 양적 팽창이 이루어짐과 동시에 질적인 향상이 이루어지도록 최선의 노력이 요구되는 시점이다.

장애유아 통합교육이 사회적, 법적, 윤리적 측면에서 지지를 받고 있을 뿐만 아니라 교육적 측면에서도 장애유아의 발달에 매우 긍정적인 효과를 가져올 수 있지만 기대만큼 실시되는 통합교육기관 모두가 통합교육을 실시하는 것과 동시에 성공이 저절로 보장되는 것은 아니다. 사실 자세히 살펴보면 장애유아 통합교육은 복잡하고 역동적이고 포괄적 이어서 실천 및 운영과정에서 언제든 예상치 못한 어려움과 갈등이 생길 수 있으며 인적자원간에 대립하고 반목하는 현상도 있을 수 있다. Odom과 McVoy(1990)도 유아교육 현장에서 유아교육과 유아특수교육간의 철학적, 이론적 차이와 두 분야간 교사준비의 차이, 스텝의 태도, 주의 규정, 모니터링 등 서비스와 관련된 문제가 장벽이라고 하였다. 우리는 장애유아 통합교육시 대두될 수 있는 이러한 문제점들을 어떻게 극복하고 순조롭게 통합교육이 진행될 수 있을 것인지 진지하게 고민하고 노력하여 사전에 준비함으로써 성공적인 통합교육으로 나아갈 수 있을 것이다.

그럼, 장애유아 통합교육이 성공하려면 어떤 방향으로 나아가야 할 것인지 대략 검토해보면 다음과 같다. 성공적인 통합교육이 되려면 우선 통합교육을 위한 적절한 통합교육 프로그램이 준비되어야 하고 잘 훈련된 일반유아교사와 특수유아교사가 있어야 하며 장애유아와 일반유아의 비율 및 유아수와 유아교사와 특수유아교사의 적합한 비율이 필요하다. 또한 교실환경의 적절한 시설 설비 등 환경적 요소도 지지적이어야 한다. 교사, 부모, 유아의 인식과 태도 등 인적요소도 장애유아의 통합교육에 대해 긍정적인 인식과 태도를 지녀야 할 뿐 아니라 일반유아교사와 특수유아교사, 장애유아와 비장애유아 그리고 장애유아의 부모와 일반유아의 부모가 모두 삼위일체가 되어 상호 긴밀하게 협조해야 할 것이다. 그리고 특히 장애유아 통합교육에서 가장 영향을 끼치고 주도적인 핵심 역할의 유아교사는 가장 큰 비중을 차지한다. 많은 선행 연구들은 유아교사의 통합교육에 대한 태도가 교사와 장애유아간 또는 장애유아와 비장애유아의 상호작용에까지도 큰 영향을 미친다는 연구결과들이 보고되고 있다. 즉 장애유아를 많이 접해 본 경험이 없는데다 장애 및 장애유아에 대해 부정적 편견 및 인식 및 태도를 취하는 유아교사들은 장애유아 통합교육을 성공적으로 이끌지 못할 가능성이 높다. 따라서 이러한 상황에 놓인 유아교사들은 장애유아 통합교육을 실시하기 전에 자신이 지니고 있는 장애와 장애유아에 대한 부정적 인식이나 편견을 없애는 작업이 선행되어야 할 것이다. 그러므로써 장애유아와 통합교육에 대한 유아교사의 열린 마음과 긍정적인 인식 그리고 수용적 태도를 갖춘 후에야 통합교육은 성공의 길로 갈 수 있을 것이다.

이와 같이 장애유아 통합교육은 그 성과가 한 두가지 요인에 의해서만 나타나는 것이 아니고 여러 가지 요인이 복합적으로 작용한다. 따라서 장애유아 통합교육에 필요한 요소들이 적절하게 준비되지 않았을 때 이것은 바로 장애요인 또는 방해요인으로 작용하여 통합교육의 효과는 낮아지게 될 것이다. 이러한 상황을 발생하지 않게 하기 위해서 우리는 우리나라의 장애유아 통합교육에서 가장 극복해야 할 당면과제를 살펴 볼 필요가 있다. 첫번째 당면과제는 장애유아 통합교육에 대한 인적자원들의 긍정적인 이해와 인식 및 태도를 형성하여 진정한 사회적 통합이 이루어지도록 하는 것이다. 두번째 당면과제는 일반유아교사와 특수유아교사간의 긴밀하고 돈독한 상호협력체제가 구축되어야 하는 것이다. 장애유아 통합교육에서 가장 핵심역할을 하는 주체인 일반유아교사와 특수유아교사가 서로를 존중하고 상보적인 긴밀한 관계로 형성된다면 장애유아 개별화 프로그램을 일반학급의 일일교육계획안으로 순조롭게 통합 및 수정・삽입하여 보다 장애유아의 요구와 필요가 충족된 질좋은 통합교육계획안을 수립 및 실천할 수 있을 것이다. 셋째는 장애유아 통합학급의 교사와 유아의 비율이 장애유아의 장애 정도를 고려하여 융통성있게 적합한 비율로 배치되어야 한다는 것이다. 많은 학자들은 전체 유아의 5-10% 정도가 가장 적절한 장애유아의 비율로 들고 있지만 현재 우리나라의 유아교육기관은 15-20%까지 장애유아가 배치되는 실정이다. 더구나 중증 장애유아가 있는 경우는 통합교육에서 얻을 수 있는 긍정적인 효과는 더욱 낮아질 수 밖에 없다.

따라서 이러한 문제들도 해결되어야 할 것이다.

2004년도 현재 우리나라 유치원의 특수학급은 총 156개로 전체 17,987학급의 0.9%를 차지한다. 그리고 장애유아는 보육현원의 1.9%를 차지하고 있으며 보육시설중 20.8%가 장애유아를 보육하고 있다. 전체 보육시설 가운데 장애아 통합시설

비율은 4.4%이며 장애유아 전담시설은 0.6% 이다(여성가족부, 2005). 장애유아는 유치원보다 보육시설인 어린이집에서 더 많은 수가 수용하고 있음을 볼 수 있다. 이런 측면에서 공립유치원 및 사립유치원에서도 통합교육을 실시하려는 유치원 원장 및 교사들의 보다 적극적인 노력이 요구된다.

그리고 앞으로 장애유아 통합교육이 일반화 될 것에 대비하여 예비유아교사와 보육교사를 교육하고 양성하는 대학에서는 유아특수교육학 개론 및 장애유아 통합교육 그리고 특수아에 대한 이해와 지도 등의 교과목을 중요시하여 가르쳐야 할 뿐 아니라 수시로 통합교육 현장을 방문하여 통합교육의 다양한 측면에 대한 이해와 역동성, 전반적인 흐름에 대한 현장경험도 보다 많이 이루어지도록 해야 할 것이다.

21세기는 다문화주의 사회이다. 급속도로 발달한 쌍방향의 디지털 통신수단을 통해 모든 것이 끝없이 뒤섞이고 그 속에서 또다른 것이 계속 생성되고 전달되고 또다시 새로운 것이 창출되는 계속적인 변화의 순환선상에 놓여있다. 이는 장애유아 통합교육의 구성요소인 이질적 집단이어야 하고 소속감을 느낄 수 있어야 하며 각 유아의 학습목표는 다르되 학습활동은 함께해야한다는 것 그리고 비장애유아들이 사용하는 환경에서 장애유아들에게 교육을 제공해야 하며 균형잡힌 교육경험을 해야 한다는 것 등 일맥상통한 측면이 있다.

그렇다. 미래 21세기는 다른 것, 차이 나는 것을 경험하면 할수록 극복하면 할수록 남과는 차별화된 21세기에 적응할 수 있는 능력이 배양되는 시대인 것이다. 다름과 차이가 문제가 아니라 보다 뭔가 보다 향상되고 다양하게 발전할 수 있는 좋은 기회로 받아들여야 하는 시대가 열리고 있는 것이다. 이제 모든 것은 동질적인 요소보다 이질적인 요소들로 이루어질 수 밖에 없고 이질적인 요소가 많을수록 그 속에서 보다 많은 것을 배우고 습득하며 경쟁력을 가질 수 있는 것이다. 따라서 장애유아 통합교육은 이제 필연적인 것이며 이를 성공적으로 이끌수록 장애에 대한 편견은 사라지고 장애유아의 가능성은 최대한 발휘되어 장애자와 비장애자가 함께 구분없이 모두가 하나로 함께 어우러져 우리나라의 희망찬 미래를 여는데 기여하게 될 것이다.

참고문헌

강보일(1997). 어린이집에서의 일반 유아와 장애유아의 통합보육에 대한 보육교사의 태도. 대구대학교 대학원 석사학위 청구논문.

강순구 · 조윤경 역(1985). 포테이지 아동발달 지침서. 서울: 서울장애인종합복지관.

고정욱(2001). 네 잘못이 아니야. 서울: 황금두뇌.

교육부(2001). 나와 유치원. 유치원 교육활동 자료 2. 서울: 대한교과서 주식회사.

교육인적자원부(2005). 특수교육기관 종일반 및 방과후 학교운영 지원계획. 특수교육보건과 400(05.1.25). http://www.moe.go.kr.

권상혁 · 황윤환(1995). 일반교육-특수교육 완전통합을 위한 기초 연구: 탐구조사. 특수교육연구, 2, pp.79-97.

김경숙 외(2002). 유아특수교육개론. 서울: 학지사

김경숙 · 백유순 · 최민숙(2003). 장애유아 통합교육방법. 서울: 양서원.

김광웅(1990). 유아통합교육의 성과. 특수교육방법의 문제와 그 개선방안. 제5회 특수교육심포지엄. pp.123-136.

김삼성(1999). 인형극을 통한 장애인식 중재의 효과. 발달장애학회지, 3, pp. 99-111.

김수진(2005). 통합 환경안에서의 장애아 개별화 교육 프로그램(IEP). 장애유아 통합교육 어떻게 할 것인가? 한국유아교육학회 충청지회 2005년 하계 Workshop. pp.43-60.

김수진(2004). 개별화 교육계획안 프로그램의 실제. 개별화 교육프로그램을 위한 교육진단. 2004년도 장애아 통합교육실천연구회 하계 연수 자료.

김수진(2000). 장애유아 통합교육 지원을 위한 교수적 접근. 제6회 이화특수교육 학술대회. 특수아조기교육 최상의 실제. 서울: 이화여자대학교 특수교육과. pp. 145-178.

김승권 외(2000). 영유아보육서비스 실태분석과 종합대책 수립연구. 대통령직속여성특별위원회, 한국보건사회연구원.

김요섭(2003). 미국의 장애아동 조기교육. 함께 해냄. 통권 제 9호.

김재복(2003). 통합교육과정. 서울: 교육과학사.

김정권(1987). 교육진단검사(자폐아 · 정신지체아). 대구: 대구대학교 출판부.

김정권 외(1998). 정신지체아교육과 지도의 실제. 서울 : 양서원

김혜선 역(2004). 개구리 한 마리. 서울: 곧은 나무

나카노 히로카주(2005). 외톨이 사자는 친구가 없대요. 서울: 한림.

라셀비쇠이(2002). 장님 코끼리 제드. 서울: 예림당.

로텐킨스코퍼(2001). 마리는 괴물이 아니야. 서울: 웅진닷컴.

마가실 와니즈 브라운(2005). 중요한 사실. 서울: 보림.

마리 프랑스 보트(1999). 이럴 땐 싫다고 말해요. 서울: 문학동네.

박영란(2004). 도깨비 옷에 구멍이 뽕. 서울: 곧은 나무

박은혜 외(2002). 특수아동교육. 서울 : 학지사.

박재국(2003). 일본의 장애유아를 위한 복지 동향. 함께 해냄. 통권 제9호.

박정민(1999). 장애유아 통합보육에 대한 부모와 교사의 인식조사. 국민대학교 대학원석사학위 논문.

박화문 외 6인(1999). 장애유아의 교육과 지도. 서울: 창지사.

박화문 · 임경애 · 김윤혜 · 강미라(2004). 완전통합교육의 실천. 서울: 양서원.

밥 칼러(2001). 우리 친구할래. 고정아 역. 서울: 보람.

배진수 외 공역(1996). 교육과정 통합과 평생교육. 서울: 학지사.

빅토리아 파시니(2002). 너랑 나랑 뭐가 다르지. 서울: 비룡소.

샌디 터너(2005). 오토 코는 납작코래요. 서울: 바다어린이.

샘 맥브래트니(2004). 네 모습 그대로 사랑한단다. 서울: 베틀북

서영숙 · 천혜정(2005). 유아의 장애이해교육. 서울: 양서원.

서울장애인종합복지관 조기교육실 역(2000). ASQ 부모작성형 아동 모니터링시스템. 서울: 서울장애인복지관

손정화(2000). 장애유아 통합보육에 관한 연구. 단국대학교 대학원 석사학위 논문.

송진헌(2003). 삐비이야기. 서울: 창작과 비평사

아그네스라코크(2004). 꽃처럼 향기로운 내동생. 서울: 크레용 하우스.

야규 겐이치로(1997), 벌거숭이 벌거숭이 서울: 출판사.

야마와키교(2002). 손 나왔네 까꿍. 그림책 사람들 역. 서울: 언어세상.

야시마 타로(1996). 까마귀 소년. 서울: 비룡소.

양경애(1998). 통합교육이 장애유아의 상호작용에 미치는 효과. 대구대학교 대학원 석사학위논문.

양진희(2005). 유치원에서의 성공적인 장애유아 통합교육 실천에 관한 의미 이해. 유아교육연구, 25(3), 149-175.

양진희(2005). 유치원에서의 장애유아 통합교육 운영에 대한 교사의 경험과 인식에 관한 문화기술적 탐구. 아동학회지, 26(4), 209-229.

양혜원(2000). 꼴찌로 태어난 토마토. 서울: 문학동네.

어슐러 헤길(2003). 자라지 않는 소녀 트루디. 서울: 베틀북.

에이미 페인(2002). 주머니 없는 캥거루 케이티(2002). 서울: 비룡소.

여광응 · 박대용 · 이점조 · 추연구(2003). 특수아동 부모교육의 이론과 실제. 서울: 양서원.

여성부(2005). 2004 전국 보육 · 교육 실태조사 총괄보고(연구보고 2005-7).

오세철 · 김혜경(2004). 부모 참여프로그램 운영을 위한 장애유아 부모의 정보 요구 조사. 한국지체부자유아교육학회지 중복 · 지체부자유아 교육, 43, 123-141.

위양자(2001). 장애아전담 보육시설의 장애유아교육 실태와 장애유아 교육 활성화 방안 조사. 공주대학교 대학원 석사학위논문.

유광찬(2000). 통합교육탐구. 서울: 교육과학사.

유수옥(1998). 성공적인 장애유아 통합교육 실천을 위한 탐색연구. 유아교육연구, 18(2), 303-318.

유수옥(2001). 반편견 동화에 기초한 문학적 활동이 장애유아에 대한 태도와 사회적 역할인식에 미치는 효과, 유아교육연구, 21(3), 217-236.

유수옥(2001). 유아교사로서 알아야 할 장애유아 통합교육의 필요성과 이해. 제1회 학술세미나. 광주보건대학. pp. 1-12.

유수옥 · 박현주 · 박랑규 · 강우선(2002). 장애유아 통합교육의 성공적 실천의 방해요인에 관한 연구. 유아교육연구, 22(2), 11-132.

유수옥 · 최수미(2001). 인형극이 장애유아 수용증진에 비치는 영향. 아동학회지. 22(4), 285-297.

유한구 외(1999). 통합교과교육론. 서울: 교육과학사.

윤영선(2004). 두더지딸 신랑감 찾기. 서울: 곧은 나무.

윤점룡(1995). 취학전 단계에서의 통합교육의 과제와 대책. 특수교육학회지.16(2). 49-63.

윤혜경(1991). 장애아동에 대한 교사의 태도가 일반아동의 수용태도에 미치는 영향에 관한 연구. 이화여자대학교 대학원 석사학위 논문.

이경우(2000). 바퀴의자 선생님. 서울: 한국어린이육영회.

이계윤(2003). 장애아동전담 보육실태와 개선 방향. 대구재활지.

이규식 외(2004). 의사소통장애 치료교육. 서울: 학지사.

이기현(1998). 유아 통합교육을 위한 사회적 상호중재 방법에 관한 고찰. 아동교육. 7(2), 102-119.

이미선(2004). 가족중심의 유아특수교육: 장애유아 가족의 가족지원에 관한 경험과 요구. 유아교육연구, 24(6), 89-112.

이석배(1997). 반쪽이. 서울: 보림.

이소현(2000). 특수아 조기교육 활성화를 위한 정책적 과제 고찰. 한국특수교육학회 춘계학술대회.

이소현(1999). 가족 참여를 위한 지원 및 중재. 현장특수교육, 7(3), 8-17.

이소현(1996). 장애아동과 일반아동의 성공적인 통합교육. 초등교육연구. 10, 153-175.

이소현 역(1995). 장애영유아를 위한 교육. 서울: 이화여자대학교 출판부.

이언 포그너(2001). 그래도 엄마는 너를 사랑한단다. 서울: 중앙출판사.

이영만.(2002). 통합교육과정. 서울: 학지사.

이오키미치요(2000). 민수야 힘내. 서울: 한림출판사.

이익섭(2003). 장애영유아교육 및 보육기관의 연계방안을 위한 제언. 2003 특수교육정책 포럼. 장애영유아교육 내실화를 위한 기관 연계 방안. 국립특수교육원.

이현정(1997). 장애유아 통합보육 발전방안에 대한 연구. 이화여자대학교 대학원 석사학위논문.

유안진(1997). 인간발달신강. 서울: 문음사.

장프링수와뒤몽(2002). 내가 얼마나 큰지 보여주지. 서울:문학동네.

전라남도교육청(2004). 04년도 장애유아 무상교육비 지원사업 계획. http://www.jne.go.kr

정계숙(1995). 유치원 교사의 통합교육에 대한 인식 연구. 유아교육논총. 5, 67-97.

정계숙 · 고지민(2001). 교사의 통합교육에 대한 태도에 따른 장애유아와의 상호작용 행동연구. 유아교육논총, 10, 211-237.

정지영 외(1999). 소중한 나의 몸. 서울: 비룡소.

제럴드 스테르(2000). 놀이방에 처음 가던 날. 서울: 교학사.

조나원터(2002). 프리다. 서울: 문학동네.

조용태(2005). 특수아 상담. 서울: 양서원.

조윤경(2005). 장애유아 진단 및 평가. 장애유아통합교육 어떻게 할 것인가? 한국유아 교육학회 충청지회 2005년 하계 Workshop. 23-42.

조윤경 · 홍은주(2005). 우리 함께 해요: 장애유아 통합교육 프로그램의 실제. 서울: 창지사.

조윤경 · 홍은주 외(2003). 친구야 같이 놀자. 목련어린이집.

존 버닝햄(1996). 깃털없는 기러기 보르카. 서울: 비룡소.

주디스커(2000). 깜박깜박 잘 잊어버리는 고양이 모그. 서울: 보람.

최민숙(1999). 가족중심 유아특수교육의 태동과 가족참여의 효율성을 저해시키는 요인. 특수교육연구, 6, 3-14.

최세민(1999). 구성적 인형극을 이용한 사회적 기술훈련이 발달지체유아의 적응행동과 또래 수용에 미치는 효과. 열린유아교육연구, 4(1), 1-19.

최정선(2001). 어린이집 보육교사의 장애유아 통합보육에 관한 인식도. 대구대학교 석사학위논문.

최진희 · 김은경 · 윤현숙 · 이인순 · 이정숙 역(1996). 장애유아를 위한 캐롤라이나 교육과정. 서울: 대한사회복지개발원.

카트린 마이어(2003). 슬픈 란돌린. 서울: 문학동네.

크리스티앙메르베일레(2001). 동글이네 가족 서울: 청솔.

클레어 레웰린(2002). 나는 어떻게 태어났을까요?. 서울: 서교출판사.

폴커크리겔(2002). 외뿔이 사슴 올라프. 서울: 문학동네.

프란츠 요제프 후아이니크(2004). 내 다리는 휠체어. 서울: 주니어김영사.

피터슨(2004). 내게는 소리를 듣지 못하는 여동생이 있습니다. 김사정 역. 서울: 중앙출판사.

한국교육개발원(1983). 통합교육과정의 이론과 실제. 서울: 교육과학사.

히도 반 헤네호텐(2001). 짖지 못하는 고양이. 서울: 중앙출판사.

히도 반 헤네흐텐(1999). 내 귀는 짝짝이. 서울: 웅진출판사.

http://www.gokgyo.co.kr(곡교어린이집) 자료 출력 인용

http://www.kise.go.kr(국립특수교육원) 자료 출력 인용

http://www.gedu.net(광주교수학습지원센터) 자료 출력 인용

http://www.pskuhaw.sc.kr(부산구화학교) 자료 출력 인용

http://www.infor.kbll.or.kr(한국점자도서관) 자료 출력 인용

http://www.hopes.or.kr(한국시각장애아 부모교육센터) 자료 출력 인용

Bailey, D. B.(1989). Assessment and its importance in early intervention. In D. B. Bailey & M. Worely(Eds.), *Assessing infants and preschoolers with handicaps*. pp.1-22. Columbus, OH: Merrill.

Bailey, D. B., & Wolery, M.(1992). *Teaching infants and preschoolers with disabilities*. New York: MacMillan Publishing Co.

Biley, D. B. & Wolery, M.(1992). Teaching infants and preschooler with disabilties(2nd ed.). New York: Merrill.

Bricker, D.(1998). *An activity-based approach to early intervention*. Baltimore, ML: Paul Brookes.

Bicker, D., & Losardo, A.(2000). Linking assessment and intervention for children with developmental disabilities. In T. Layton, L. Warson &E, Crais(Eds.). *Handbook of early language impariments in children; Assessment and treatments in children*. Albany, NY: Delmar Publishers. pp. 111-136.

Bricker, D. & Waddel, M.(1996). AEPS *Curriculum for three to six years*. Baltimore, ML: Paul Brookes.

Carter, M., Grunsell, J.(2001). The bahavior chain interruption strategy: Areview of research and discussion of future direction. *Journal of the Associatio for the Severely Handicapped*, 26(1), 37-49.

Cole, P. G. & Chan, L. K. S(1990). *Method and strategies for special education*. New York: Prentice Hall.

Fey, M.(1986). *Language intervention with young children*. San Diego, CA: College-Hill Press.

Guralnick. M. J.(1982). Mainstreaming Young Handicapped children. Handbook of Research in Early Chikdren Education. Nacmilla Publishinv Co.

Hanline, M. f.(1988). Making the transition to preschool identification of parent needs. Journal of the Division for Early childhood, 12, 98-107.

Knoll, J., Covert, S., Osuch, R., O'Connor, S., & Agosta, J & Blaney, B.(1992). Supporting families: Stare family support efforts. In V. J. Bradley, J. Knoll, & J. M. Agosta(Eds.), *Emerging issues in family support*. Washington, D.C.: American Association on Mantal Retardation.

Koenig & Hobrook(2000). *Foundation of Education*(2ds). New York; AFB Press.

Lariee, B.(1981). Effect of inservice training intensity on teacher's attitudes toward mainstreaming. Eceptional Children. 48, 34-39.

Losardo, A., & Notari-Syverson, A.(2001). *Alternative approaches ro assessing young children.* Baltimore, MD: Brookes.

McDonnell, A., & Hardam, M.(1998). A synthesis of "best practice" guidelines for early childhood service. *Journal of the Division the Early Childhood.* 12, 328-341.

Noonan, M. J., & McCormick, L.(1993). Early intervention enviornments. Pacific Grove, CA: brooks/Cole Publishing.

Odem, S. L., & McEvoy, M. A.(1990). Mainstreaming at the preschool level: Potential barrier and tasks for the field. Topics in Early Childhood Special Education, 10(2). 409-416.

Parrott, M. E., & Heman, S. E.(1987). *report on the Michigan family support subsidy program* Lansing: Michigan Department of mental Health.

Peterander, F.(1996). *Early intervention: Information, orientation and guidence of families* Munich: Druck-Service Schwarz Gmbil.

Pretti-Frontczak, K. L.(1996). Examining the efficacy of embedding young children's goals and objectives into daily activities. Unpublished doctoral dissertation, University of Oregon, Eugene, Oregon.

Ronald B. Gillam(2000). *Communication sciences and disorders.* by singular publishing group.

Rosenau, N.(1983). *Final evaluation of a family support program Macomb-Oakland.* MI: Macomb County Community Mental Health and Macomb-Oakland Regional Center.

Salend. S. J.(1984). Factors contributing to the development of successful mainstreaming program. *Exceptional Children,* 50(5), 409-416.

Zimmerman, S.(1984). The mental retardation family subsidy program: Its effects on families with a mentally handicapped child. *Family Relations,* 33, 105-118.

강미희

[경력]

- 전남대학교 사범대학 유아교육과 졸업
- 한국교원대학교 대학원 석사학위 취득(유아교육 전공)
- 한국교원대학교 대학원 박사과정 수료(유아교육 전공)

전) 한국유아교육학회 광주 · 전남지회 상임위원 및 감사
　　전남교육연수원 유치원 1급 정교사 자격연수 교육과정 개발 자문위원

- 전남교육연수원 강사(유치원 1급 정교사 자격연수, 신규교사, 수업장학요원 직무연수)
- 전남대학교 연수원 강사(유치원 교사 학습지도 직무연수)
- 한국교원대학교 및 광주여자대학교 유아교육과 강사
- 광주광역시 광산구청 보육정책위원회 위원
- 한국왼손잡이협회(http://wwww.lefthand.or.kr) 회장 및 사이트 운영자
- **공립유치원 교사 경력 13년(구례중앙초등학교병설유치원 외 3개 공립유치원)**
- 유아특수교육 직무연수 실시(광주보건대학 주최, 전라남도교육청 후원, 공립유치원 교사 대상)
- 2005, 2007, 2008 유아특수교육 직무향상 교육과정 실시
  (광주보건대학 주최, 교육인적자원부 지원, 광주지역 사립유치원 및 어린이집 교사 대상)
- 광주광역시교육청 강사(공립병설유치원 교사 연수),
- 전주기전대학 강사(장학사, 원장, 원감 대상 연수).

현) 광주보건대학 유아교육과 교수 · 학과장

- 한국유아교육학회 광주 · 전남지회 운영위원회 위원
- 광주광역시교육청 유치원 장학위원
- 광주광역시교육청 유치원 평가위원

[저서 및 논문]

- 왼손잡이 고쳐야하나? 절대 NO, 서울: 보경문화사, 1998
- 왼손잡이를 바르게 이해합시다, 국어 읽기 6-1, 교육인적자원부, 2002.
- 왼손잡이 어린이에 대한 어머니와 교사의 인식(한국교원대학교 대학원 석사학위논문, 1995)
- 아동 그림책으로서 삼강행실도의 특성과 가치 연구(유아교육연구, 23(4), 105-139, 2003)
- 삼강행실도의 아동교육사적 가치 연구(열린유아교육연구, 10(3), 79-111, 2005)
- 예비유아교사의 인형극 공연 경험이 유아에 대한 인식과 교수활동 및 자아이식에 미치는 효과(유아교육연구, 25(2), 119-142, 2005) 외 다수
- Multiculturalism: Toward The New Millenium, The School Field, 9(3), 45-59, 1998.
- 16PF Personality Profile of Gifted Children: Preliminary Report of an International Study, *North American Journal of Psychology*, 6(1), 51-54, 2004.

김순영

[경력]

- 전남대학교 사범대학 가정교육과 졸업
- 대구대학교 교육대학원 석사학위 취득(특수교육 전공)
- 대구대학교 대학원 박사학위취득(특수교육 전공)

전) 한국정신지체아교육학회 이사

- 제7차 특수학교교육과정 각론 개발위원
- 제7차 특수학교 1종교과용도서 및 교사용지도서 편찬 및 집필위원
- 조선대학교 겸임조교수
- 광주여자대학교 겸임교수
- 특수학교 및 특수학급 교사 21년(광주선명학교 외 3개 학교)

현) 신광중학교 교감

- 한국발달장애학회 이사
- 광주광역시교육청 특수교육 운영위원
- 광주교육대학교 강사

[저서 및 논문]

- 특수아동의 심리학적 이해, 서울: 학지사, 2003
- 지적장애아 교육의 심리학적 탐색, 서울: 학지사, 2008
- 정신지체학교 초등부 기능적 생활중심 지도프로그램, 국립특수교육원, 1977
- 중다예시 자기교시훈련이 정신지체아 자기교시수행 및 문제해결력의 일반화에 미치는 효과(박사학위논문)
- 자기교시법의 중도(中度)정신지체아 적용을 위한 탐색적 연구
- 중다예시 자기교시훈련이 발달장애유아의 과제수행 및 문제해결력의 일반화에 미치는 효과
- 제7차 특수학교교육과정 재량활동 운영실태 및 교사연구에 관한연구(정신지체 · 정서장애학교중심)
- 자기교시훈련이 학습장애아의 나눗셈 연산능력에 미치는 효과

일반유아 교사를 위한 **장애유아 통합교육의 이해와 적용**

1판 1쇄 발행 2009년 07월 15일
1판 5쇄 발행 2022년 11월 10일
저 자 강미희, 김순영
발 행 인 이범만
발 행 처 **21세기사** (제406-2004-00015호)
경기도 파주시 산남로 72-16 (10882)
Tel. 031-942-7861 Fax. 031-942-7864
E-mail : 21cbook@naver.com
Home-page : www.21cbook.co.kr
ISBN 978-89-8468-290-0

정가 15,000원